JN223809

メッセージ集

自分自身と群れ全体とに気を配りながら

松本雅弘

新教出版社

目次

装丁　渡辺美知子

まえがき

三七年にわたる高座教会での働きを終え、二〇二四年三月に退任しました。その前後から、これまでの奉仕の日々をふり返る機会が与えられました。女性長老問題、長期構想計画と大礼拝堂建設計画等、こうした一連の事業計画は、礼拝堂リニューアルや高座みどり幼稚園園舎改築と認定こども園としての再スタートに集約されていったように思います。ふり返ってみますと、さまざまな出来事がありました。なかには高座教会の牧師に召されたがゆえに、強いられるようにして取り組んだ働きがいくつもあったように思います。

そしていま、立ちどまり、一つひとつの出来事を思い起こすとき、そこにおられた、恵み深い神さまをほめたたえずにおれません。そしてまた、高座教会の方々と共に信仰生活を歩んでこられたことを、心から神さまに感謝しています。「本当に素晴らしい群れだった。高座の皆さんに、本当によくしていただいた」と、夫婦でしみじみと語り合う機会が多くなりました。

退任の日が迫る今年の二月、教会員の鈴木健次さんをはじめとして、東谷由文さん、西村真さん、町田零二さんが声をあげ、退任記念説教集の刊行を計画してくださいました。そして小会の賛同を得て、小会メンバーの投げかけに応えるように教会員が祈りと捧げ物をもって支援してくださいました。そのようにして本書が完成しました。

本書のタイトル、「自分自身と群れ全体とに気を配りながら」は、牧師として歩むなか、常に心に響いていた御言葉（使徒言行録二〇・二八）が基となっています。構成は、鈴木さんのアイデアで、全体を三部に分け、第一部を「信仰へのメッセージ」、第二部は「信仰からのメッセージ」、そして第三部は「資料編」とし、牧師としてさまざまな課題との取り組みのなかで学び、考えてきたこと、さらに雑誌に掲載された文書、外部で講演した原稿などを含めました。第一部と第二部に収録した説教は、歓迎礼拝で語った説教をベースに書き下ろした洗礼・入会準備会テキストから始まり、高座教会での最初の礼拝説教、三大節の説教、教職者按手式の説教や生島陸伸牧師の葬礼拝の説教も加えてあります。

校正作業は思いのほか時間がかかりました。説教原稿を読み返しながら、なんでこんな回りくどい言い方してるのだろう？　今の私だったら、別の表現を使うのになど、書き直したい衝動と闘いながらの作業でした。ただ「日付のついた説教」の尊さを覚え、説教が語られた当時の状況、説教者として何を見、どう考えていたのか、会衆の中にどんな課題があったのかも、作業をしながら思い出すことができました。そして、当時としてはこれが精一杯だったと自らを労う思いも湧いてきました。

そうしたなか、幸いにも、鈴木さんがインタビューを提案してくださいました。ＮＨＫのディレクターとして「宗教の時間」その他さまざまな番組の企画で多くの牧師、神学者、作家などにインタビューをしてこられた、この道のプロである鈴木さんが、原稿全体に目を通された後、いくつかの視点から貴重な問いかけをしてくださったのです。

実は鈴木さんには以前、『恵みの契約』（新教出版社、二〇〇〇年）の翻訳に際し、大変お世話になった経験があります。主日の夕礼拝後、お宅に押しかけ、事前に送った翻訳原稿が真っ赤になるくらい書き込んでくださったものをもとに、原著に照らして作業を進めました。ある時は、一語の訳をめぐって何十分も意見交換し、それをきっかけに話が膨らみ、私にとっては刺激に満ちた、本当に楽しく豊かな時間をいただいたことを、昨日のように思い出すことができます。鈴木さんも、この時の作業、それと高座教会創立七〇周年史（『イエスを見つめながら――カンバーランド長老キリスト教会高座教会七〇年史』新教出版社、二〇二〇年）を一緒に執筆編集したことが、本書の企画の原点になっているのではないかと思います。その鈴木さんによるインタビューでしたので、収録されている説教や文書が書かれた背景や、そこにある私の意図なども引き出されたと思います。本書を読まれるときに理解を深める助けになると思います。鈴木さんには心より感謝申し上げます。

最後になりますが、この三七年をふり返りますと、神さまが、妻・徳子との出会いを与えてくださったことが、大きな恵みであったことに改めて気づかされます。高座教会に導かれ、生島陸伸牧師、綾子夫人に引き合わせてくれたのも徳子でした。結婚してすぐ神学校の寮での生活が始まり、徳子は仕事を続け、私の学びを支えてくれました。高座教会に赴任した後も、牧師固有の務めに専念できるように、妻として、四人の子どもたちの母親として、高座教会の一信徒として、一生懸命歩んできました。

よく二人で話し、祈り、互いにとっての「霊的同伴者」として歩みを共にしてくれました。多忙を理由に、子育てや家のことをほとんど任せっぱなしでしたが、教会員に助けられ、「お世話になる恵み」

を味わいました。「母と子の会たんぽぽ」や宣教委員会、「小グループ牧会サポーター」などの活動を通して、徳子には多くの親しい友が与えられていることも羨ましいほどです。教会員の学びに必要な『エクササイズⅡ――神の生き方を身につける』(いのちのことば社、二〇一七年)、『エクササイズⅢ――ともに神の愛に生きる』(同上、二〇一八年)の翻訳作業も担ってくれました。

私たち夫婦の牧会の働きはどうだったのだろうか……と自問するとき、正直、よく分からなくなることがあります。次から次へと起こる課題と向き合うことに精一杯で、教会員一人ひとりと過ごす機会がほんとうに少なかったことを痛感するからです。ただ先日、久しぶりにテオドール・ボヴェーの著書、『魂への愛と慰め――牧会的人間学』(ヨルダン社、一九七三年)を手に取る機会があり、「牧者の結婚」について記す次の言葉を改めて読み直しました。

「結論的に言えば、生命にあふれた善き牧師夫妻の生活は全教会にとって比類なき祝福である。」

三七年間、私たちが高座教会という信仰共同体の中に生きた、居続けた(プレゼンス)、そうした私たち夫婦の「プレゼンス」こそが実は最も大切なことだったのではないかと思わされ、慰めを受けたのでした。そしてこの祝福は、とりもなおさず、教会の一人ひとりに当てはまることでしょう。一人ひとりのプレゼンス自体が、互いにとっての「比類なき祝福」であり、神さまはそのことを心から喜んでおられると確信できるからです。

二〇二四年　アドヴェント

松本雅弘

Ⅰ　信仰へのメッセージ――洗礼・入会準備会テキスト

礼拝堂正面

インタビュー❶

説教の二つのスタイル

松本雅弘
聞き手　鈴木健次

はじめに

鈴　木　このメッセージ集は三部構成にしました。第一部は松本先生が受洗希望者のための準備会で話された連続メッセージで、ここには全八回のうちの前半四回分しか収載しませんでしたが、工夫されているシリーズだと感じました。クリスチャンであろうとなかろうと多くの人が生活の場で直面する悩みを取り上げ、その癒しの糸口になるような話に始まって、回を重ねるとともに贖罪論などキリスト教の中心的な信仰が説かれる。それに続いて、今回は割愛しましたが、カンバーランド長老教会とはどういう信仰を持った教会なのか、そこで行われる洗礼、礼拝、聖餐、献金といった事柄の意味が具体的に説かれています。

　私自身のことを振り返ってみますと、生島陸伸牧師が高座教会を退任される前に、多年の牧会に感謝して聖地旅行をプレゼントしようということになって、有志の方々と一緒に先生とイスラエルに行きました。そこで初めて歴史上のイエスの実在を感じたような気分になっていたときに、ガリラヤ湖のほとりで生島先生から退任前の最後の受洗希望者勉強会になるから、参加しないかと誘っていただいたのです。私は何十年も受洗に抵抗していたので、放蕩息子をまだ諦めずに迎えようとしていただいているような気がしました。それで、たとえイエスが神の子でなくても、この人の教えをもっと知りたいと思って勉強会に出ることにしたのです。ところが出てみると、いきなり三位一体から話が始まり、いささか当惑しました。

人生は出会いで決まる

松　本　洗礼・入会準備会は毎年二回やりますから、その度に少しずつ手を加えてきた集約があの準備会のメッセージなのです。一九九四年に生島先生は定年を迎えて、海老名の開拓伝道に出られました。それまで三七年間、高座教会を牧会されましたから、生島先生から洗礼を受けた方がとても多かった。生島先生を送り出すということは、高座教会にとって一つの大きな危機だったのです。当時の長老会は、生島先生が退任されるので、何を教会形成の中心とするのかを議論しました。もちろん神が中心なのですけれど、具体的にはどうやっていくかということで検討を重ね、カンバーランド長老教会の信仰告白に基づいた教会形成をしていこうという大きなパラダイムシフトをしたのです。

生島先生の時代は「受洗者勉強会」と呼んでいましたが、準備会は、マルコの福音書を初めから終わりまで丁寧に学ぶことが中心でした。それによってイエスをキリストと信じて洗礼を受ける準備をしてきたのです。

実は生島先生の頃も洗礼に際しては現在同様、五つの質問をすることになっていました。一つ目は、「あなたは聖書を神の言葉と信じ、信仰と実践の誤りない規範と信じますか?」二つ目は、「あなたは聖書に示されている父・子・聖霊なる三位一体の神のみを信じますか?」三つ目は、「あなたは罪を悔い改め、イエス・キリストを救い主、主と信じ、洗礼を受けることを心から願いますか?」四つ目は、「あなたはカンバーランド長老教会の信仰告白が聖書の教えに基づくものと信じ、その純潔と一致と平和のために努めることを約束しますか?」そして最後の五つ目が、「あなたは今日から主の聖餐にあずかります。これを聖(きよ)く守り、高座教会の会員として、神の栄光をあらわすために、証しの生活をすることを願いますか?」この五つの質問です。

生島先生が離任されてからとくに心がけたのは、この一から五までの問いに対して、十分その意味を理解した上で告白できる準備をしなくてはいけないということでした。そうなると、「カンバーランド長老教会信仰告白」を勉強しないと、かたちだけの告白になってしまうのではないかと思ったのです。

それで、最初に参考にしたのはアメリカのカンバーランド長老教会で使われていた準備会のテキストでした。総会に出席するためアメリカへ行ったときに買い求めて、最初はそれを翻訳して使いました。ただ、教会とは何か、洗礼とは、聖餐とはと信仰告白に沿ってはいるものの、事柄の説明が中心の内容でしたので、準備会がちょっと味気ない感じになってしまったのです。キリスト教とか聖書に馴染みのない日本で生活している私たちは、いきなり聖書とは何か、教会とは、聖餐とは、洗礼とは何かと学んでも、あまり自らの実存と結びつかない、というか心に響かないのではと感じました。そこでテキストの最初の四回は「人生は出会いで決まる」というテーマで、ヨハネの福音書から四つの出会いを取り上げたのです。

一つ目は病気で苦しむ人とイエスとの出会い、二つ目は病気にはかかっていないけれど罪を犯してしまった人とイエスとの出会い、三つ目は障がいを抱えた人とイエスとの出会い、四つ目は病気もなく障がいも抱えていないけれど、心に渇きを覚えている人とイエスとの出会いです。ヨハネの福音書ではイエスが十字架につかれる場面で、「私は渇く」とおっしゃる。それは他の福音書には出てこないヨハネの福音書特有の言葉なのです。しかも、その言葉がヨハネ福音書ではいくつかの箇所に出てきます。そのことと関連づけながら、十字架の意味を私たちの経験する「心の渇き」と結びつけてみる。そういう勉強会のテキストを考えたわけです。

二つの説教スタイル

鈴　木　これから洗礼を受けようとする人の場合、まだ聖書をじっくり通読した人は少ないと思います。いま話された四つの出会いに出てくるような悩み、苦悩は信者でない人にも共通しているでしょう。日常の生活の中で直面している問題、悩みだろうと思います。そこを出発点にして洗礼希望者に問いかけ、一緒に考えていくという構成が、素晴らしいと思いました。

今回、このメッセージ集を編集するにあたり数冊の説教集を読んでみました。そのなかに新約聖書学者の大貫隆さんの説教・奨励集があります。大貫さんは東京大学に移籍される前に東京女子大学に勤務されており、大学のチャペルでの説教・奨励をまとめたのが『隙間だらけの聖書』(教文館、一九九三年)という本です。冒頭で大貫さんは、説教には二つのスタイルがあり、「信仰からの説教」と「信仰への説教」であると述べられているのです。女子大で説教したとき、学生が先生の説教はどうも普通の人の説教と違っている、と言ってきたそうです。それで考えてみると、説教には信仰を前提として、そこから語る語り方と、その前提である信仰そのものにいたる人間の認識のプロセスを語る説教という二つの語り口があるということに思いいたったという話に、私はたいへん関心をそそられました。説教集の第一部を受洗希望者のための準備会でのメッセージにしたのはその影響です。まず信仰へのメッセージを並べ、第二部として今度は信仰からのメッセージとして主日共同の礼拝や葬礼拝などでの説教を収めたのです。

松本先生から伺った話ですが、東京基督教大学の山口陽一元学長が、現在キリスト教界は衰退期に入ったと語られたそうですが、実際かなり危機的な状況が始まっていると思います。信者が高齢化し、なかなか若い人は教会に近づかない。高座教会では一時期、教職志願者が続出していたのに、最近ではまったく神学校への進学希望者がいなくなりましたね。少子化の影響もあるでしょうが、神学校がどこも入学者の激減に直面しています。教会の吸収・合併とか、一人の牧師が複数の教会を牧会するケースなどが増えていると聞きます。そうした状況下で、どのように宣教するかは難しい問題だと思います。

しかし、東京大学文学部宗教学科の教授だった鶴岡賀雄(よしお)さんに、宗教離れの顕著な若者に宗教学を教えるのは大変でしょうとお聞きしたとき、鶴岡さんは、学生は決して宗教に無関心ではない。まじめに生きようとしている若者はいろいろ悩み、考え、何かを求めている。でも、いきなり仏像や十字架を突きつけられるとソッポを向いてしまうのだと言われました。そういう意味で最初から信仰を前提にして、信仰の立場から語りかけるだけではなく、信仰へ導くメッセージがいま、とくに求められていると私は考えます。

牧会と伝道のバランス

松　本　確かに教会員の高齢化と青年層の後継者減少など、キリスト教界の現状を考えると、未信者の方を信仰へ導く伝道活動のあり方は重要な課題だと思います。牧会と伝道のバランスはよく問題になるのですが、コロナ以前、高座教会には毎週五〇名から、多い日には八〇名以上の求道者が礼拝に来ていました。そうした人たちがイエスへの信仰を深めるチャンスとして、年に二回、三月からと六月から「洗礼・入会準備会」を行ってきたのです。すでにコンスタントに礼拝出席を始めている求道者へのチャレンジです。

担任牧師を引き受けて間もない頃、ゲリー・L・マッキントッシュの著書 *One Size Doesn't Fit All* と出会って以降、彼の著作は高座教会の教会形成を考える上で、とても参考になりました。

鈴　木　松本先生ご自身で翻訳し、出版もされましたね。

松　本　二〇〇九年に『サイズ別に分析する教会形成の方策』というタイトルで、いのちのことば社から出してもらいました。彼の共著 *Overcoming the Dark Side of Leadership* も妻の徳子が『リーダーシップのダークサイド――心の闇をどう克服するか』(いのちのことば社、二〇一三年)という標題で訳しました。

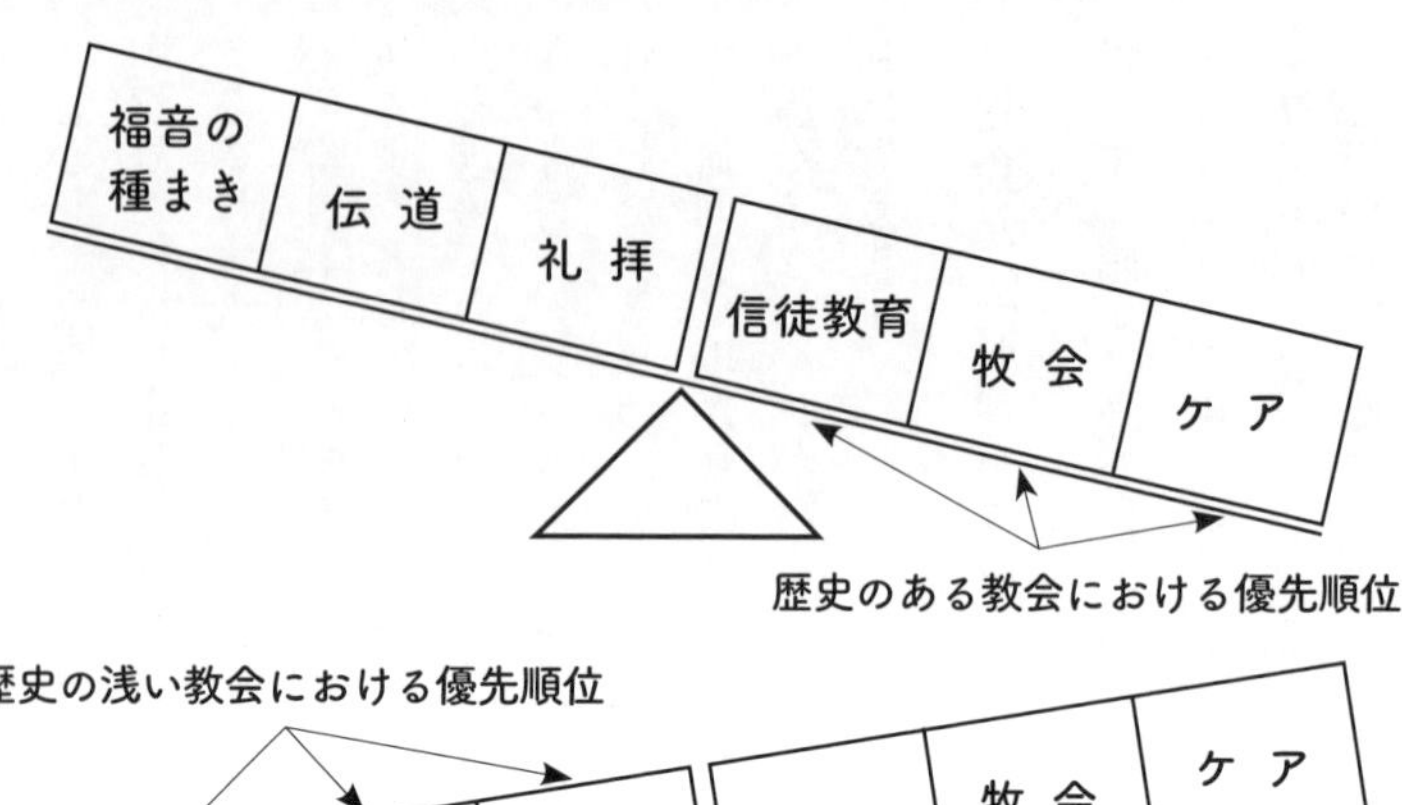

Gary L McIntosh, *Staff Your Church for Growth* (Baker, 2000)

マッキントッシュは歴史の浅い教会（創立間もない教会）と歴史ある教会（創立から時を経た教会）のニーズを上のような図で表現しているのです。

確かに創立間もない教会は「福音の種まき」、伝道のプログラムが中心となり、定期的な集会は主日の礼拝のみといった場合も多くなります。これに対して時間の経過とともに教会員が加わってくると、初めて「牧会」として信徒教育や信徒ケアのニーズが教会のなかに起こってきます。

高座教会は一九四七年に創立され、教会員数も一〇〇〇名を超える大所帯ですから、意識しなければどうしても活動が教会員を対象とするものに傾いてしまい、「福音の種まき」である伝道がおろそかになりがちな危険があります。そのような意味から、私は意識して伝道の働きの大切さを心にとめてきたつもりです。小会でも教会の集会においても、福音宣教の大切さを説いてきました。「信仰へのメッセージ」という意味では、受洗希望者の準備会ばかりではなく、ご存じのように、幼稚園の保護者などを礼拝にお誘いするファミリーチャペルや、初めての方を礼拝にお迎えする歓迎礼拝も続けてきました。

ファミリーチャペルは、二〇一四年に礼拝堂をリニューアルし、翌年、高座みどり幼稚園の園舎を改築し「認定こども園」にしたあとから、毎月第二週の礼拝を「ファミリーチャペル」と名づけ、幼稚園や教会学校の子どもたちの保護者やその家族を意識して行ってきた礼拝です。

ときどき教会員の方から礼拝の目的って何ですか、信徒の養成ですか、それとも求道者への伝道ですかと聞かれたことがありましたが、多分そうした質問をされる方たちの思いのなかには、新来者ばかりでなく、もう少し私たち教会員の信仰的ニーズに寄り添った説教をしてほしいという気持ちがあるかと思います。でも私は、「AかB」の二者択一ではなく「AとB」、つまり両方だと思うのです。

教会には年平均延べ二〇〇人以上の新来者が礼拝に来ていました。伝道委員会のメンバーであった妻がまとめていた資料によれば、二〇一五年は二四八名、一六年は二〇九名、一七年は二八四名、一八年は二〇八名で、それだけで普通だったら一つの教会が成立する人数です。多くは教会員の家族やその友人なのですけれど、初めて教会の礼拝にお誘いするための機会が毎年四月と一〇月の歓迎礼拝ですね。それぞれ一カ月間、毎週、伝道礼拝として行われます。そして同時に、教会員にとっても、日頃から福音を宣べ伝えなさいというイエスの命令を実際に行動に移す機会であると考えていたわけです。

聖餐式につまずいて

鈴　木　その歓迎礼拝ですが、私も疑問を感じています。今年（二〇二四年）も秋の歓迎礼拝が一〇月第一週から始まりますが、未信者を歓迎するという狙いで確かに説教は普段より初心者を意識した表現で語られますが、礼拝の始まりはいつもと同じように頌栄の「父、子、聖霊のひとりの主よ……」と三位一体の神への賛美です。おまけに第一週は聖餐式があって、歓迎するはずのお客様にはパンも杯も差し出さないではないですか。ある教会員の方が、長年誘っても教会に来なかったご主人がようやく歓迎礼拝に出たところ、何もご存じないので聖餐に手を出したら断られた。ひどく腹を立てて、もう金輪際教会には行かないと宣言されたと聞きました。

松　本　聖餐それ自体が神の国への招きのメッセージを含むと考え、私がよく教会の人たちに話している聖書の言葉があります。過越の祭りが制定されたときに、神がイスラエルの人たちに向かってこう言ったのです。子どもたちがこの儀式の意味が分からず、「何でこんなことやるの?」と聞かれたときには、「主の過越のいけにえである。主がエジプトの地で、エジプト人を打たれたとき、イスラエルの人々の家を過ぎ越され、私たちの家は救われた」と答えなさいと出エジプト記一二章二六~二七節に記されています。つまり、何でこんなことやるのかという疑問自体を、聖餐のもつ意味を考える機会としなさい、と聖書は教えている。私自身はそこに期待してやってきたところがあります。視覚教材みたいな意味合いもあると思うのです。聖餐に反発を覚える方もおられるでしょうが、逆に興味をもたれる方もおられると思います。なぜこんなことやるのかという疑問がその人を信仰に導くこともあるではないかという期待ですね。

鈴　木　たとえば日本キリスト教団では礼拝出席者全員に聖餐を与えるオープン式の教会もあって、教団がそれを認めず、オープン聖餐を実行した牧師を免職する事態も発生していると聞いています。松本先生はオープン聖餐には反対なのですね。

松　本　基本的にはそうした立場です。カンバーランド長老教会の礼拝式文は両方に対応できるようになっているようにも読めます。ただ私の理解だと、やはりそこは一つ区別もあっていいのではないかと思います。この問題はよく娘の路津子と議論になるところですが……。

鈴　木　路津子さんは津田塾大学を卒業されてからカンバーランドのメンフィス神学校にも行き、牧師にはならなかったけれど、いまアイルランドで国際支援団体のメンバーとして活動中で、院生時代に東エルサレムにあるパレスチナの人権団体でインターンをしたときの現地報告は、とても参考になりました。お父さんよりラジカルなようですね。

松　本　僕はいちど、間違ってパンを取った方がいらしたもので、まあ、僕も少し生真面目なところがあるので、講壇から降りていって、すいません、と短く説明して返してもらったことがありました。その話を路津子にしたら、「イエスさまだったらそうなさっただろうか」と、すごく批判されたのです。それから聖餐についての話を娘とよくするようになりました。アメリカのカンバーランドの礼拝では、全員で聖餐を受ける教会もあるようです。でもいまのところ、僕は洗礼を受けていない方には遠慮してもらって、いつかご一緒に聖餐にあずかれる日が来ることを期待しています、洗礼を受けてね。

鈴　木　頑迷な保守派でなく、いろいろお考えになっていることが分かりました。

ところで、松本先生ご自身はどのようにして信仰に導かれ、牧師になるまでどんな生活をしておられたのか、ここでごく簡単にお話しいただきたいのですが……。

講壇に立つまでの日々

松　本　一九五九年に東京の墨田区で生まれました。高校時代に英会話クラスの教師だったアメリカ人宣教師に導かれ、東京フリーメソジスト小金井教会に通うようになって信仰をもつようになりました。一九七八年に芳賀正牧師によって洗礼を授けていただきました。

ある日曜日、武蔵小金井の駅前で集会のチラシ配りをしていたのですが、たまたま幼馴染に配ってしまったのです。彼から「もしかして松本か？　お前こんなところで何してるの？」と言われて急に恥ずかしくなりました。そういう反応をした自分自身に驚き、自分の信仰は本物でない、と思わされたのです。それをきっかけに、実家から離れた小金井で信仰生活を送っていた自分に疑問をもち、キリスト者学生会（ＫＧＫ）の総主事をしていた太田和功一さんが通う単立押上キリスト教会に転会して学生時代を過ごすことになったのです。

余談ですが、不思議なことに太田和さんとはそののち、長い間、交流はなかったのですが、太田和さんを中心として始まったクリスチャン・ライフ成長研究会（ＣＬＳＫ）の交わりに私たち夫婦を誘ってくれたのが、神学校の先輩の森直樹さんでした。当時森さんは太田和さんのあとＣＬＳＫ主事をされていたのですが、昨年八月に召天されました。私はその森さんのあとを継いで、高座教会を退任した後の四月から主事をさせていただいています。このことも、神さまの不思議な導きだと思っています。

さて、学生時代ですが、私が通っていた中央大学法学部は司法試験の予備校のようなところでしたので、私もクラスの仲間と一緒に、最初は司法試験を目指していました。ところが、大学に入ってみるとＫＧＫは海外との交流も盛んで、大学二年の冬休みに、アメリカのＫＧＫにあたる Inter-Varsity Christian Fellowship 主催の「ウルバナ'79」という宣教大会に、関東地区ＫＧＫから私を含め五人で参加する機会を得ました。その大会の後半で、いわゆる「招き」のようなメッセージが語られたのです。それまでは伝道者になるということは卒業後の選択肢になかったのですが、その大会に参加したのをきっかけに、伝道者になることが選択肢の一つになりました。ＫＧＫでの交流を通して、クリスチャンであることの喜びを味わうことができ、いつの間にかその喜びを他の人たちと分かち合いたいという思いが私の心の中に芽生えていたのだと思います。

所属教会であった押上キリスト教会は礼拝に集う信者が一〇名に満たない小さな教会だったので、牧師と太田和先生に神学校への進学について相談をすると、自分たちの教会は伝道者を育てる力がないから他を探すようにとアドバイスされ、その時期に知り合って後に結婚することになる中山徳子の紹介で出会った生島陸伸先生に、それならうちの教会に来たら、と誘われたのが高座教会でした。

卒業と同時に、牧師になることに強く反対していた実家を離れ、先輩の伝手で静岡で塾の講師として働きを始め、大学の先輩が牧師をしていた静岡ライフセンター教会に通い始めました。しかし新しい所属教会を探していた私に、静岡の牧師からは教会に関する資料をシェアしてもらえず、中山徳子経由で生島牧師からカンバーランド長老教会関連の資料が次々に届けられました。それらを丁寧に読むうちにカンバーランド長老教会のすばらしさに触れ、一九八三年に高座教会に転会することになり、現在に至っています。

生島牧師からはすぐにでも神学校に行くようにという勧めもいただいたので、一九八三年の始めに長老会に推薦をお願いしました。神学校へ行けるというので仕事を辞めて静岡から引っ越してきたのです。神学校の入学試験というのは選抜試験ではなくて資格試験、つまり教会からの推薦状など書類が整っていて、ある程度ついていけると確認されれば入れてもらえるので、大丈夫だろうと思っていたのですが、長老会で推薦が否決されてしまったのです。その時はショックでしたが、いまになって思えば、転入会していくらも時間が経っていなかったから当然だったかもしれません。

そこで私は、高座教会の人たちに自分を理解してもらう必要があるということに気づいて、この近くのアパートに住み、祈祷会がある水曜日、週報の印刷などの奉仕がある土曜日、礼拝のある日曜日を休むことができるアルバイトを探し、月給一五万円で再就職した千歳船橋にある学習塾で働きながら教会に通うようにしました。水曜日の祈祷会には欠かさず出席し、土曜日と日曜日には人手が必要なので、神学生でもなんでもないのに日曜の夕方まで、ほぼ神学生と同じようなスケジュールで積極的に奉仕しました。そのことが認められたのか、翌年、晴れて推薦していただき、日本中会神学生として東京基督神学校での学びを始めることができることになりました。

話が前後しますが、入学直前に徳子と結婚し、東京銀行に勤務していた妻に経済的に支えてもらい、二人で神学校の家族寮で暮らしました。中会神学生は姉妹教会での研修が義務づけられていて、高座教会出身の神学生は最終学年に母教会で研修することになっていましたが、私が高座教会員にあまり知られていないことを心配された生島先生の配慮で、初年度に高座教会で研修を受けました。土曜日朝からの週報の印刷に始まり、とくに冬はエルサレム館、エマオ館、ピリポ館、クレメンスホールの石油ストーブに灯油を入れ、礼拝堂の二階に寝泊まりして翌朝、教会学校の各教室のストーブに火をつけるなど、かなりの奉仕量でした。

徳子は土曜日に南林間の実家に泊まり、日曜日は朝から執事として礼拝の受付などの奉仕をしてから牧師館で生島綾子先生のお手伝い、夕礼拝が終わってからもういちど牧師館に戻って一日の報告をし、最後に生島先生にお祈りしていただいて帰る。神学校は国立にありましたから、寮に着くのは夜の一〇時を回っていたと思います。翌朝の月曜日は新宿まで通勤するというハードな生活で、その年に妊娠したのですが、初年度の研修期間中に流産しました。神学校の丸山忠孝校長の強い勧めもあって、徳子は銀行を退職して、神学校で私と机を並べて学び始めました。

■洗礼・入会準備会①――救い主イエス・キリストとの出会い

一　ほんとうの癒し

ヨハネによる福音書五章一節―九節前半

人生は出会いで決まる

「人生は出会いで決まる」と言われています。聖書には、イエスさまとの出会いによって、人生が一八〇度転換する経験をした人々が登場します。今日の箇所に出てくる男性もその一人です。

あらすじ

ユダヤの都、エルサレムにベトザタと呼ばれる池がありました。その池は、ときどき、底から温かいお湯が噴き出しました。一種の鉱泉です。そのため、ある種の病気に効き目があったのでしょう。その話が、いつしか大きくなり、「水面が動くのは天使の仕業だ」とか、「水面が動いた時、最初に池に飛び込んだ人の病気は治る」といったうわさが広まっていたようです。その結果、当時、ベトザタの池は、癒しを求めてやって来た人々のたまり場になっていました。

ところで、ユダヤの地は日差しが強いことで有名です。きっと誰かが集まっていた人たちのことを気の毒に思ったのでしょう。池の周囲を囲む回廊（屋根つきの廊下）が作られたのです。三節には、「その回廊には、病気の人、目の見えない人、足の不自由な人、体の麻痺した人などが、大勢横たわっていた」と書かれてありますから、かなりの大人数の人たちが、そこにたむろしていたようです。

ベトザタの池にいた人たちのことを想像してみたいと思います。そこにいた人たちは、どんな思いでベトザタにやって来たのでしょう？「健康になりたい」「以前のように不自由のない生活を送りたい」、そうした希望や期待をもってやって来た人ばかりだったのではないでしょうか。また、そのような望みがあればこそ、池の水面がいつ動き出すとも分からない、その瞬間を忍耐づよく待てたのだと思います。「よくなりたい」、人によっては、「自分自身、変えられたい」「新しくなりたい」という希望や期待を抱くこと、それがここにいた一人ひとりの「生きる力」「生きる支え」となっていたのではないでしょうか。この福音書を書いた使徒ヨハネは、その人々の中に「三八年も病気で苦しんでいる人がいた」と伝えています（五節、聖書協会共同訳、以下同）。

聖書とは

今日は洗礼・入会準備会の初回ですので、「聖書」についてお話ししたいと思います。聖書とは何か、と問われたなら、さまざまな回答の仕方があると思いますが、一つの答えは、「聖書とはイエス・キリストを証しする書」というものです。

ヨハネ福音書五章三九節をご覧ください。イエスさまの次のような言葉が記されています。

「あなたがたは聖書の中に永遠の命があると考えて、聖書を調べているが、聖書は私について証しをするものだ。」（ヨハネ五・三九、傍点引用者、以下同）

つまり、イエスさまを証しする書物が聖書です。そして、聖書は旧約聖書と新約聖書から成り立っています。

旧約聖書はイエス・キリスト（救い主）が生まれることを約束した書です。それに対し新約聖書はその約束にもとづいてキリスト（救い主）であるイエスさまがこの世界に来られたことについて書かれています。新約聖書にある「福音書」は、イエス・キリストの生涯、その教え、お働き（み業）を紹介しながら、ベツレヘムで生まれ、ナザレで育った「イエス」という名の人が、私たちにとってのキリスト（救い主）であることを証言しています。そして新約聖書には、マタイによる福音書、マルコによる福音書、ルカによる福音書、そしてとくに今回の勉強会で取り上げます、ヨハネによる福音書の四つの福音書が収められています。どの福音書も、同一人物（イエスさま）について証言していますからほぼ同じ内容です。しかし四人の福音書記者の視点が異なり、その結果、イエスさまの見え方、紹介の仕方に強調点のちがいが出て来ることがあります。

たとえば、今回、取り上げるヨハネによる福音書は、全体で二一章から成っていますが、第一二章から、「受難週」と呼ばれる最後の一週間の出来事に紙面を割くようにしています。福音書記者ヨハネからすると、最後の一週間の出来事、そのときに起こった十字架上での死、それに続く復活の出来事こそが、イエスさまがキリスト（救い主）であることを証しする、決して忘れてはならない出来事であると理解していたのだと思います。

そうした上でもう一つ心に留めておきたい点があります。それは、基本的に「聖書は寡黙である」ということです。余計なことは語らないのが聖書です。この点を押さえた上で、今日の箇所を読み直してみますと、たとえば、五節で福音書記者ヨハネは、ただ単に「長い間病気で苦しんでいる人がいた」と書かずに、わざわざ「三八年も病気で苦しんでいる人がいた」と具体的に「三八年」という数字を挙げて語っていることに注意する必要があるのです。

「三八年」、一口に「三八年」と言いますが、とても長い年月です。皆さんの年齢から「三八」を引き算してみたらいかがでしょうか。お歳を重ねた方も働き盛りの壮年の頃に逆戻りするかもしれません。なかには引き算したらマイナスになる方もいらっしゃるでしょう。「三八年間」とは「それほど長い期間」という意味です。

この人が、当時、何歳であったのかについて聖書は語っていません。仮に四〇歳くらいでしたら、生まれて間もなく発病したことになります。ある意味、生涯、この病気と闘い付き合ってきたのかもしれません。あるいは六〇歳くらいでしたらどうでしょう。私たちに当てはめるならば、ちょうど成人した頃、発病したことになります。夢をもって生きてきた矢先の出来事で、この病気のために大きく軌道修正を迫られたことでしょう。「これさえなければ」と自らの〈運命〉を呪いながら三八年間を過ごしてきたかもしれません。こうしたことは想像ですから実際のことは分かりませんが……。ただ一つ言えることがあると思うのです。それは、彼がこのベトザタの池にいたということは、彼の心に癒されたいという希望、ある種の期待があったからなのです。

イエスさまとの出会い

さて、ヨハネ福音書は、イエスさまが大勢の人々がいたなかで、とくにこの人に心をおかけになったことを伝えています。六節をご覧ください。

「イエスは、その人が横たわっているのを見、また、もう長い間病気であるのを知って、『良くなりたいか』と言われた。」（六節）ここを見ますと、イエスさまの様子を伝える二つの小さな言葉に気づかされます。「見る」と「知る」という二つです。

イエスさまは、彼に近づいて行かれました。彼の表情、額に刻まれた深いしわ、すり切れた服を着て横になっている姿、何かドロンとした生気を失いかけたような目をご覧になった。そして何よりも三八年もの長い間、不自由な生活を強いてきた病気を知られたのです。そうした上で、彼に質問なさいました。「良くなりたいか。」

ところで、皆さんは、イエスさまの、この質問をどう思われるでしょう？　正直、私は違和感を覚えました。良くなりたいから、ここにいるのです。良くなりたいのに、良くなれないから苦しんでいるのです。三八年間、肉体的にも精神的にも苦しんできた、この人に対して「『良くなりたいのか』はないでしょう！」と思ってしまいます。あまりにも配慮に欠ける言葉のように聞こえてくるからです。

風邪にかかり、四〇度近い熱があって病院に行ったとします。長い時間、待たされ、ようやく診察の番が回ってきました。医師から問診され、聴診器が当てられ、喉をみていただき、病状を知った医師が「良くなりたいですか?」と尋ねたとしたら、「ふざけないでください!」と言い返したくならないでしょうか。ところが、不思議なことに、この後「良くなりたいか」という問いかけをきっかけに、彼自身の本質的な問題にメスが入れられていくことになるのです。七節をご覧ください。ここに彼の答えが出てきます。

「主よ、水が動くとき、私を池の中に入れてくれる人がいません。私が行く間に、ほかの人が先に降りてしまうのです。」(七節)

普通の会話でしたら、「良くなりたいか」と問われれば、「イエス」か「ノー」で答えるものでしょう。「はい、良くなりたいです」「いいえ、その必要はありません」と返答するのが自然です。ところが、実際の彼の答えはそのどちらでもありません。「主よ、水が動くとき、私を池の中に入れてくれる人がいません。私が行く間に、ほかの人が先に降りてしまうのです」と答えたのです。

私はこの言葉に深い絶望の響きを感じます。彼の周りには「病気の人、目の見えない人、足の不自由な人、体の麻痺した人など」がいました(三節)。そうした彼らが、ベトザタの池で生活できていたという事実は、誰かが食事を運び、介助し、互いに助け合いながら生活していたからでしょう。ところが、いったん水面がブクブクッと動き出したとたん、「静かなベトザタの池」は一種の「競争社会」に変化してしまうのです。水面が動くと同時に、「病人対病人」「人間対人間」といった、ある種の競争が起こったのです。

希望をもってベトザタの池までやって来たが、「こんなはずではなかった」という経験です。ですから彼は訴えたのです。「私が行く間に、ほかの人が先に降りてしまう」。水が動いても「私を池の中に入れてくれる人がいません。みんな自分のことで精一杯。私を心に掛けてくれる人など一人もいません……」そうした人間不信と深い絶望の思いをイエスさまにぶつけているのではないでしょうか。

私が小学五年生のとき、大学出たての先生がクラスの担任になりました。当時、私は、帰宅すると、ランドセルを放り投げ、ベーゴマ、メンコ、野球などに熱中し、夕食直前まで真っ黒になって遊んでいました。ところが、その先生が担任になった結果、クラスの中に大きな変化が起こったのです。その先生が私たちの「主要四科目」、国語・算数・理科・社会のテストの平均点を学期末に表にして配布したのです。それだけではありません。四科目の平均点でクラス全員を成績順に「序列化」しました。子ども心にショックを受けたことを覚えています。

その結果、お互いを見る目が変わってきました。泥だらけになって遊んだ仲間も同じ思いを持ったにちがいありません。成績によってすべてが決まり、多少おおげさな言い方かもしれませんが、成績によって「人間のランク付け」がなされたような妙な感覚を持ったことを思い出します。しかも、国語・算数・理科・社会が「主要四科目」と呼ばれ、大切なものがそれしかなく、音楽や図工、ましてや体育などは他の教科に比べ大事ではないかのような印象を子ども心に刻み込まれました。「主要四科目」ですから。

つまり「鼻ったらし」の連中のなかに、一種の「競争」が始まったのです。私も負けん気が強いほうでしたから一生懸命競争しました。その後、中学に進学し、それが加速されました。

実は、こうした「競争」には一つの大きな落とし穴があるように思います。勉強を例にとれば、「何のために勉強しているのか分からなくなる」という落とし穴です。人よりいい成績をあげること、人よりも一点でもよい点数を取ること自体が目的となります。

同期に入社し机を並べて働いた同僚が、自分よりも先に昇進するのを見て、私たちは肩を落とします。隣りの家の子どもは受験に失敗したのに、自分の息子は合格すると、本当に誇らしく思います。私たちの一生が、ただ「お隣さんとの比べ合い」と「競争」で終わってしまったら、何と虚しいことでしょう。そこには本当の喜びはありません。

深刻さはちがいますが、いつしか彼は、こうした「競争」にからめ取られ、自分が何のためにベトザタの池に来たのか分からなくなっていました。本当の意味で生きるということが彼の中であいまいになっていたのです。私は、彼の姿を想像するとき、何か、私自身の姿と重なって見えてきた経験がありました。

私たちも彼と同じように、「こんなはずではなかった」とガッカリする経験をします。いや、そうしたことの連続かもしれません。そうしたとき、彼と同じように、「私が行く間に、ほかの人が先に降りてしまう」。水が動いても「私を池の中に入れてくれる人がいません」と不満を周囲にぶつけ、他人や環境を呪います。「学校が悪い」「職場がよくない」「私の家庭がよくなかった」と周囲を責める。あるいは、「環境や周囲の人が変わってくれれば、私だって変われるのに」と思います。そうやって自分を保っています。でも、そうした後の虚しさったらありません。残念ながら、それは根本的な解決にはならないのです。

そもそも、このときの彼がいちばん願っていたことは何だったのでしょうか。それは「癒される」ということです。「癒し」とは「回復」「元に戻る」ことです。迷い出た子どもが無事に家に帰って行くように、それは、私たちの心の奥深くにある「人間としての本来的願い」です。言い換えれば「自分らしく生きたい」という願いです。

実は、「良くなりたいか」というイエスさまの問いかけこそが、神さまによって造られ、愛されているゆえに、どこかで神さまを求めている私たち人間の心の奥底に隠されている根本的な願いに気づかせる、大切な問いかけであった、ということなのです。

イエスさまからの招き

イエスさまは、彼に「起きて、床を担いで歩きなさい」と言われました（八節）。イエスさまのこの言葉は、どういう意味でしょうか。一言で言えば「自分の人生と向き合いなさい」「あなた自身が、自分の人生の主人公になりなさい」ということなのではないでしょうか。なぜなら、彼の問題の根本が、自分の人生を生きていないことにあったのを、イエスさまは見抜いておられたからです。私たちは問題にぶつかると「親のせいだ！」と訴えます。言葉に出さなくてもそう思うことがあります。「妻のせいだ」「会社や社会のせいだ」と周囲を責め、「病気にかかったからだ」と不平不満を周囲に漏らすのです。ところが、そうしているうちは、なかなか変化が起こらないように思います。

彼は、「主よ、水が動くとき、私を池の中に入れてくれる人がいません。私が行く間に、ほかの人が先に降りてしまうのです」と言いました（七節）。もしかしたら彼の中に「自分が先に降りなければいけない」「一番でなければならない」「こうあらねばならない」という強いこだわりや囚われがあったかもしれません。イエスさまは、そうしたものからまず彼を解放したかったのです。なぜなら、「そうなった後」から人生が始まるのではなく、今、この時から、そのままの姿の私を主イエスは慈しんでおられるからです。

イエスさまはこの彼に「起きて、床を担いで歩きなさい」（八節）と言われました。彼にとっての〈床〉とは何でしょう。いろいろ不便があり、完全に満足はしていませんが、それでいて「動きたくない所」でした。自分のことなのに傍観者のようになり、周囲に文句を言い、不平不満をぶちまけていても責任を問われません。不便さはありますが、食べていけます。でもそこには変化や成長はないのです。イエスさまは、この彼に対して「起きて、床を担いで歩きなさい」と言われました。つまり「自分の人生を真正面から受け取り直しなさい」と言われたのです。「変わろうとする決断をしなさい」「私に変えてもらおうと決断しなさい」と挑戦されたのです。

あなたはどうでしょう……

私たちはどうでしょうか？　今の皆さんにとって、八節のイエスさまの言葉は、何を意味しているでしょうか。また、今の皆さんにとって取り上げるべき〈床〉とは何でしょうか？　ぜひ、考えていただきたいと思うのです。

六節には、「イエスは、その人が横たわっているのを見、また、もう長い間病気であるのを知って、『良くなりたいか』と言われた」と記されていますが、イエスさまの瞳に、あなたの姿はどのように映っているでしょうか。この人に対して主イエスは、「良くなりたいか」と語りかけられましたが、今のあなたに対して、イエスさまは何と声をかけてくださっているでしょうか。

主イエスは、私たち一人ひとりに、その人しか生きることのできない〈いのち〉を与えてくださいました。この歴史において、またこの世界において、たった一人のユニークな存在として、私を生かしておられます。イエスさまは言われます。「起きて、床を担いで歩きなさい。」彼はその言葉に促されて、イエスさまに従ったとき、彼のうちに変化が起こったのです。

人との競争でもなく、「ベトザタの池」のような不確かな物に期待するのでもありません。主イエス・キリストにのみ期待し、そのお方の語りかける御言葉に応えて生きることで、私たちの人生に確かな変化をいただきたいと願います。

◎この学びをとおして、感じたこと、考えたことを、しばらく分かちあってみましょう。

二　赦されることから来る力

ヨハネによる福音書八章一節―一一節

聖書のもつ不思議な力

聖書はたいへん不思議な書物です。歴史上、最も迫害を受けた書物ですが、消滅せず生き延びて、今日に至るまで世の人々に「心の糧」を提供しつづけています。また、世界でいちばん多くの言語に翻訳され、いちばん多く出版されている書物も聖書です。たぶん、クリスチャンではない方の家庭の本棚に必ず一冊は飾ってあるでしょう。「飾ってある」というのは失礼な言い方かもしれませんが、でも、あまり読まれていない、という意味においても、聖書はユニークな書物だと思うのです。

今回の洗礼・入会準備会をチャンスに、聖書がもつ不思議な力をご一緒に体験することができたら、なんと嬉しいことかと思います。いま、「不思議な力」と申しましたが、聖書を読み始めると何が起こるでしょうか。まず自分と似た人間との出会いを経験できるように思います。

前回は、ベトザタの池に横たわっていた男の人を取り上げました。二〇〇〇年前の人ですが、彼の存在が鏡のようになって、皆さんの中にある何かを映し出したのではないでしょうか。その彼にイエスさまは、「床を担いで歩きなさい」と言われました。私たちは考えました。「さて、私にとって担ぎ上げるべき〈床〉っていったい何だろう……。」

イエスさまによって投げかけられた、たった一つの言葉でしたが、それによって今まで気づかずにいた私自身の心の姿に光が当てられる経験となったのではないかと思います。

このように聖書を通して、さまざまな境遇にある人々とイエスさまとの出会いを見ていくことによって、私たち自身も自分自身と出会い、そして何よりもイエスさまご自身との出会いを経験することができたら、本当に素晴らしいことだと思います。

あらすじ

ヨハネによる福音書の八章一節から一一節をお開きください。

私たちの聖書（聖書協会共同訳）を見ますと、そこに「姦淫の女とイエス」という小見出しがついています。新共同訳聖書には「わたしもあなたを罪に定めない」となっていますが、確か初版本は「姦淫の女」となっていました。想像ですが、日本聖書協会は「姦淫の女」という小見出しが余りにもショッキングだと考えたのかもしれません。修正をかけ、結果的に第二刷からは「わたしもあなたを罪に定めない」と一一節に出てくる主イエスの言葉をそのまま採用しています。そして最新訳である聖書協会共同訳では、「姦淫の女」という表現がふたたび使用されています。

たしかに、この箇所を読みますと、いくらオブラートに包もうとしても、現実的には「事件」とでも呼ぶべき出来事が記されています。昼のワイドショーに紹介されそうな、実に生々しい現場から連れてこられた女性の物語です。私自身も、高校三年に進級する時期に参加した修養会のキャンプファイヤーで取り上げられた聖書箇所で、「聖書に、こんな話が出てくるんだ」とショックを受けたことを覚えています。では始めに、〈あらすじ〉を見ていきましょう。

二節、三節をご覧ください。ここに姦淫の現場で捕まった女性がイエスさまの前に引き出されて来ています。時刻は「朝早く」、場所は「神殿の境内」です。二節を見ますと、「民衆が皆、御もとに寄って来たので、座って教え始められた」と書かれていますので、大勢の人々がイエスさまを取り囲んで神の国の教えを聞いていた、その最中に起こった出来事だったことが分かります。

私たちに当てはめるならば、「朝早く、神殿の境内で、聖書の教えを聞きに集っている」とは、まさに日曜日の礼拝のような時と場所、あるいは礼拝が終わって、大勢の人が教会の庭に残っているようなところに、姦淫の現場で捕まった女性が引きずり出されてきて、三節にはわざわざ「真中に立たせ」と書かれていますから、人々の輪のど真ん中に立たせられたのです。この時の女性の身になって考えてみますと、大変な状況だったと思います。そこにいた人々の興味本位の視線にさらされながら、この女性はどんな気持ちで立っていたのでしょうか。

ところで、一つおかしな点に気づかないでしょうか。姦淫の罪とは男女がいて始めて成立するものです。ところがここには女性の姿しかありません。男性はどこに行ってしまったのでしょうか。そうしたことを考えて「姦淫」の〈姦〉という漢字を見ると、〈女〉という字が三つ並べてありますが、ここにも〈男〉の姿が見当たりません。当時は、「家父長制」と呼ばれる男性中心の文化の中、人数をかぞえるときにも女性や子どもを数に入れなかった時代です（マタイ福音書一四・二一参照）。中国や日本においても、同じような考え方の〈なごり〉がこの漢字にあらわれているのかもしれません。いずれにしても、ここには相手の男性の姿が見当たりません。自分だけ逃げてしまったのでしょうか。

ただ三節には「姦淫の現場で捕らえられた女」と書かれていますし、四節にも、「この女は姦淫をしているときに捕まりました」とあります。当時、姦通罪の成立要件は「現行犯であること」でした。実際、彼女が逮捕されたのは「姦淫の現場」で、「姦淫をしているときに」捕まえられたわけです。だとしたら、相手の男性は逃げてしまったのではなく、たぶん逃がしてもらったようなのです。六節に、それを裏付ける言葉が出て来ます。「イエスを試して、訴える口実を得るために、こう言ったのである」と書かれています。

さて、そもそも彼女をここに引きずり出してきたのは誰でしょうか。三節にあるように、「律法学者たちやファリサイ派の人々」です。宗教家たちで、この時代のユダヤ社会の指導的立場にいた人々でした。当時、律法学者たちやファリサイ派の人々にとって、イエスという男は「目の上のたんこぶ」のような存在だったようです。実際、民衆を相手に、律法学者たちやファリサイ派の人々を公然と非難していました。彼ら指導者たちからすれば、突如あらわれた「イエス」という名の、どこの馬の骨とも知れない教師に民衆がなびいて行き、しだいにその数がふえていくという現実に直面したのです。しかも、日に日に自分たちへの批判も痛烈さを増していきました。ですから常日頃からチャンスがあればイエスを逮捕し、処罰しようと考え始めていたわけです。

先ほどの「いったい、相手の男性はどこに行ってしまったのか」という問題に戻ると、男は逃がされたのでしょう。律法学者たちやファリサイ派の人々にとってのいちばんの課題はイエスを告発する材料を見つけることにあったわけです。男性はどうでもよかった。そして、この女性もどうでもよかったことでしょう。彼女を正当に処罰すること自体が目的ではなかったわけですから……。

ですから、この女性を公衆の面前に立たせたということは、ある人の言葉を使えば、イエスという厄介者を釣り上げるために、竿の先につるした餌にすぎなかったのです。

ところで、レビ記二〇章一〇節には「人が他の人の妻と姦淫するなら、すなわち隣人の妻と姦淫するなら、姦淫した男も女も必ず死ななければならない」とあり、姦淫の罪は死罪にあたることが明記されています。しかも、申命記二二章二二節から始まる規定には、その罪を犯したら、男女とも「石打ち」による処刑と定められています。

この場面で、主イエスが一言、「石で打ち殺せ」と言ってしまえば、それは確かに律法にかなっています。ただその冷徹さに民衆は失望したでしょうし、律法学者たちやファリサイ派の人々も、主イエスはそうおっしゃらないことを知っていたと思います。逆に、「赦してやりなさい」と言ったとしたらどうでしょう。律法学者たちやファリサイ派の人々の思う壺で、「イエスは律法を破るように教えた。あの男は罪人だ！」と糾弾し、まんまと〈餌〉にかかった魚のようにイエスを釣り上げ宗教裁判所に訴える口実を確実に手にすることができます。

このように考えますと、この出来事は、律法学者たちやファリサイ派の人々が、イエスさまの出方を考えに考えた上で仕掛けた罠だったわけです。

張り詰めた空気のなか、訴える者たちは、「さあ、この女をどうする！　さあ、どうする！」と、イエスを追い詰めた興奮でしつこく問い続けたことでしょう。

一方、主イエスはどうされたかと言いますと、沈黙を続けておられたのです。ただ「かがみ込んで指で地面に何か書いておられ」ました。私は、イエスさまのこのときのお姿を想像すると、いつも心に浮かぶ御言葉があります。それは預言者イザヤの言葉です。

「聞け、ヤコブの家よ／またイスラエルの家のすべての残りの者よ／母の胎を出た時から私に担われている者たちよ／腹を出た時から私に運ばれている者たちよ。／あなたがたが年老いるまで、私は神。／あなたがたが白髪になるまで、私は背負う。／私が造った。私が担おう。／私が背負って、救い出そう。」（イザヤ四六・三―四）

ちょうどその背におぶさることができるように、背中を丸め、かがみこんでおられる姿です。彼女の心にこの御言葉が浮かんだかどうかは分かりませんが、そのような姿で地面に何かを書いておられた。何を書いておられたのか分かりません。ただそこで主イエスの〈沈黙〉がもたらした不思議な〈スペース〉が彼女を落ち着かせ、立ちどまり、自らの歩みをふり返らせる時となったのではないかと思うのです。

ところが、そうしたなかでも人々の訴えは止みません。そこでイエスさまは、しつこく問いつづける彼らに向かって、一言、お語りになったのです。「あなたがたの中で罪を犯したことのない者が、まず、この女に石を投げなさい。」（七節）皆さんがこの場面に出くわしたとして、この言葉が皆さんに語られたものとして受けとめて考えていただきたいと思うのです。民衆も含め、集まっていた人の中には、黙ってはいましたが、過去に姦淫を犯した者もいたかもしれません。

最初、「自分は姦通なんて恥ずかしい罪を犯したコイツとはちがう」と思っていたことでしょうが、不思議と主イエスが投げかけた問いかけによって、以前、人を大変な目に合わせた〈過去の記憶〉が甦って来たかもしれません。人にはばれていませんが、仮にそのことが知られたら、こうやってのこのこと神殿の境内にやって来られない。そうした押し殺していた自分の人生の暗い部分が、ふと頭をもたげてきたかもしれません。悔やんでも悔やみきれない感情が呼び覚まされたことでしょう。

九節をご覧ください。「これを聞いた者は、年長者から始まって、一人また一人と立ち去ってゆき、イエス独りと、真ん中にいた女が残った。」まず年長者から始まって、一人また一人と立ち去っていったのです。ある牧師が語っていましたが、歳を重ねていくとは、ある意味で罪を重ねて生きていくことでしょう。誰一人として「自分は潔白、罪はない」と言える人などいないわけですから……。このようにして、最終的に、誰もいなくなってしまったのです。

女性の身になって考えてみる

さて、ここに取り残された彼女はどんな気持ちだったでしょうか。「石打ちを免れて、助かった」と喜んだでしょうか。決してそうではないと思います。裁かれなかったことは、彼女の無罪を証明したことにはなりませんから。もちろん、彼女なりの言い分もあったでしょう。しかし百歩譲ったとしても彼女は裁かれて当然のことをしてしまった。それも現行犯で捕まえられたわけです。その彼女が石打ちで処刑されていくのは確かに辛いことです。しかし、かと言って何もなかったとしたら、どうでしょう。非常に中途半端で「生き地獄」のような状態に放り出されたような気持ちにさせられるのではないでしょうか。

たしかに彼女が犯した罪は、自分でも償いきれないものでしょう。私たちもそうした経験があるかもしれません。償おうとしても償いきれない。やってしまったことを元に戻すことはできませんから。結局、この時の彼女は、追い詰められ、後ろ指を指され、消えるような思いで生きていくしか道がなかったのでしょうか。

イエスさまの赦し

これに対してイエスさまは何をなさったのか、ということです。私たちはそれを知りたいのです。そして、そのことこそ聖書が伝えたいメッセージだと思います。一〇節と一一節をご覧ください。

「イエスは、身を起こして言われた。『女よ、あの人たちはどこにいるのか。誰もあなたを罪に定めなかったのか。』女が、『主よ、誰も』と言うと、イエスは言われた。『私もあなたを罪に定めない。』」（一〇、一一節）

ここで主イエスは明確に、「私もあなたを罪に定めない。行きなさい。これからは、もう罪を犯してはいけない」と語られました。これが、最終的にイエスさまが彼女に語った言葉です。

つい先ほど、主イエスは彼女を取り巻く人々に向かって、「あなたがたの中で罪を犯したことのない者が、まず、この女に石を投げなさい」と語られました。言ってみれば、「資格のある者が彼女を裁きなさい」と問われたことと同じです。すると、九節。「これを聞いた者は、年長者から始まって、一人また一人と立ち去ってゆき、イエス独りと、真ん中にいた女が残った」と福音書記者ヨハネは伝えています。つまり、そこにいた人々の中に、彼女を裁く資格のある人は一人もいなかった、ということでしょう。

一〇節で主イエスは、「あの人たちはどこにいるのか。誰もあなたを罪に定めなかったのか」と問うたのに対して彼女は「主よ、誰も」と答えました。しかし九節をもう少し丁寧に読むならば、彼女を断罪できる資格を持つ者は誰もいなかっただけではなく、そこに残った方が独りだけおられた。主イエスです。ヨハネは、そのお方こそ、唯一「罪を犯したことのない者」、言い換えれば、唯一「罪を裁く資格のある者」だったのだ、ということを伝えようとしているのではないでしょうか。

主イエスの問いかけに対して彼女が、「主よ、誰も」と答えたのですが、その彼女に対して主は次のようにお語りになりました。「私もあなたを罪に定めない。行きなさい。これからは、もう罪を犯してはいけない。」（一一節）

そうです。罪を犯したことのない方、それゆえ罪を裁くことのできる唯一の方として主イエスが、

「私もあなたを罪に定めない」と彼女に向かって言われた。言わば、〈赦しの宣言〉をなさった。このとき、手に握った石を彼女に向かって唯一投げる資格をもっていたお方がそうせず、逆に、自らその石に打たれる道を選択なさったのです。「私もあなたを罪に定めない」とは「その裁きは私が受ける」という意味なのです。

日曜日の朝、礼拝に来られ、最初に目に飛び込むものはなんでしょうか。正面に掲げてある十字架です。教会のシンボルです。聖書の教えの中心がこの十字架に凝縮されています。

「聖書を読んでも分からない」「結局、聖書はなにを言いたいのか分からない」と思われるとき、「なぜ、十字架がシンボルなのか」「そもそも、なぜ、イエス・キリストが十字架で処刑されなければならなかったのか」という問いをもちながら礼拝に出席し、聖書を読んでいただきたいと思うのです。

主イエスが、十字架で処刑されなければならなかったのは、石打ちで処刑されてもしょうがない彼女の罪を身をもって償うためだったのです。自ら犯した罪ゆえに、その償いを求めて投げつけられる石から、この女性を守るために、自分自身が前に立って、飛んでくる石をすべて身に受けてくださったのです。そのようにしてイエス・キリストは十字架で死なれました。彼女の罪、そして彼女の罪だけではありません。私たちの罪のためにも、主イエスは十字架で身代わりの死を遂げてくださったのです。

ここで主イエスは彼女に対して「私もあなたを罪に定めない」と宣言しておられます。この言葉は、「罪を裁く資格のある私も、あなたを罪に定めない」という意味でしょう。もっと言えば、「あなたは罪を犯した、正真正銘の罪人だ」とお認めになった上で、「私があなたに代わって償うべき負債を償おう」と言って、自らの命を担保に、赦しを宣言なさった。それが、「私もあなたを罪に定めない」という言葉なのです。そして、「行きなさい。これからは、もう罪を犯してはいけない」と送り出してくださいました。こうした主イエスの言葉は、私たちにとっては礼拝で与えられる「罪の赦しの宣言」であり、「派遣と祝福の言葉」なのではないでしょうか。

この後、彼女がどんな生活をしたのかについては分かりません。とりあえず危機状態から救われました。しかし死を免れて帰る家に待ち受けているものは、今までとは変らない貧しさであり、複雑な人間関係だったと思います。

しかし、立ち上がり歩きだしたとき、すでに主イエスとの出会いを経験した者、新しくされた者として、「私もあなたを罪に定めない。行きなさい。これからは、もう罪を犯してはいけない」という大切な御言葉を心の中で響かせつづけたのではないでしょうか。そしてこの後、彼女は、エルサレムの城外で十字架にかけられて死んで行くイエス・キリストを目撃することとなります。その時もまた、「私もあなたを罪に定めない。行きなさい。これからは、もう罪を犯してはいけない」と優しく、そして力強く語りかけられた主イエス・キリストの御言葉が彼女の心の中に鳴り響いたことだと思います。

赦されて生きる喜び

今回は、ヨハネ八章の姦通の現場で捕らえられた女性の話をご一緒に読みました。今日の聖書のお話は私たちに何を語っているでしょうか。

彼女の置かれている状況と私たちの置かれている状況は、確かに大きく異なることでしょう。でも彼女同様、私たちも、「私もあなたを罪に定めない。行きなさい。これからは、もう罪を犯してはいけない」というイエスさまの「赦しの宣言」、そして「派遣と祝福の言葉」を週ごとの礼拝において聞き続けることが必要なのではないでしょうか。

私たち一人ひとりを、この女性を愛したように愛し、慈しんでくださるお方がイエスさまです。このお方に愛され、十字架ゆえに赦されている。このことをぜひ心に受けとめていただきたいと願います。

◎この学びをとおして、感じたこと、考えたことを、しばらく分かちあってみましょう。

三　私の弱さは何のため

ヨハネによる福音書九章一節―三節

弱さの問題

私は小学生の頃、「ジャガイモ」というあだ名で呼ばれていたことがありました。背が低く、おまけに太っていてコロコロした体形が「ジャガイモ」のようだったからだそうです。先輩のガキ大将がつけたあだ名でしたので、逆らうわけにもいかず、しばらくそう呼ばれていたことを覚えています。ですから子どもの頃の私は、背が低いことが、多少、コンプレックスになっていました。たぶん、皆さんも、そうしたコンプレックスをお持ちかもしれません。

さて、今日、ご一緒に読む話には、背が低く、コロコロしている程度ではない、生まれながらに目が見えないという障がいを負って生きていた一人の男の人が登場します。自分ではどうにもならない「弱さ」を背負った人物です。今日は、その人とイエスさまとの出会いに焦点をあてながら、ご一緒に聖書を読み進めていきたいと思います。

あらすじ

主イエスの一行が通り過ぎようとしたところに、一人の生まれつき目の見えない人がいました。そこで弟子たちはこんな質問をしたというのです。「先生、この人が生まれつき目が見えないのは、誰が罪を犯したからですか。本人ですか。それとも両親ですか。」（二節）

人が傷つけられるとき、傷つけた側の人間は、自分がしたことに気づかないことがよくあります。この場合の弟子たちもそうだったと思います。当時、ユダヤでは「罪なくして死はなく、邪悪なくして災難はない」という考え方が一般的でした。いわゆる「因果応報」という考え方です。そうした考え方にしたがって、この「生まれつき目の見えない人」のことを考えた結果、弟子たちは、こうした辛い目にあっているこの人は罰（ばち）が当たってこうなっているにちがいない、と考えました。ですから、この時、「先生、この人が生まれつき目が見えないのは、誰が罪を犯したからですか。本人ですか。それとも両親ですか」とイエスさまに質問したのです。

ただここで、「罪を犯したのは本人か、それとも両親か」と、両親が罪を犯した可能性について質問したのは、この男性が生まれながらにして目が見えなかったので、その責任はこの人が生まれる以前の彼の両親にあったかもしれない、と弟子たちが考えたからです。

弟子たちの、こうした言葉、あるいは考え方を私たちはどのように受けとめるでしょうか。このとき、この男性は目が見えないというだけでも大きなハンディーを背負っていました。目が見えないために苦しんでいたこの人に、追い討ちをかけるように、「誰が罪を犯したからですか。本人ですか。それとも両親ですか」と尋ねたことで、彼を「罪の中に生まれた者」と見なし、宗教的な意味でも重荷を背負わせたように思います。

そしてこうした彼にとって、「誰が罪を犯したか」が判明したからといって、何がどうなるのでしょうか。主イエスの弟子たち同様に、私たちもよく、一生懸命、原因を突き止めようとします。「犯人」を探そうとします。ベトザタの池に横たわっていた人もそうでした。でも原因が分かり、「犯人」が分かったところで、そのことが苦しんでいる彼にとって根本的解決になるのでしょうか。

さて、三節を見ますと、こうしたことに対する主イエスの答えが紹介されています。「イエスはお答えになった。『本人が罪を犯したからでも、両親が罪を犯したからでもない。神の業がこの人に現れるためである。』」(三節)。これが、イエスさまの答えでした。「神の業がこの人に現れるため」だとお語りになったのです。

青木優さんの証し――「ぶどう園のたとえ」から

青木優という牧師がおられました。私が先生のことを知ったのは二〇年以上も前のことで、当時すでに八〇歳に近い方でした。青木先生は、若い頃、将来、医者になるために大学の医学部で学んでいました。ところが二四歳の時に失明してしまったのです。たいへん苦しまれました。目が見えなくなったことで、すべてが変化しました。医者になる志も捨てなければなりませんでした。「なぜ、私が……」という思いがいつも心を支配したそうです。どんなに考えても納得がいかないのです。

ただ、幸いにも当時、青木青年は教会に通っていたのです。ちょうどそのような時、今日の聖書箇所にあるイエスさまの言葉を知り、その言葉が青木青年の心をとらえて離さなかったそうです。それが、「神の業がこの人に現れるためである」という言葉でした。

青木青年は、「この言葉に触れ、自分は一つの挑戦を受けたように感じた」と語っておられます。「この挑戦を受けて立つのか、それとも拒否するのか」ということです。考えに考えたあげく、「自分はこの挑戦を受けて立とう」と思い、「もう一度、生きる意味を問い直そう」と決心したそうです。もちろん、決心すれば、即座に悩みが解決するわけではありません。その後も、悩みは続き、苦しみも止みませんでした。そうしたある日、もう一つのイエスさまの御言葉と出会った。それがマタイによる福音書の二〇章に出てきます「ぶどう園の労働者のたとえ」でした。マタイ福音書二〇章一節から一六節を読んでみたいと思います。

「天の国は、ある家の主人に似ている。主人は、ぶどう園で働く労働者を雇うために、夜明けとともに出かけて行った。彼は、一日につき一デナリオンの約束で、労働者をぶどう園に送った。また、九時ごろ行ってみると、何もしないで広場で立っている人々がいたので、『あなたがたもぶどう園に行きなさい。それなりの賃金を払うから』と言った。それで、彼らは出かけて行った。主人はまた、十二時ごろと三時ごろに出て行って、同じようにした。五時ごろにも行ってみると、ほかの人々が立っていたので、『なぜ、何もしないで一日中ここに立っているのか』と言った。彼らが、『誰も雇ってくれないのです』と答えたので、主人は、『あなたがたもぶどう園に行きなさい』と言った。夕方になって、ぶどう園の主人は管理人に言った。『労働者たちを呼んで、最後に来た者から始めて、最初に来た者まで順に賃金を払ってやりなさい。』そこで、五時ごろに雇われた人たちが来て、一デナリオンずつ受け取った。最初に雇われた人たちが来て、もっと多くもらえるだろうと思っていたが、やはり一デナリオンずつであった。それで、受け取ると、主人に不平を言った。『最後に来たこの連中は、一時間しか働かなかったのに、丸一日、暑い中を辛抱して働いた私たちと同じ扱いをなさるとは。』主人はその一人に答えた。『友よ、あなたに不当なことはしていない。あなたは私と一デナリオンの約束をしたではないか。自分の分を受け取って帰りなさい。私はこの最後の者にも、あなたと同じように支払ってやりたいのだ。自分の物を自分のしたいようにしては、いけないのか。それとも、私の気前のよさを妬むのか。』このように、後にいる者が先になり、先にいる者が後になる。」（マタイ二〇・一―一六）

このたとえ話は、ぶどうの収穫をするための季節労働者の話です。主人は夜が明けると広場に行って労働者を集めます。夜明け、九時、一二時、三時、そして、最後に午後五時に労働者を雇い入れました。

さて、このたとえ話を最初に読んだとき、自分は「五時に雇われた労働者のような者だ」と思ったと青木先生は証ししていました。「五時に雇われた労働者」とは明らかに、労働市場から取り残されていた人々です。言わば、労働者としての能力という面から見たとき、弱さを抱えていた人々だったかもしれません。

ところが、このたとえ話で、「ぶどう園の主人」にたとえられている神さまは、この「五時に雇われた労働者」にも約束の賃金を支払っている。しかも誰よりも先に、彼らに賃金を渡したのです。当然のこと、朝から一生懸命働いていた人たちは不満でした。ただ一つ期待もありました。それは、「五時に雇われた労働者」にも一デナリオン支払われたとすれば、彼らの何倍もの時間働いた自分たちには、さぞたくさんの賃金が支払われることだろうと考えたからです。ところが、結果は「五時の人」と全く同額の賃金しか支払われませんでした。朝から働いていた労働者はみな憤慨します。「なぜ、最後に来た奴と同じ額しかもらえないのか」と訴えたのです。

さて、このような出来事を経て、主人の考え方、つまり神さまの考え方が明らかにされることになりました。一三節から一六節をもう一度ご覧ください。

「主人はその一人に答えた。『友よ、あなたに不当なことはしていない。あなたは私と一デナリオンの約束をしたではないか。自分の分を受け取って帰りなさい。私はこの最後の者にも、あなたと同じように支払ってやりたいのだ。自分の物を自分のしたいようにしては、いけないのか。それとも、私の気前のよさを妬むのか。』このように、後にいる者が先になり、先にいる者が後になる。」（マタイ二〇・一三―一六）

結論から言えば、神さまは、能力で人を見ない、ということです。

ヘンリ・ナウエンは、著書『静まりから生まれるもの』の中で、この世界／世間が、どのように私たちを見ているかについて、次のような興味深い文章を書いています。少し長いのですが引用してみたいと思います。

「今日の世界では、わたしたちはみな、何かを成し遂げたいという強い願望を持っていることは明らかです。ある人は社会に劇的な変革をもたらしたいと考えています。他の人は、家を建てることさえできたら、本を一冊でも書けたら、機械を一つでも発明できたら、あるいは一回でもトロフィーを獲得できたらと願っています。またある人は、誰かのために何か価値あることさえできたら満足すると思っているようです。

実のところわたしたちは皆、自分自身の人生の意味や価値を、自分のこのような貢献度によって測ろうとしています。すると、年を取ってくると、わたしたちの幸福感や悲哀感は、自分がこの世界とその歴史に、どれだけ影響を与えたと感じられるかによって左右されるようになります。さらに、キリスト者ならば、人に忠告や慰めを与えたり、悪霊を追い出したり、あちこちで福音を宣べ伝えたりすることをも含めて、誰かのために何か益になることをするという、特別な招きを受けているように感じているかもしれません。

結果を重んずる現代の社会において、誰かの役に立ちたいという願いは、その人の精神的な、また、霊的な健全さのしるしと見られるかもしれませんが、それはまた、自分の価値に対する自信を失わせて身動きできなくなる原因にもなり得ます。何か意味のあることをしたいとする願望は、それだけに終わらず、自分がしたことの結果を、自分の価値を測る物差しにしてしまうことが多いのです。そうすると、何かを成し遂げたと言うだけでなく、自分の成し遂げたことを自分自身だと思うように

なってしまいます。」(ヘンリ・ナウエン著『静まりから生まれるもの』あめんどう、二〇〇四年、二一―二二頁)

創世記第一章は、神さまはご自身が創造された人をご覧になって、「極めて良かった(なんて素晴らしいのだろう!)」とご自分が造られた「作品」である人を見て、自画自賛なさったことを伝えています。またイザヤ書四三章四節には、「あなたは私の目に貴く、重んじられる。/私はあなたを愛する……」と私たちへの愛の告白が綴られています。

主イエスが宣教活動を開始する直前、言わばメシアとしての実績がゼロの時点で、すでに神さまはイエスさまをご覧になり、「これは私の愛する子、私の心に適う者」(マタイ三・一七)と宣言されています。そしてこの言葉は、私たち一人ひとりに対しても語られている言葉なのです。

ところが、ナウエンの言葉にあるように、神を認めないこの世界や社会は、私たち一人ひとりの価値が、その人の「したこととの結果(業績)」にかかっている、という見方をしているというのです。しかし、この「偽りの物語」こそが、聖書の教えの正反対のメッセージを語り、私たちを不幸にする原因であるように思います。

たとえ話に戻りますが、朝から働いていた人たちは、この世界や社会のものの見方(常識)で「五時に雇われた労働者」を見ていました。ですから、実績のない彼らと朝から丸一日働いたという実績を持つ自分たちとが一緒にされることに腹が立って仕方がなかったのだと思います。

しかし、この主人は、まったく異なる視点で「五時に雇われた労働者」を見ていました。そしてそのような彼らに、大切に接する主人の言動から、彼ら「五時に雇われた労働者」の存在が、「神は決して能力で人をご覧にならない。その人の価値は、その人の〈したことの結果〉ではない」という神さまの思いを明らかにする、そのような意味で、神さまの素晴らしさ、その志の素晴らしさ（＝神の栄光）を明らかにする尊い務めを担っていたわけです。青木青年は、このことに気づいて「心震えた」と語っています。「無価値だと思って失望していた自らの内に、神さまが認める存在価値を見出した」というのです。

神学生時代の恩師が、神さまが私たちをご覧になって微笑んでおられることを、「存在の喜び」という言葉で表現していたことを思い出します。私は子を持つ親になって、この「存在の喜び」を少しずつ実感できてきたように思います。

私たち夫婦には四人の子どもが与えられました。年子として生まれた上の三人が小学生となった頃、末の息子は、まさに「五時になって雇われた人」のように、だいぶ遅れて、この世に生まれて来ました。上の三人が少しずつ、家の手伝いを始めても、末っ子はまさにいる（存在する）だけでした。しかしその子の存在は、家族の誰からも大事にされる存在でした。今ふり返っても、末の息子の存在が私たち夫婦に生きる楽しさやエネルギーを与えてくれ、それによって家族が調和を保っていたと思います。

聖書によれば、神は、私たちの「父なる神さま」だと教えています。その神さまからすれば、私たち人は、神さまの子どもたち同士です。その神さまが、五時まで雇われなかった「息子」をご覧になったときに、どうお感じになるでしょう。たしかに、早朝に雇われ、丸一日働いた「息子」をご覧になって、心から「ご苦労さま」と思われたでしょう。また本人も雇われた時点で、「ああ、今日は食事にありつけた。家族も養える」と安堵し、たしかに丸一日働くことはエネルギーが必要だったでしょうが、精神的には安定していたのではないでしょうか。

しかし一方、五時まで雇われなかった人は、労働時間は一時間ほどでした。丸一日働いた人に比べたら、わずかのエネルギーしか消費しなかったことになります。しかし、精神的にはどうでしょう。早朝から広場に張り付いていたのです。ところが、早朝は勿論、九時、一二時、午後三時になっても誰も雇ってくれません。そしてやっと、午後五時になって、自分を雇ってくれる主人に出会ったのです。「さあ、働くぞ！」と思って働き始めたのですが、実際なにができたでしょうか。働き始めたらすぐにあたりは暗くなってしまったことでしょう。慣れない場所で、しかも薄暗い中、どれだけぶどうを収穫できたかあやしいものです。そのように考えてみますと、たしかに彼の労働時間は一時間でしたが、その反面、早朝から午後五時まで、彼が消費した心のエネルギーはどれだけだったか、と想像するのです。「家にはお腹を空かせた子どもたちがいる。でも、今日は仕事にありつけない。どうしよう……」そんな不安を抱えて丸一日過ごしていたのです。

そのように考えて来ますと、どちらが楽でどちらがキツイかと言えば、この「五時に雇われた労働者」のほうがたいへんな思いをしていたのではなかっただろうかと思います。いちばん最初に前に呼び出され、一デナリオンもらったとしたら嬉しいけれど、ものすごく恐縮したでしょう。でも早朝から働く労働者たちを「息子」と愛する神さまは、「五時に雇われた労働者」、丸一日、心配し通しの「息子」をまずは安心させたかったのではないかと思います。そのような意味で、「五時に雇われた労働者」の存在は、神さまの「親心／愛」を私たちに示しているのではないでしょうか。「五時に雇われた人」とは、神さまの愛を知らせるという最も大事な役割を果たしたのだと青木青年は受けとめたと語っておられました。

私たちは神さまに愛されている

もう一度、ヨハネによる福音書九章に戻りましょう。一節を見ますと、生まれつき目の見えないこの人を、誰よりも先に認めたのはイエスさまでした。イエスさまは、「運命」に押しつぶされそうになっているこの人を尋ね出して導かれました。この後、彼が癒されたということをきっかけに、癒しの業を巡り大論争が展開されていきます。ファリサイ派の人々は、長年、盲目で苦しんでいたこの人の目が開かれたという恵みよりも、この日が安息日であったということを問題視したのです。イエスさまは、このこだわりの強い頑なな彼らに対して、一〇章から「羊飼いと羊」のたとえ話をされるのです。一〇章一一節には、こういう言葉が出てきます。

「私は良い羊飼いである。良い羊飼いは羊のために命を捨てる。」（ヨハネ一〇・一一）

「羊」とは誰でしょう。この男の人です。「羊飼い」とはイエスさまを指します。この男の人を生かすために、良い羊飼いであるイエスさまは自分の命を捧げても惜しくない、と言われたのです。言わば、

「この羊、つまり彼の存在は私にとって宝物だ」と宣言されたということでしょう。

だいぶ前の話ですが、靴を磨こうと靴箱を開けました。するとそこから、ビニール袋に入った土団子が出てきたのです。息子の宝物でした。以前、家庭集会に連れられてきた小さな子どもが、息子の留守中に土団子を触ってこわしてしまったことがありました。自分がいない間にこわされたらたまらない。そう考えて安全な場所、靴箱の中に隠しておいたのでしょう。大人の私にとっては何の価値もない、単なるカラカラに乾いた土の塊です。しかし、このまったく無価値に思える土団子に価値を与えているのは、それを宝物として大切にしている息子の心にあります。宝物とはそういうものでしょう。

私を宝物としてくださっているのは、神さまの愛の心なのです。息子がそれほどまでに大切にしているということが分かってくると、何かその土団子がいとおしくなってくるのですから不思議です。イエスさまは、ここに登場する盲目のこの人を、そのように考えておられたのではないでしょうか。そして、私たち一人ひとりをもそう見ておられる。さまざまな欠けや弱さをもつ私たち一人ひとりに、「あなたは私の愛する子、私はあなたを喜ぶ。あなたは私の宝物だ」と、呼びかけておられるのです。

皆さん、『ぞうさん』の歌をご存知でしょうか。

ぞうさん、ぞうさん、お鼻が長いのね／そうよ、母さんも、長いのよ。

ぞうさん、ぞうさん、だれが好きなの／あのね、母さんが、好きなのよ。

想像ですが、ある日、キリンの子がぞうの子に向かって、「おまえの鼻は長くてへんだ！」とからかったのかもしれません。ところが、子ぞうは平気だったのです。「そうだよ。だって、お母さんの鼻も長いから」。

でも、どうでしょう。子ぞうはお母さんが見えなくなると、「鼻の長さ」が気になってしまったかもしれません。キリンさんに比べて「首が短いこと」で不安になることもあったでしょう。人と比べて成績が良くないこと、業績があがらないこと……。そして他の人と同じになろうと一生懸命になります。あるいは、そのように造られているはずの「長い鼻」を変えようと努力します。でも、子ぞうがお母さんにしっかりと結びついていたとしたらどうでしょう。「大好きなお母さんがいるから大丈夫だよ」と言って、さまざまな声を撥ねのけることができたのです。お母さんに愛されていることを実感することで、お母さんと同じようであることは、子ぞうにとって誇りとなり自信でもあったことでしょう。この歌を作詞した、まど・みちおさんはキリスト教に造詣の深い方です。お母さんと子ぞうの姿は、神さまと私たちの姿をあらわしていると思います。

「神の業が現れる」とは、自らの存在そのものが神さまに愛され、喜ばれていることを受けとめて生きるときに、私の存在それ自体が、私を造り、愛してくださる神さまの素晴らしさを証しすることになるという意味なのではないでしょうか。

◎この学びをとおして、感じたこと、考えたことを、しばらく分かち合ってみましょう。

■洗礼・入会準備会④——救い主イエス・キリストとの出会い

四　なぜキリストは十字架に死なれたのか

ヨハネによる福音書一九章一六節－三〇節

渇きを経験する私たち

最近、「癒し」という言葉を、よく耳にします。「癒し」という言葉が多く使われている背景には、日常生活で疲れを覚えたり、傷つけられたり、心に渇きを覚えたりしているからだと思うのです。また一方で私たちは、多くのモノに囲まれ、不自由のない生活をしているはずなのに、どこかある種の満たされないという欠乏感を覚えながら生活しているのではないでしょうか。

さて、この聖書箇所には、主イエスが十字架の上で死んでいく様子が記録されています。そしてイエスの十字架上での最後の言葉の一つに、「渇く」という言葉が出てきます（ヨハネ一九・二八）。今回は、この「渇く」という言葉を手がかりに、イエス・キリストの死の意味について、ご一緒に考えてみたいと思います。

ヨハネの記録する十字架上のイエスさま

福音書を書いたヨハネは、イエスさまが十字架にはりつけにされていく様子を淡々と伝えています。自ら十字架を背負ってゴルゴタの丘に向かわれた様子。イエスさまを真中にして、両サイドに二人の囚人もはりつけにされたこと。十字架の上に掲げられた「罪状書き」についての説明。そして、兵士たちがイエスさまの服を分け合う様子。さらに十字架のそばには何人かの女性たちがいたことも記録されています。その中には主イエスの母マリアもいました。ご自分はもう十字架で死んでいかれますから、母親を「愛する弟子」に託されました。この「愛する弟子」とは、この福音書を記した使徒ヨハネであると言われています。イエスさまは弟子のヨハネに母親マリアを託されたのです。そして最後に、すべてのことを成し遂げられたことを知り、イエスは「渇く」と言われました。二八節を見ますと、「渇く」と言われた主イエスの言葉を記録したあと、福音書記者ヨハネは、「こうして、聖書の言葉が実現した」と解説を加えています。

ご存知のように福音書は四つあります。富士山を四方から眺めるように四つの福音書が主イエスを四方から立体的に紹介するのです。他の福音書を読みますと、十字架にかけられる直前に唾を吐きかけられたり、平手で打たれたり、当時の宗教指導者たちから罵声を浴びせられたり、そして、最後には共に十字架で処刑されていく囚人に馬鹿にされたりした主イエスの様子を知ることができます。まさにさまざまな出会いが記録されているのです。

そうした中、ヨハネ福音書によれば、十字架にいたる一つひとつの出来事一切合切を包み込むように、ただ「渇く」と叫ばれ、聖書の約束を成就し、息を引き取っていかれた主イエスの姿を紹介しています。これはいったいどういうことでしょうか。

サマリアの女性の渇きを癒すイエスさま

ところで、四つある福音書の中で、十字架上で「渇く」と叫ばれたイエスさまの御言葉を記録として残しているのは、このヨハネ福音書だけです。そして興味深いことに、マルコ福音書とルカ福音書には、この言葉は一度も使われていません。マタイ福音書ではかろうじて「山上の説教」の中で「義に飢え渇く人々は幸いである」（マタイ五・六）に「飢え渇く」と出てくるだけです。

これに対してヨハネ福音書には、この同じ言葉が一九章以外に三箇所に出てきます。四章一三節、一五節、そして六章三五節です。そしてこの三箇所を調べてみますと、「渇く」という言葉が使われることになるきっかけとなる出来事が、実は、主イエスと一人の心渇く女性との出会いにあったことが分かるのです。今回は、その箇所もご一緒に読んでみたいと思います。ヨハネ福音書の四章を開いてみましょう。

「さて、イエスがヨハネよりも多くの弟子を作り、洗礼（バプテスマ）を授けておられるということが、ファリサイ派の人々の耳に入った。イエスはそれを知ると、――洗礼（バプテスマ）を授けていたのは、イエスご自身ではなく、弟子たちであった――ユダヤを去り、再びガリラヤへ行かれた。しかし、サマリアを通らねばならなかった。それで、イエスはヤコブがその子ヨセフに与えた土地の近くにある、シカルというサマリアの町に来られた。そこにはヤコブの井戸があった。イエスは旅に疲れて、そのまま井戸のそばに座っておられた。正午ごろのことである。サマリアの女が水を汲みに来た。イエスは、『水を飲ませてください』と言われた。弟子たちは食べ物を買うために町に行っていた。すると、サマリアの女は、『ユダヤ人のあなたがサマリアの女の私に、どうして水を飲ませてほしいと頼むのですか』と言った。ユダヤ人はサマリア人とは交際していなかったからである。イエスは答えて言われた。『もしあなたが、神の賜物を知っており、また、「水をください」と言ったのが誰であるかを知っていたならば、あなたのほうから願い出て、その人から生ける水をもらったことであろう。』女は言った。『主よ、あなたは汲む物をお持ちでないし、井戸は深いのです。どこからその生ける水を手にお入れになるのですか。あなたは、私たちの父ヤコブよりも偉いのですか。ヤコブがこの井戸を私たちに与え、彼自身も、その子どもや家畜も、この井戸から飲んだのです。』イエスは答えて言われた。『この水を飲む者は誰でもまた渇く。しかし、私が与える水を飲む者は決して渇かない。私が与える水はその人の内で泉となり、永遠の命に至る水が湧き出る。』女は言った。『主よ、渇くことがないように、また、ここに汲みに来なくてもいいように、その水をください。』イエスが、『行って、あなたの夫をここに呼んで来なさい』と言われると、女は答えて、『私には夫はいません』と言った。イエスは言われた。『「夫はいません」というのは、もっともだ。あなたには五人の夫がいたが、今連れ添っているのは夫ではない。あなたの言ったことは本当だ。』女は言った。『主よ、あなたは預言者だとお見受けします。』」（ヨハネ四・一―一九）

このとき、主イエスはサマリアという地域を通り過ぎようとなさいました。そこで一人のサマリア女性と遭遇し、主イエスのほうから彼女に一杯の水を求めるところから、この出会いが始まりました。

さて、ここに登場する女性は、当時ユダヤ人とはほとんど付き合いのなかったサマリア人です。ここで旧約聖書から、「サマリア人」の起源について確認しておきたいと思います。

旧約聖書を読みますと、もともと一つの統一国家であったイスラエルが、ソロモン王以降、北イスラエル王国と南ユダ王国に分裂したことが分かります。紀元前九三一年のことでした。そして紀元前七二二年頃、北イスラエル王国がアッシリア帝国によって滅ぼされます。

実は、その時、アッシリア帝国が征服地で行ったのが「民族混交政策」でした（列王記下一七・二四―二八参照）。その結果、民族的にも宗教的にも文化的にもユニークな性質を備えもつ人々が、サマリアを中心に生活し、主イエスの時代になり、そうした彼らの末裔が「サマリア人」と呼ばれていた人々でした。そのことを、ヨハネ福音書四章九節にサラッとではありますが、「ユダヤ人はサマリア人とは交際していなかったからである」と記していますが、いろいろな意味で「純血」を重んじるユダヤ人は、「混血」であった彼らサマリア人を嫌悪していたのです。

さて、「人間関係は鏡のようなものだ」と言われますが、ユダヤ人から毛嫌いされているわけですから、当然、サマリア人も不愉快だったと思います。自分たちのことをよく思っていないユダヤ人を憎んでいました。こうした背景がありましたので、ユダヤ人であるイエスさまが水をくれるように頼んだとき、彼女はとても驚いたわけです。こうしたことをまとめて伝えているのが九節の言葉です。「すると、サマリアの女は、『ユダヤ人のあなたがサマリアの女の私に、どうして水を飲ませてほしいと頼むのですか』と言った。ユダヤ人はサマリア人とは交際していなかったからである。」（九節）

ところで、パレスチナは乾燥地帯です。水はとても貴重でした。どこでも手に入るわけではなく、家から何キロも離れた井戸まで歩いて汲んで帰らなければなりません。かなりの重労働だったと思います。それなのに、「普段から付き合ってもいないのに、水をくれなんて、調子がよすぎる。第一、そんなことを頼むユダヤ人がいるなんて変わっている……」と彼女は感じたので、「ユダヤ人のあなたがサマリアの女の私に、どうして水を飲ませてほしいと頼むのですか」と主イエスに向かってそう言ったのだと思います。

余談ですが、彼女が「サマリアの女の私に」と自分のことを、そう表現した言葉は、当時の常識に心捕らわれ、そのようにしか自らを認識することができない、三重の「自己卑下」から出たもののように、私の心に響いてくるのです。「ユダヤ人に対するサマリア人（歴史的に生じた差別意識）」「男性に対する女性（当時の家父長制から来る差別意識）」、そして「サマリア人の女性の中でも『（この）私』」という自己認識です。

こうした一人の女性が主イエスと出会うことで、いつしか喉の渇きを癒す水という物質的な物を求めてやって来た彼女自身の、言葉にもならないまま胸の奥にしまい込んでいた「心の渇き」に目覚めさせられるような会話へと導かれていくのです。イエスさまは彼女に言われました。一三節と一四節をご覧ください。「イエスは答えて言われた。『この水を飲む者は誰でもまた渇く。しかし、私が与える水を飲

む者は決して渇かない。私が与える水はその人の内で泉となり、永遠の命に至る水が湧き出る。』」（一三、一四節）

彼女の心はカラカラに渇いていたようです。少し考えてみたいのですが、ふつう「水汲み」は朝の涼しいうちにする仕事でしょう。それなのに彼女が井戸にやって来たのは「正午ごろのこと」（六節）でした。一日のうちいちばん暑い、まず誰も水を汲みに来たりしない時間、水汲みをしたくないような時間帯に井戸へやって来たのです。たぶん誰とも顔を合わせたくなかったのだと思います。人を避けるようにそうした時間帯を選んで水汲みに来たのだと思います。

私たちにも、そうした経験があるのではないでしょうか。あまり人と会いたくない。「晴れやかな場所」に出たくない。そんな気分になれないのです。そうしたことは、ちょっとしたことがきっかけで起こります。他の人が聞いたら、「そんな！」と言われてしまうような、ほんの小さなことがきっかけとなって、行けなくなったり、人の輪の中に入れなくなったりします。何か、急に「居場所」がなくなってしまったかのように感じてしまう。その結果、体が動かず、お腹が痛くなったりして、朝の水汲みにも行けなくなってしまいます。彼女は心にそうした「痛み」をもつ女性だったのではないでしょうか。その「痛み」ってなんでしょうか。実は、彼女の身の上がその理由でした。一六節から後のところを読み進めていくと、それが分かってきます。

彼女にはかつて五人の夫がありました。そして現在、一緒に生活している男性は本当の夫ではありませんでした。同棲していたのです。たぶんそのことのゆえに、周囲から非難されていたのでしょう。彼女がどんなに傷つき悲しい思いをしていたか、分かってくれる人もいなかったのだと思います。ですから、できることなら知られたくない、隠しておきたいことでした。

この時代、離婚は夫から一方的に言い渡されるものです。ある人を好きになって一緒になり、自分の心を分かってくれる人と思って生活を共にしました。しかし、いつの間にか嫌われ捨てられてしまった。また、新しい人が現れ「今度こそ」と思って一緒になりました。でも前と同じ結果です。そうしたことを五回も経験したのです。そして、今、六人目の男性と付き合っています。「もしかしたら、また捨てられるかもしれない」そんなことを思っての生活はとっても不自由だし、窮屈だったにちがいありません。彼女の心は満たされません。満たされないから、より親密な交わりを求めてしまう。でも、駄目です。こうしたことの繰り返しのなかで彼女は不安を抱きながら生きていたのでしょう。

ここに「五人の夫」という言葉が出てきますが、あらためて、皆さんはこの言葉に何をお感じになるでしょうか。私は、この女性の心の渇き、それも深い渇きを感じるのです。

『カンバーランド長老教会信仰告白』の「結婚と家庭」の項目に、結婚によってもたらされる家庭生活の祝福について、次の告白が記されています。

「神は基本的共同体として家庭を創造された。そこにおいて人は愛、親密な交わり、支え合い、保護、訓練、励まし、そのほかさまざまな祝福を経験する。このような関わりの中に子どもが生まれてくるのである。」（信仰告白六・一五）

「夫を五人も持った」ということは、共に暮らす人との関係の中で得られるはずの「愛、親密な交わり、支え合い、保護、訓練、励まし」を彼女は体験できずにきたのかもしれません。さらに『信仰告白』は「そのほかさまざまな祝福」という表現を使っていますが、そうした祝福の中にはたとえば、「相互理解」「喜び」「満足」や「安心」なども含まれていたでしょう。彼女はそうしたものを一つも経験できずにいたのかもしれません。私は、そこに彼女の「渇き」を感じるのです。生活の喜びを分かち合える出会い、自分のありのままをさらけ出し、それに応えてくれるような出会いを経験していない。人目を避けるようにして「正午ごろ」に井戸端にやって来たこの女性は、ある人の表現を借りるならば、「そこそこの幸福感で満足している他の女性たち」とのおしゃべりを拒否しているわけですから、その行動は端(はた)からは、「変わった人」と見られ、実際には、しばしば敬遠されたかもしれません。ところが、その彼女に誠実に向き合おうとする真の人、そうです、イエスさまに出会ったのです。

主イエスは、彼女に言われました。「私が与える水を飲む者は決して渇かない。私が与える水はその人の内で泉となり、永遠の命に至る水が湧き出る。」（一四節）

主イエスのこの言葉と、彼女の心の中にある「渇き」とは、どのような関係があったのでしょう。そしてまた、十字架の上の「渇く」という主イエスの言葉とは、どんなつながりがあるのでしょうか。

なぜキリストは十字架に死なれたのか

ところで、今回の学びに、「なぜキリストは十字架に死なれたのか」というタイトルをつけました。第二回目に、姦淫の現場で捕らえられた女性とイエスさまとの出会いの学びのとき、「十字架とは罪を償うための死である」と十字架の意味についてお話ししました。

しかし、私たちは「罪」と聞くと、「犯罪」ということを思い浮かべ、私とは関係ないと考えてしまうことがあるのではないでしょうか。もちろん、第二回目に学んだ「姦淫」などは、「犯罪」のようなものかもしれませんが。こうしたなか、聖書がいうところの「罪」とはもう少し異なるニュアンスがあることを確認したいと思います。「罪」と訳されるもともとの言葉は「ハマルティア」というギリシャ語です。「的外れ」という意味があります。言ってみれば、「本来あるべき姿からズレてしまっている状態」を指す言葉です。

たとえば、ローマの信徒への手紙一二章九節以下を開きますと、聖書協会共同訳聖書には、「キリスト者の生活指針」という小見出しがついていて、キリストを信じる者たちの生き方が述べられています。その中で、「喜ぶ者と共に喜び、泣く者と共に泣きなさい」（一五節）と勧められている言葉に出会います。ローマの信徒への手紙を書いた使徒パウロは、あくまでも教会の人たちに向けて語っているわけですが、「喜ぶ者と共に喜び、泣く者と共に泣く生き方」とはきわめて人間らしい、クリスチャンであろうがなかろうが、私たち誰もが憧れる生き方なのではないでしょうか。

新約聖書で「人間」を意味する「アンスロポス」というギリシャ語は「上を向く者」という意味がある言葉です。この場合の「上」とは「天」すなわち「神」を指します。ですから、もともと、人間とは「神を仰ぎ、神を礼拝する者」が本来の姿です。ところが、実際の私たちは、「上」との関係が切れ、言わば「下を向く者」として「この世」に自分の存在の根拠を見いだそうと必死になり、「下に存在するモノ」の虜（とりこ）になっている現実がある、と教えるのが聖書です。

先ほどの、「喜ぶ者と共に喜び、泣く者と共に泣く」生き方についての話に戻りますが、そうした生き方は、自分の心に正直になったときに、心底憧れる生き方なのではないでしょうか。しかし現実はどうかと言えば、そのように憧れながらも、そう生きることのできない現実があります。この点について使徒パウロは、次のように自らの経験を証ししています。「私は自分の望む善は行わず、望まない悪を行っています。自分が望まないことをしているとすれば、それをしているのは、もはや私ではなく、私の中に住んでいる罪なのです。」（ローマ七・一九―二〇）

このように、聖書が「罪」といったとき、それは一般の法律を破る以上のことを意味していることがお分かりいただけたでしょうか。

話を元に戻したいと思いますが、福音書は、さまざまな人々が主イエスの十字架の場面に登場し、その彼らの言動を伝えています。ヨハネ福音書には詳しく記録されていませんが、他の福音書を読みますと、そうした人たちが、思い思いの仕方で主イエス・キリストとの出会いを経験していると言ってもよいかと思います。もちろん、その出会いとは、ある人は主を裁くという仕方の出会いであり、また別の人は、主を罵ったり、叩いたりしています。そのようにして、十字架の場面は、主イエスと出会った人々のドロドロした感情や怒りが、無抵抗なイエスさまにぶつけられています。そのような意味で、本当にあわれな姿が露呈しているのです。

以前、講師として来られた島しづ子牧師が、受難の主イエスを取り巻く人間模様について、次のような話をしてくださいました。

福音書によれば、ピラトによってイエスさまの死刑が確定したとき、処刑を任された下級兵士たちは、託されたので主イエスを鞭でたたきました。調子に乗ったのでしょうか、彼らは主イエスに向かって唾を吐きかけもしています。さらに「ユダヤ人の王」とあざ笑い、侮辱しています。最初、彼ら下級兵士たちは、仕事としてイエスさまを鞭打っていたのですが、なぜか、いつの間にか、鞭を振り上げた手に力が入ってしまうというのです。

実は、彼ら兵士は、気ままな上役の気ままな命令によって、やりたくもないことをしなければならない立場に置かれていて、訳も分からず怒鳴られ、ときには唾を吐きかけられ暴力をふるわれる経験をしていたからだというのです。兵士の仕事についたために、本当に悔しい、辛い思いを経験してきた。普段はそんなことをあまり考えずにいたのですが、イエスという男を鞭で打ち始めたら、どうでしょう、今まで押し殺してきた感情、上役や同僚に向けられるはずだった怒りが、その男に向かって爆発してしまったのです。

それだけではありません。十字架のそばには祭司長たちや律法学者の宗教指導者たちもいました。彼らもまた、主イエスに向かって辛辣な言葉を投げつけました。「他人は救ったのに、自分は救えない。メシア、イスラエルの王、今すぐ十字架から降りるがいい。それを見たら、信じてやろう。」(マルコ一五・三一―三二)

このとき、祭司長がイエスさまに投げかけた言葉は、実は、その仕事をしながら、いつも人々の視線を通し自分自身に向けられ投げかけられている言葉だったのではないだろうか、と島牧師は続けられたのです。「他人に説教しながら、おまえ自身はどうなんだ！」。ここに宗教者としての彼らの悩みがあったのではないだろうかと。考えてみれば、彼ら宗教指導者たちにも思いわずらいがあったでしょう。家庭に問題があったかもしれない。夫婦間の問題や、子どもが思うように育たないといった悩み。そのため、内面は荒んでいたかもしれないのです。

たしかに、ユダヤの押しも押されもせぬ「大祭司さま」ですから、立場上ちやほやされていたことでしょうが、でも、「自分は、今、目の前で、十字架の上で苦しんでいるあの男に対するように、民衆は自分を慕ってはくれない」「本当に羨ましい……」。ですから「ざまぁ見ろ」と思ったのかもしれない。そうした、どうしようもない無力感、怒り、悲しみが、この時の宗教家たちの心の内側にあり、無意識のうちに、そうした思いや感情が無抵抗な主イエスに向かって爆発したのではないだろうか、というのです。

そこには二人の死刑囚がイエスさまを囲むように十字架につけられていました。そのうちの一人は、主イエスを罵りました。もしかしたら彼の心のうちには、「ひょっとしたら、助かるかもしれない」という期待感があったかもしれない。あの「メシアと騒がれたイエス」が一緒にはりつけになっていたわけですから。ところが、イエスは何もしようとしない。ですから「なんなんだ！　どうにかしろよ！」と訴えたかったのではないか、と。

死刑囚もここに至るまでに、本当にさまざまなことを経験してきたことでしょう。隣りにいるイエスを見て、「こいつは、神のことを『愛だ、愛だ』と説いてきたが、本当に神が愛の方ならば、なんで俺はあんな家庭に生まれたのだ。なんで親はあんなだったんだ。周囲の奴らは、なんで俺を大事にしてくれなかったんだ！」そうした怒りが心のなかに湧き起こっていたのではないだろうか、と。

私は、そのときの島先生のお話を、自分の姿と重ね合わせながら聴き入ったことを覚えています。考えてみれば、兵士たちも宗教指導者たちも死刑囚も、誰もがみな自分の人生に納得していなかったのです。それどころか、怒っていました。そして、もっと心の奥底を探るならば、そこには深い深い癒されない「心の渇き」があったのではないでしょうか。

"Hurt people hurt people"（傷ついてる人は傷つける）という歌があります。聴くと切なくなるような歌ですが、私たちの現実だと思うのです。「職場でいい仕事をすれば、この不安は解決されるはず。みんなに認められるようになれば、私のこの寂しさは解消されるはず……」、そう思いながら一生懸命、仕事してきました。時には中毒のように仕事や何かに夢中になります。でも誰も受けとめてはくれない。理解してもらえないのです。喜んでもくれません。なんの解決も与えられないのです。私の心の中の孤独、寂しさ、虚しさ、そうです。「心の渇き」は癒されないのです。

これに対して聖書は語ります。イエスさまがこの自分を愛してくださっているんだという、そのイエスさまに出会うまでは、この「渇き」は癒されない。そして癒されないがために、怒りはいろいろな人や所に向かって、見当ちがいの戦いをする原因となってしまうのです。家族のこと一つ取ってもそうでしょう。いちばん大切にすべき人を、私たちは大切にできない。私たちは「的を外し」て生きているのです。

ヨハネ福音書一九章二八節以下を、もう一度ご覧ください。ここでイエスさまは、十字架の上で「渇く」と叫んで息を引き取られたことが記されています。そして、二八節には、「こうして、聖書の言葉は実現した」と書かれています。つまり、この「渇く」というイエスさまの叫びは、実に、心渇いている私たち一人残らず、すべての人の渇きを身に受け、渇き切ってくださった瞬間の叫びだ、というのが聖書のメッセージなのです。

なぜイエス・キリストは十字架に死なれたのでしょう。それは、「渇き」を経験しているすべての者の、その「渇き」の「終わり」を告げるためです。私たちの経験する「渇き」を十字架上で渇き切ってくださったのです。私たちの「渇き」を癒すためでした。

このことについて、預言者イザヤは次のように語っています。

「私たちが聞いたことを、誰が信じただろうか。／主の腕は、誰に示されただろうか。／この人は主の前で若枝のように／乾いた地から出た根のように育った。／彼には見るべき麗しさも輝きもなく／望ましい容姿もない。／彼は軽蔑され、人々に見捨てられ／痛みの人で、病を知っていた。／人々から顔を背けられるほど軽蔑され／私たちも彼を尊ばなかった。／彼が担ったのは私たちの病／彼が負ったのは私たちの痛みであった。／しかし、私たちは思っていた。／彼は病に冒され、神に打たれて／苦しめられたのだと。／彼は私たちの背きのために刺し貫かれ／私たちの過ちのために打ち砕かれた。／彼が受けた懲らしめによって／私たちに平安が与えられ／彼が受けた打ち傷によって私たち

は癒やされた。」（イザヤ五三・一―五）

牧師館に、小学一年生の女の子が遊びに来ました。教会の子どもです。その子があごに青いアザをこしらえていました。「痛そうに、どうしたんだろう」と思いました。その子の母親に尋ねると、「実は……」とたいへん興味深いお話をしてくださいました。

つい最近、この子に妹が生まれました。お母さんは、赤ちゃんがスヤスヤ眠っているので、小学一年生のお姉ちゃんにお留守番を頼み、近くのスーパーに買い物に出かけました。ところが、気配を察したのでしょう、お母さんが出掛けて間もなく、赤ちゃんは大声で泣き出したのです。お姉ちゃんは困りました。いろいろな事をするのですが泣き止まないのです。そこで、小さい体で細い腕で赤ちゃんを抱こうとしたとき、お姉ちゃんのあごが赤ちゃんの唇に触れたのです。そのとたん、赤ちゃんは、お姉ちゃんのあごがお母さんのおっぱいだと思い、チューチュー吸い始めました。そしてしばらくして泣き止んだそうです。その結果、お姉ちゃんのあごには青いアザができてしまいました。

赤ちゃんが、お母さんのおっぱいを吸って、お母さんのふところで安心して憩うことができるように、私たち「人間」は、もともと「上を向く者」として神に向けて造られていますから、そのお方と出会い、そのお方から愛の語りかけを聴き、そのお方の胸に抱かれ、そのお方の愛を実感するまでは、心の中の「渇き」は癒されないのです。

このこととの関係で、私たちカンバーランド長老教会の『礼拝指針』に、私の大好きな次のような言葉があります。

「……私たちは人間として、欠乏感に迫られて礼拝することを知っている。私たちは自分自身は満ち足りることができないのであり、造り主と出会い、礼拝することによって、完成と充足を経験するのである。礼拝するとは、人間が人間になることである。」

私たちの心の中にある「渇き」（『信仰告白』は「欠乏感」と表現する）は、自分の力、あるいは周囲の人やモノによってはとうてい満たされません。なぜなら私たち人間とは、「造り主と出会い、礼拝することによって」初めて「完成と充足を経験する」者としてもともと造られ、そのような者として生かされているからです。

ですから、私たちが神さまを信じて生きる、信仰を持って生きるということは、何か特別な人間になることではなく、むしろ人間らしく生きること、神さまが造られた私として生きることでもあるのです。

◎この学びをとおして、感じたこと、考えたことを、しばらく分かちあってみましょう。

Ⅱ　信仰からのメッセージ――礼拝説教

「教会の庭の桜とヨベル館」画・平 武久

インタビュー❷

牧会の営みと神学

説教と教会暦

鈴　木　ここからは礼拝の説教についてお伺いします。松本先生は礼拝の主題をいつ、どのようにして決めていらっしゃるのでしょうか?

松　本　礼拝は教会暦に沿って行われます。高座教会もクリスマス、イースター、ペンテコステの三大節を中心に一年が回っています。このメッセージ集にも、三大節の説教を一編ずつ選びました。しかし、そこに集う教会員は、四月に始まる伝統的な日本の生活暦で生活していますから、それをどう組み合わせるかが牧師としての私の課題でした。第一部でお話ししたように、牧会と伝道のバランスも考えなければなりません。

高座教会にはみどり幼稚園があります。従来の幼稚園の働きに保育園の働きを加えた「認定こども園」になる前は、日曜日を保育日と定め、九時一〇分から始まる一回目の主日共同の礼拝に、園児と子どもを送ってくる保護者がその足で礼拝に参加できるように工夫しました。

説教の主題も、そうした日本人の生活暦と教会暦を重視して、一年単位でほぼ大まかなテーマを決めています。四月には入園式があり、保護者が礼拝に集いやすい時期でもあります。また地方から入学や就職のために上京してきた若者たちが礼拝に来たり、ミッションスクールから紹介されてくる中・高生もいます。この時期の礼拝は比較的求道者が多くなるのです。しかし五月になり、六月、そして夏を迎え、秋になると、次第に求道者の数が減ってくる。年が明けて一月から三月は、一年のうちでもいちばん礼拝出席者数が落ちる時期なのです。そうした礼拝参加者の動向を見すえながら考えたのが『教会行事暦』です。四月に歓迎礼拝を設定しているのはそのためです。四月に春の歓迎礼拝、一〇月に秋の歓迎礼拝を行います。そして一月に新しい年の抱負を記すカードを配布するとともに、その年にぜひ礼拝に参加してほしい家族や友人の名前を書き、日ごろから祈りに覚え、春と秋の歓迎礼拝や、クリスマスの賛美礼拝にお誘いするようお勧めしてきました。

求道者の出席が減る一月から三月は、私のなかでは、信徒教育の大切な時期として位置づけていました。新年礼拝では、その年の主題聖句をもとに説教し、一月から二月にかけて「信仰生活の五つの基本」と「三つのめざすもの」の一つひとつを取り上げて説教することにしていたのです。それが一通り終わった後、「旧約聖書の聖徒たち」という人物に焦点を当てながら、旧約聖書から説教をしました。

「信仰生活の五つの基本」は、生島陸伸牧師から「高座教会が大切にする五つのこと」として、聖書、祈り、伝道、集会、奉仕、と教えられてきました。二〇〇二年以降、「だれもひとりぼっちにならない教会」を目指して、小グループによる「相互牧会」を打ち出したために、五つのうちの聖書と祈りを「御言葉と祈りに生きる」と一つにまとめて、新たに「主にある交わりに生きる」という項目を加え、全体として五つにまとめたのが「信仰生活の五つの基本」です。二〇〇四年以降、毎年、その一つを教会活動のテーマとして歩み始めたのです。このメッセージ集に収載したのは、三年目の「御言葉と祈りに生きる――主の弟子として生きる」をテーマにした説教です。

天地創造は未だ途上か

鈴木　教会暦とはあまり関係がないかと思いますが、今回、柴田裕主事のおかげで教会の古い記録のなかから、先生の最初の説教原稿を見つけてもらえたのは幸運でした。一九八七年の六月一四日の夕礼拝説教（本書一一一頁）ですね。高座教会に転入会してこられたのが一九八三年ですから四年後ということになります。それからさらに三七年後のいま、最初の説教を読み返されていかがでした？

松　本　恐る恐る読んだのです。こんなことを話していたのかと思いましたね。まだ二〇代、若かった。ワープロもなかった時代で、説教原稿を何度も書き直したことを思い出しました。当時は時間があったのです。聖書の一節一節丁寧に原語に当たって準備しました。まず自分で訳してみたりしてね。いま教会の駐車場になっているあたりにあったプレハブの二階の奥が私の執務室だったのですが、夏になるとすごく暑い。しかも電話がよく鳴る。電話線を抜いてしまったら、今度は眠くなるのですね。ウトウトし始めたら下から足音が聞こえて、「電話が通じないけれど」と生島先生が現れ、いっぺんに目が覚めました。

当時、教会では新しい伝道師がやって来たということもあって、どんな説教をするのだろうと期待をもってわざわざ夕拝に聴きに来る信徒もありました。「生島先生の説教は私の心に入って来るけど、松本先生の説教は私の頭の上を通り過ぎていく」と面と向かって感想を伝えてくれた人もいましたが、その頃はまだ時間的余裕もあり、説教準備にそれなりに時間をかけましたので、ネガティブな感想にも精神的に落ち込むことはありませんでした。

その一方、たまにではありますが「松本先生の説教は分かりやすい」と伝えてくださる教会員もありました。私は「分かりやすい」という言葉は「単純、薄っぺら、中身のない」という意味に捉え、こうした感想には抵抗を覚えたことを思い出します。でも、いまふり返ると、最高の誉め言葉であったと感じています。若い頃は（今もそうかもしれませんが）会衆のニーズを心に留めることのない、生意気で、一方的で、独りよがりの説教だったのではないかと、当時を思い出しては恥ずかしい思いにさせられます。

鈴　木　最初の説教箇所に選ばれたのが創世記でしたが、天地創造の神学はいま少し変わりつつあるのではないでしょうか。前にも触れた聖書学者の大貫隆さんから私は最近、二〇二三年の『聖書学研究』という専門誌に発表された「神も途上に・再考」という論文の抜き刷りをいただきました。大貫さんは東日本大震災による津波の翌日、海岸に累々と打ち寄せられた溺死体を見て、「神よ、あなたはあの地震のさなか、どこで何をしていたのか。イエスよ、あなたは神の国が地上に現前化すると言ったとき、死人の未来をどう考え、どう思い描いていたのか」と問いかけざるをえなかったと書かれています。関東大震災の時に賀川豊彦が「私は神に謝罪を求める」と書いたのと通じるところがあると思います。

大貫さんは二〇一九年に刊行した『終末論の系譜』でもこの問題を論じているので「再考」と題されているのですが、この論文ではこれまでの大貫さんの研究成果を整理するとともに、それだけでは済まさずに大震災や津波、コロナウィルスに襲われたいま、大貫さん自身がどう考えるのかを書かれています。細かい論考は省略しますが、結論として大貫さんは、神の創造の業は太古に一回で完結したのではなく、来るべき未来における完成までの歴史全体を貫いて連続しているという見方をしています。しかし、その歴史全体が常に同一不変の神の摂理によって支配されているという見方ではないのです。それでは歴史全体が必然性に支配されることになり、悲惨な自然災害も例外ではなくなってしまいます。神の連続的創造としての歴史は、まさに逆に、偶然性につきまとわれていると大貫さんは考えている。神は天地創造後の歴史に「不介入」なのではなく、むしろその全体を貫いて、自分が始めた創造の業に関わり続けていると考えるべきだというのです。どう思われますか?

神学とは何か

松本　私が神学校にいた時代は、他の人はどうか分からないけれど、先生方の講義を一生懸命ノートに取って、教えられる事柄を理解することに集中していたのですね。いま考えると当時の神学、というか私自身の神学のスタンスはきわめて護教的傾向が強くて、すでに「正解」があって、それを言葉化する営みが「神学」であり、その権威である神学校の教師の教えを批判的に受け取るのではなく一生懸命吸収し、咀嚼するような学び方をしていたと思います。

神学校を卒業して教会という現場に来て二、三年経ったころ、いろいろな意味で行き詰まりを経験しました。イエスが私たちの罪を贖うために十字架にかかり、命を与えるために復活されたというメッセージを理解し、イエスを救い主として受け入れてもらうためには、まずその救い主との接点を持たなくてはいけない。どういうところに接点があるかというと、まず自分自身がいかに罪深い存在かということを受けとめないと十字架は意味を持たないのです。それを受けとめたときに、そのままでは永遠の滅びに行ってしまう者の身代わりにイエスが死んでくださった、と受け入れることができる。牧師の仕事は、それをどのように理解して受け入れてもらうか、その一点に尽きると考えた時期があって、そうだとすれば、教会は「天国への待合室」的な存在にすぎないように思えて、この先、いままでのやり方でやっていけるのかと迷い始めたのです。

そんなときに読んだのが東北大学の宮田光雄先生の本でした。先生の本を通してそれまで接してこなかった現代神学と出会い、なぜ新しい神学が生まれたのか、宮田先生が丁寧に説き明かされていたので、自分なりに少しずつ分かりかけてきたように思いました。

さらに一九九六年だったと思いますが、高座教会に研修生として、現在はあさひ教会牧師の鈴木淳さんが来た。当時、彼は日本聖書神学校の学生で、ラジカルな神学、いわゆる「解放の神学」を叩き込まれていたのですね。そのせいか、研修中に教会員とのあいだで行き違いを経験していました。私の家で一緒に食事しながら、そうした話をよく聞きました。そのとき鈴木淳さんが紹介してくれたのが栗林輝夫の『荊冠の神学――被差別部落解放とキリスト教』（新教出版社、一九九一年）で、読んで大きな衝撃を受けました。

栗林先生はすでに亡くなっていますが、東京の下町浅草の出身で、父親は香具師、母親は元芸者なのです。彼が育った浅草の一郭は江戸時代以来、関東一円を統括した「非人」系部落があったところで、伝統的な部落産業であった皮革業など家内工業で細々と暮らしている職人や、香具師、大道芸人などが多く住み着いていたと「あとがき」に書かれています。高度経済成長期に東京の山の手の街並みが大変貌したなかで「吹きだまりの町」と陰口された悔しさや、男の慰みものとして生きた母親の無念さが、実は栗林先生の新しい神学形成の原動力になっていたのです。私自身東京の下町育ちでしたので、栗林先生が「神学者はいちばん身近な自らのコンテキストを隠して神学する」と書いた気持ちがよく分かりました。その神学を全面的に受け入れたかというとちょっと違うのですけれど、大きな刺激を受けました。とくに神学とは何かということについて、軌道修正を迫られたように思います。翌年メンフィス神学校で研修する機会が与えられ、カンバーランドの神学だけではなく、いろいろな神学に触れる準備となったと思います。

そこでは黒人のインマヌエル・ゴートレイ教授がキリスト教神学の担当で、ゴートレイ教授の「すべての神学はコンテクチュアルだ」という言葉に『荊冠の神学』と響き合うものを感じました。その点ではカンバーランド長老教会の神学のスタンスとも共通すると思います。カンバーランドは自らの神学を「発展的」と表現しています。

神学の世界では「規定する規範」としての聖書と「規定された規範」としての信仰告白という言い方をしますが、信仰告白も、それを生みだす神学も、時代とともに変わりうると考えられます。高名なアメリカの教会史家ヤロスラフ・ペリカンは「教会の歴史とは聖書解釈の歴史なのだ」(『ルターの聖書釈義』聖文舎、一九七〇年)と書いていますが、私たちの問題意識も時代と環境によって変わってくるわけで、どこかに「分からない」というような節度が必要なのではないかと思います。それぞれの神学者が問いを持っていて、その問いを神にぶつけ、聖書に聴くことで、そこから返ってきたことを言葉にするのが神学だと思うのです。

途上におられる神

鈴　木　そういえば松本先生は私に、魯恩碩（ロウンソク）さんの『この理不尽な世界で「なぜ」と問う』（ＣＣＣメディアハウス、二〇二一年）という本を薦めてくださいましたね。魯さんはこの本で、信仰とは神を賛美する前に、神が存在するなら「なぜ」この世に戦争や災害が続いているのかという疑問を、まず神に問うことが大切だと教えています。

松　本　魯先生はこの本をコロナ禍の最中に執筆されたと思いますが、国際基督教大学（ＩＣＵ）でのキリスト教概論の授業が基になっています。教授が提出するテーマについて、学生と討論した内容を紹介しているとても興味深い本です。メンフィス神学校でも学生との討論を重視していて、参考にする教科書を四種類も使っていました。一つはオーソドックスなプリンストン神学校のダニエル・Ｌ・ミグリオワ先生が書いた教科書で、そのほかニューヨーク市のマンハッタンにあるユニオン神学校のドロテー・ゼレという栗林輝夫先生が博士論文の指導を受けたフェミニスト神学者の本、さらに黒人の神学者が書いた本、もう一つは教理がどう形成されてきたかを中心とする歴史に重点を置いた本で、四冊を横に並べて読んで、テーマに沿ってディスカッションするのです。

大学を出たての学生たちは自分たちの信仰を崩されるようなことを先生から言われ、とても混乱していました。でも私にとってはよかった。神学校を出てちょうど一〇年経っていましたので自分に問題意識があったから、凝り固まった頭をマッサージしてもらうような気分で刺激的でした。一昨年カンバーランドの総会に行ったときに、メンフィス神学校でお世話になったゴートレイ教授がフラー神学校という大きな神学校の、初めての黒人校長に就任されたことを知りました。

前置きが長くなりましたが、そうした前提で、天地創造がなお完成途上にあるという大貫先生の論考のことを考えてみると、謙虚に耳を傾けるべきだと思います。ただ私自身は詳しい学びをしていないので答えになるかどうか分かりませんが、私たち人間は嬰児としてこの世界に誕生する。そのとき、すでに完全な人間ではありますが、同時に未成熟な人間で、さまざまな経験を経て成熟した人間になることが期待されている存在です。この世界もそうだと思うのです。神は天地創造のときに、その完成のために労働命令（文化命令）を人間に与えられたというのが伝統的な長老・改革派神学の立場です。創世記一章二八節にある「神は彼らを祝福して言われた。海産めよ、増えよ、地に満ちて、これを従わせよ。海の魚、空の鳥、地を這うあらゆる生き物を治めよ」という命令です。天地は完璧に出来上がっているというより、むしろその創造の業に参加するように神が私たちを招いておられるのだと思います。そうした考え方に大貫先生の言われる「神も途上に」と響き合うところがあるかと思います。

教会一致の基礎

鈴　木　先ほどカンバーランド長老教会の神学は発展的だとおっしゃいましたが、私はアメリカ南部に本部のある教会だから福音派の原理主義的な教派だと思っておりました。妻が教会の長老を務めていたときに総会に出席することになり、私はカバン持ちで事務局のあるテネシー州のメンフィスに同行したことがあります。同じ教派でも黒人は別組織になっていて、白人教会の総会が開催される前から総会を開くと聞いて見学したいと思い、少し早めに現地入りしてワトキンスさんという世界宣教担当の白人の方に黒人教会の総会の様子を聞いたのですが、同じホテルで行われていたにもかかわらず、いつからどこで総会をやっているのかまったくご存じなかったのです。
かつて綿花輸出の最大港であったメンフィスに

は、農場に大勢の黒人が働いていて人種差別が激しく、キング牧師が公民権運動のさなかに暗殺されたのは、この町でした。相変わらずの差別が続いているのかと感じました。ところが白人教会の総会が始まると、ホテルでさまざまな展示があり、それを見るとメンフィス神学校では、アメリカでも最も早くから黒人や女性の入学者を受け入れているのですね。私のカンバーランド観は少し変わりました。

黒人教会の礼拝に行ってみると、説教の途中から牧師が上着を脱ぎ棄てて壇上を歩き回り、礼拝がいよいよ熱狂的になる。興奮した聴衆も立ち上がって大きな身体をスウィングさせながら拳を振り上げ、ザッツ・ライト、アーメンなどと叫びだすのです。私は見ませんでしたが、なかには興奮のあまり気絶する信者も出ることがあるそうです。黒人の礼拝と白人の礼拝は、言ってみればジャズコンサートの会場とクラシック音楽のコンサートの会場のような違いがありました。人種差別だけではなく、それぞれそんな礼拝でなければ満たされないものがあるのかもしれないと考えたりしました。

松　本　黒人と白人の組織の合同が何度も総会の議題になりながら、未だに実現していません。

ところで、カンバーランドの神学は主流派と呼ばれる流れに近いと言ってよいと思います。私は福音派の教会出身ですし、東京基督神学校も福音派の神学校ですから、学生の頃はその枠からはみ出すことに警戒心がありました。でも、メンフィス神学校で出会った人たちから多くのことを学びました。日本中会の牧師たちもそれぞれ特色ある神学校を出ているけれども、共通のプラットフォームがあります。それが信仰告白です。どこで一致するかというと、カンバーランドの信仰告白を一致の基盤にするほかない。そういう考え方に至る過程はいろいろあっても、そこで一致できていれば、けっこう自由なことも言える。たとえば政治にかなり踏み込んだ発言をしている牧師もいるし、そうでない牧師もいます。それでもお互いに尊重しあって共通の基盤に立てるのが、カンバーランドのよい点だと思います。

使徒信条を唱える意味は？

鈴　木　説教の後で、私たちは礼拝で使徒信条を唱えますが、「使徒信条」と「信仰告白」はどういう関係ですか？

松　本　「信条」も信仰を告白する定式文で、父と子と聖霊に対する信仰を告白する三部からなっているのはご存じの通りです。使徒信条は古代ローマの時代の信条から進展した典型的な洗礼信条で、西ローマ教会が全体として異端を排除し正統信仰を確立することを目指して形成されました。三二五年のニカイア公会議で信条が制定されて以来、各地の教会会議、公会議で修正・加筆されてきました。これに対して「信仰告白」とは個人あるいは宗教改革以降に成立した個別の教派が公に表明した信仰内容の要約を指します。

　歴史的に見ると信条や信仰告白がいろいろ生み出された時代は、教会が重大な課題を抱えた時代で、歴史的文書として過去にこういう時代があって、その状況のなかでこの信条が生み出されたと受けとめることは大事なことです。

　たとえばカンバーランドの信仰告白は、初めは合衆国長老教会と同じ「ウェストミンスター信仰告白」を使っていましたが、四回改訂を重ねていまの信仰告白になっています。時代の変化とともに、教会が直面する課題も変わりましたので、その都度、聖書に立ち返る作業のなかで、信仰告白が改訂されてきました。

鈴　木　それにしても、ローマ帝国がキリスト教を国教にした時代に、異端を排除して帝国の統一維持の一助とすることを狙った政治的文書とも言える使徒信条を、どうして二一世紀を生きる私たちが唱えなければいけないのでしょうか。以前にも先生にお話ししましたが、カナダではプロテスタントの主流教団であるカナダ合同教会が現代的な信条を制定しています。イエスを処女から生まれた神の子と明記しない新しい信条は、いろいろ手を加えられても全面的に採択はされず、使徒信条と併用されているのが現状のようですが。

そもそも使徒信条はイエスの教えについて何も触れていませんね。「主は聖霊によってやどり、処女マリアから生まれ、ポンテオ・ピラトのもとに苦しみを受け、十字架につけられ、死んで葬られ、陰府にくだり、三日目に死人のうちからよみがえり、天に昇られました。そして全能の父である神の右に座しておられます。そこから来られて、生きている者と死んでいる者とを裁かれます」というのですが、いったい陰府とは何ですか？　いま教会では積極的に説いていませんね。そんな曖昧なものを唱える意味があるのでしょうか？

松　本　たぶん、陰府はユダヤ的なコンテキストのなかでパウロなどに受けとめられたと思います。今後いろいろな解釈が行われる可能性があると思います。

使徒信条は最大公約数というか信仰のエッセンスみたいなもので、本当はもっと加えたいことがあるけれども、エキュメニカルな意味合いをも使徒信条は告白しているのではないでしょうか。

鈴　木　その内容は現代人の信仰と本当に一致していますか？　昇天して神の右に座しているイエスは終末に再臨し、生きている者と死んでいる者を裁くというのですが、カンバーランドの信仰告白は改訂され、「業（行為）の契約」と「恵みの契約」の二重契約図式だったのが、いまは「恵みの契約」のみとされていますね。つまり私たちが何をしたかではなく、信仰によってのみ救われるとしているのですから、何を裁くというのでしょうか？

松　本　過去に行われたさまざまな議論を見ると、カンバーランドがとても気をつけたのは、「業の契約」をなくしてしまうと万人救済論に行きついてしまうのではないかということだったようです。やはりどこかで歯止めが必要なのではないかという意見があった。

しかし、誰もが救われるというのは素晴らしい希望です。ただ聖書を見ると、決してそのようには読めません。終末に神が人を右と左に分けるようなことが書かれた箇所があります。その辺の整合性をどう考えたらよいか、やはり慎重にならなくてはいけないかなとも思います。

鈴　木　聖書は直接に神の言葉ではなく、人間が時代や環境というそれぞれの文化的影響を受けて書かれた書物という側面がありますね。その解釈も時代とともに変わってよいと思うのです。終末論というのはイエスに近い時代ほど喫緊の問題だったように思われます。イエスやパウロが説いたような終末はいまだ顕現していません。松本先生はあまり終末論的な説教をされませんね。

松　本　確かにそうかもしれません。やはり終末についての考え方の違いによって分裂してきた歴史があるので、私たちカンバーランド長老教会としては、聖書がはっきりと語っている点については明確に語るけれど、曖昧にしている事柄については踏み込んで告白しないという立場です。

神の主権と人間の自由

鈴　木　一つひとつの説教についてもっとお聞きしたいこともあるのですが、礼拝説教に共通することについてもう少し伺いたいと思います。先ほどの天地創造の問題ともつながるのですが、旧約聖書学者の並木浩一さんは、神が創造した天地で地震や疫病が発生しているけれども、それは自然の法則によるのであって、神はそうしたことに恣意的に関与しないと決めておられる、と話されたのを聞いてびっくりしたことがあります。神は人間を自分の似姿につくられ、神が持つ自由の一部は人間にも分け与えられているのだから、戦争や環境問題は私たち人間が取り組まなければならない。それは人間が自由を与えられたことに伴う責任なのだ、というのが並木さんのお考えだと私は受けとめました。

礼拝は司式の長老による「罪の告白」に始まります。具体的な罪に言及するわけではなく、主に従うと約束しながら「我」に走ってしまいました、といった告白が毎週繰り返されています。続いて私たちも神に罪の赦しを願う黙祷をして、それを受けて牧師が「罪の赦しの宣言」を読み上げる。でも私は人間がまったく己を捨てて無私の心で生きることなどできないと思います。「己」と己の「我」とは違うかもしれませんが、人間は人間に与えられた自由を発揮するべきで、何でも御心に従っていればいいというのではなく、自分で考え、判断し、行動すべきだと思います。己を出さずにただ主に従えとのみ説かれると、私は人間としての尊厳を否定されているような気がするのです。

松　本　すべては神の主権のもとにあって人間には自由がないとか、いや人間にも自由があるというのは本当に大きなテーマで、たとえばカンバーランド長老教会は中庸の神学といって、カルヴァン主義のような神の絶対主権の主張と、人間の責任を重視するアルミニウス主義の中間をとっています。お前たちはコウモリみたいだなどと言われたりするけれど、聖書は両方とも百パーセント主張していると思います。

鈴　木　中庸の神学とおっしゃいますが、説教の実態としては人間の自由を説かれることはめったにありません。第Ⅱ部のクリスマス礼拝の説教の中で、「神の主権と人間の自由」の問題に触れておられますし（本書一五六頁）、第Ⅲ部の「カンバーランド長老教会信仰告白」の改訂に関しても、この問題とからめて説明されていますが、中庸の神学なら、もっと神の主権と人間の自由がどういう関係にあるのかということについて普段の説教で説かれてもいいのではないでしょうか。

たとえば高座教会で行われている「とりなしの祈り」、健康、学校、仕事、家族関係などで小さな心配事があったり大きな悩みを抱えた教会員が祈ってほしいことをカードに書いて「祈りのポスト」に入れておくと、守秘の誓約をしたサポートチームの奉仕者たちが祈ってくれるというシステムですが、もし神が本当に個別の病気や災害に関わらないとしたら、どういう意味があるでしょうか。イエスは多くの病に苦しむ人を癒しましたし、信者同士が互いの問題解決のために祈ることを否定すべきだとは思いませんが、システムになってしまうと、「免罪符」のように疑問を感じてしまうのです。

松　本　聖書がいちばん問題にしているのは、病気が治った後、その人がどう生きるかだと思うのです。病気が治るか治らないかというのも、もちろん大きな問題なのだけれども、私は何かそんな風に考えることがあります。カンバーランドの信仰告白のなかに、「礼拝するとは人間が人間になることだ」とあります。私の大好きな言葉なのですけれど、信仰をもって生きることで、なにか特別な人間になるというのではなしに、人間らしい人間になる。本当に自分らしい自分になる。無理なく、与えられた条件を生かして生きていく。人間らしい人間の生き方をパウロは「喜ぶ者とともに喜び、泣く者とともに泣く」と表現しています。「受けるより与える方が実は幸いだ」とも言っていますね。そういう生き方だと思うのです。喜ぶ者とともに喜び、泣く者とともに泣けるような人間になりたいと思うけれども、やっぱり欲望や妬みなどに振り回される。その現実をどう生きていけるか。私の憧れはイエスが説かれたような人間になりたいという思いがある一方、それができない現実のなかで、どうやってイエスに従うか、それは私自身のテーマでもあるし、教会の人たちと一緒に生きていくうえでのテーマでもありま す。神の主権と人間の自由という切り口とは違うかもしれないけれど、与えてくださった自由で何を求めて、どう生きるかというあたりが大事なのかなと思うのです。

イエスの贖罪死

鈴　木　欲望や妬みなどに振り回されると言われましたが、松本先生は毎週のようにイエスがそういう私たちの罪を贖うために十字架についてくださった、と説教されますね。私はイエスの十字架上の死は神殿破壊者というユダヤ教の反逆者として処刑されたのであって、その時点で贖罪のために死んでくだったというのは歴史上に実在したイエスについての史実とは言えないと考えています。残酷な処刑を目前にして離散してしまった弟子たちが、やがてその死を贖罪死として受けとめ、そこから初めてキリスト教が成立する。イエスの贖罪死という信仰が生まれたことは、これもキリスト教史の紛れもない史実だと考えます。しかし二つの史実は分けて考えたいのです。

日本クリスチャンアカデミーの企画で青野太潮さんを九州からお呼びして勉強会を開いたときに、松本先生をお誘いしました。どんな事情だったか実現はしませんでしたが、先生の蔵書には日頃の先生の説教で語られる贖罪論とは違った理解を主張している青野さんの『「十字架の神学」の成立』（ヨルダン社、一九八九年）という本がちゃんとありました。私は驚きました。そんな松本先生だからあえてお聞きしたいのですが、歴史上に実在したイエスと、信仰の対象となったイエス・キリストをいちいち区別して説教したりすれば、説教の時間は長くなるばかりでしょう。しかし、せめてそうした歴史学的性格の強い聖書学の研究成果にも目配りをしていることを、どこかで感じさせるような説教をすることは無理でしょうか？

松　本　その点については、私自身の勉強不足です。高座教会は集会の多い教会で、自分が説教しなくても、教会員の方たちに出席をお勧めしている集会は夫婦で出席するように心がけてきました。そうした私たちの姿勢を通して、何が大切なのかを少しでもお伝えしたかったし、それが高座教会の信仰の文化、教会を流れる空気にもなると考えたからです。しかし、そうした多くの集会をもっているため、時間的な制限のなかで、毎週の説教準備にかける時間がどうしても足りなくなり、不十分なままで講壇に立つこともたびたびありました。慌てて講壇に立ったら、パジャマ姿だったとか、まだ説教原稿が書きあがっていないのに講壇に上がったとか、冷や汗をかくような夢を繰り返し見ることがありました。そんな夢を見るとき、あらためて私は追い詰められている、と感じたことです。

　鈴木さんの質問に真正面から答えていないかもしれませんが、私自身、十分に現代聖書学の動向や成果を踏まえて説教できてきたかと言えば、まことに不十分であったと反省しています。日本の新約聖書学を世界的なレベルに引き上げた荒井献先生とか青野太潮先生、解放の神学の栗林輝夫先生、フェミニズム神学の絹川久子先生などの業績に触れて、関心はありますが、それらに深く学びながら説教するというのは難しかった。

　考えてみると、イエスが私たちの罪のために十字架についてくださったというのは、素朴な信仰として私のうちにある。そういう意味でファンダメンタルなのかもしれません。

牧会と牧師の家庭

鈴　木　亡くなられた生島陸伸先生の葬礼拝での説教（本書一八五頁）は、長い間一緒に牧会された松本先生の思い出と感謝にあふれた説教で心に沁みました。教会創立まもない頃のことをいろいろ思い出したのです。

　初代担任牧師の吉崎忠雄先生、第二代の生島先生、そして松本先生と、牧会スタイルがとても違っていましたから、それぞれご苦労なさったことでしょう。

　吉崎先生は、日本メソジスト教会東京部長などを務めた吉崎俊雄牧師のご子息で、青山学院を卒業後さらにアメリカのドゥルー大学神学部で学びをつづけ、青島（チンタオ）の教会で牧師を務めた外国経験の豊富なエリート牧師でした。先生が赴任して来られた当時は戦時下の軍国主義への反動で、占領軍のマッカーサー司令官を多くの日本人がまるで救世主のように迎えた時代でした。袖井林二郎の『拝啓マッカーサー元帥様』（中央公論社、一九七四年）という本に、占領政策を賛美し、感謝する日本人のマッカーサー元帥宛の手紙が何十通も紹介されています。

　そもそも高座教会は創立者たちが厚木基地に降り立ったマッカーサーを新時代の象徴と考え、高天原に現れた天照大神や開国を迫ったペリー総督になぞらえ、高座郡という地名に高天原の意味を込めて「高座教会」と名付けたほどだったのです。吉崎忠雄牧師はそんな時代のあこがれの対象だった感もあります。ご夫妻とも英語が堪能で、音楽の才にも恵まれ、私たちは先生に習った英語の歌を覚えているばかりか、いまでも耳元に先生ご夫妻の声が蘇ってきます。

生島先生は吉崎先生とは対照的な感じで、ご自身「外国語もダメなら説教もダメ」とおっしゃっていました。あまり聖書学的な説教をされることはなく、身近で世間的な話題を大切にされていたと思います。綾子夫人によると晩年まで自分の書斎に人を入れることを避けていらして、「お父さん、もうそんなことにこだわらなくてもいいじゃないの」と綾子先生が言われても、他人に自分の書架を見せることはなかったと聞きました。生島先生はその代わり、ご自分の家庭を徹底的に開放し、ご夫妻で教会に来る人と牧師館で時間を惜しまず、茶菓でもてなしながら親密に話し合われました。

私は先生が高座を去られて海老名で開拓伝道を始められてからご自宅に伺ったことがありましたが、台所に大きな食器棚があって、そこにすごい数のコーヒーカップが並んでいました。かつて私たち青年会の面々がまるで自分の家のように牧師館に出入りし、お茶やケーキをいただいていたのを思い出して、あらためてご夫妻で教会員との交わりに全力を尽くされていたのを思い出しました。そこからいくつもの祈り会が誕生して文化活動的だった草創期の高座教会が本格的な信仰集団に変わっていき、日本でも有数の大教会に成長していく核になったと考えています。

松　本　私は生島先生にほんとうに大切にしていただいたと思います。人間は人にされたようにする存在だと言われますが、生島先生のなさったように牧会する努力をしてきました。なかでも「夫婦で牧会」という点について、私たち夫婦にモデルを示してくださったと思います。もともと私は高座教会生え抜きではありませんでしたから、徳子のサポートがとても必要でした。教会員は女性が圧倒的に多く、徳子のほうが話しやすいこともあるでしょう。私に伝えたいことを徳子経由で伝えられたりしました。

ただ生島先生ご夫妻との違いを意識しながら進めたこともあって、徳子とは綾子先生のように「先生」とは呼ばれないようにしよう、と話し合ったりしました。一教会員として委員会の働きで教会を支え、一信徒として世代別の交わりや、小会が示していることに教会員として参加することで、範を示すという言い方は適当ではないかもしれませんが、そのようなことを意識してやってもらいました。

鈴 木　徳子さんは現代女性ですから、私生活まで牧師夫人としての役割で明け暮れることには抵抗感があったのではないですか。本来松本先生も本の虫的なところがあって、先生宛の予算枠がほとんど本代になってしまうという話を聞いたこともあります。生島先生との牧会スタイルの違いを教会員に理解してもらえるまで、だいぶ時間がかかったのではないですか?

松 本　「家庭の開放」も生島先生夫妻から受け継いだ大切なことで、二〇〇二年に担任牧師になってしばらくは、一生懸命努力していました。日曜日の夕方には学生や青年が食事をしに集ってきました。ただ私たちの場合、子どもたちが思春期を迎える頃で、自宅に戻って来ても自分の家ではないような思いをさせたのです。結局、私たちに代わって娘や息子の親になる存在はいないと考え、「家庭の開放」を限定的にしました。

ダビデがゴリアテを倒すときに、最初はサウルの鎧を着て戦ったのですが、どうしてもしっくりこなかったのでダビデは河原に降りていき、五つのスベスベの石を拾い、それでゴリアテを退治しました。高座教会という大所帯を責任をもって牧会するためには、自分の身の丈に合った、しっくりしたやり方でないと長続きしなかったと思います。

二〇〇九年に発行された『牧会ジャーナル』に、

「あなた方は自分自身と群れの全体に気を配りなさい」という御言葉が与えられる前、いろいろな意味で牧会の行き詰まりを経験したことを書いたことがあります。前任の牧師にならい家庭を開放しての牧会、大勢の教会員のニーズに必死になって応えよう、それも他の牧師に負けないように、競うように応えていこうと、朝から晩まで必死になっていて、場合によっては家族を犠牲にしてさえ文字通り東奔西走していました。やっとのことで家に戻っても、そこでも電話が鳴る。そんな自分を、一生イスラエルを裁き続けたサムエルと重ね合わせ、はたして最後まで務まるだろうかと悩みました。限界に近かったのかもしれないと書きました。

ふり返ると、この時期は私たち夫婦にとっていちばんきつい時期だったと思います。理由は何かと考えると、一つは現実的な忙しさ、二つ目に、牧師としての経験の乏しさと、そこから来るスキルの貧しさ、そして三つ目に、私の内面の問題ですが、自分の存在価値は牧師としてのアウトプット、牧会の目に見える成果にかかっているという成果主義、律法主義という信仰的課題があったと思います。さらに加わったのが、中年期に差しかかった私自身の課題と、思春期を迎えつつあった子どもたちをもつ家庭の課題、夫婦の課題にあったと思います。

聖書には理想的家庭像はない

松　本　二〇〇二年に担任牧師になった当初は、正直に言って、牧会の働き、教会形成をどこから手を付けていいかまったく分からない状況でした。私たち夫婦には高一の娘、中二の息子、中一の娘、小一の息子がいましたが、数年前から長女が不登校となり、それを契機に牧会という牧師としての務めと、夫や親としての家庭生活のバランスについて否応なしに考えさせられた時期でもあったのです。

その頃、慰めを得た書物にユージン・ピーターソンの『若者は朝露のように――思春期の子どもとともに成長する』（いのちのことば社、二〇〇五年）があります。その中につぎのような言葉が出てきます。「聖書をよく読んでいくと、意外な真理が明らかになる。それは手本とすべき家族がないということである。聖書では称賛の念を起こさせるような家族は一つも登場しない。多くの家族に関する話が書かれており、家族生活に関するかなりの数の言及があって、家族の成長に役立つ助言が述べられている。にもかかわらず誰もが尊敬の念を抱いたり、妬むほど立派な模範的家族は一つも登場しない」というのです。ピーターソンは、アダムの家庭から始め、ノア、イサク、ダビデ、最後にイエスの育った家庭にも触れ、つぎのように結論づけています。「自分の家族が、クリスチャンホームとして期待されている温かさや光に欠けているからといって、自分を責め続ける必要はない。聖書に平和な家庭のモデルが描かれていない以上、自分の目の前にあるもの（それは言い換えるならキリストにある家族、信仰の家族として共に生きる新しい共同体の約束であるが）に心おきなく注意を向けることができる。共に生きる生活とは家柄によってではなく、神の恵みによって造り出される関係によって成り立つ。私たちは自分が善良だからではなく、赦されているから前進していくことができるのだ。」

また「思春期の子どもは、中年期を迎える親にとっての神さまからの賜物なのだ」ということも書かれていました。子どもたちが思春期を迎える頃に、親たちが中年となり、いわゆる「中年クライシス」を迎え、自分のこれまでのやり方では先に進めなくなり、今までのやり方や生き方に軌道修正を迫られる、というのです。

四〇歳を境に働きがマンネリ化してくる。主な理由はビジョンの喪失です。それに加え、これまでの働きに対する失望や落胆にあると分析している専門家がいましたが、「中年クライシス」の時期を迎え、牧師としての働きもしばらく経験してマンネリ化し、同時にその時期に家庭では子どもたちが思春期を迎える。ですからこの時期はいちど立ち止まって、人生や働きの棚卸をし、今後どのように牧会生活を進めていくのか、また家庭生活をどう考えていくのかを考えるように導かれる。具体的には、私たち夫婦のように、娘の不登校などが起こることもあるでしょうし、自分自身や連れ合いの病気ということも考えられます。いずれにしても予期せぬ出来事が起こり、立ち止まらざるをえないような状況に追い込まれることも稀ではありません。

鈴　木　松本先生からは滅多にお聞きすることのない弱音のようにも響く私生活についてのお話ですが、先生は私にヘンリ・ナウエンの本も紹介してくださいました。ナウエンという人はカトリック司祭であり、牧会心理学と霊性研究者として高く評価され、イェール大学やハーバード大学など多くの大学に教授として招かれました。けれども、学会を支配している激しい競争意識と成功願望に違和感を覚え、悩み続けて、ついに五〇代前半で知的障がい者と共同生活を営むカナダのトロントにあるラルシュ共同体のチャプレンに転職していますね。

その一方で、著書によって多くの人々に癒しを与えたグリーフケアの専門家でもあり、ナウエンが癒しをもたらすことができたのは、自らの傷ついた生活から目をそらすことなく、その傷を真正面から見つめ、司祭であるにもかかわらず自らの傷つきやすい生活体験を赤裸々に語る。こころの傷に悩む人々に「苦しんでいるのはあなた一人ではない、こころの傷こそ他人との繋がり、神との繋がりをもたらすのだ」と説いたからだと考えられます。

松本先生は説教でもナウエンに何度か言及していらっしゃいますが、説教でも、自分の弱さをさらけ出して語ることによって多くの人と繋がり、その人たちが癒されるということも考えられるのではないでしょうか。説教者としては、自分の弱みばかり強調していては神の言葉を伝えることにならないかもしれませんが、実は私は「信仰からの」説教と「信仰への」説教ということについて、「信仰からの」説教が主体となる主日共同礼拝の説教も、その背後には説教に至るまでの、「信仰への」牧師自身の迷いとか悩みが存在しているのではないかと推察しています。実は本書の編集にあたって、そうした舞台裏のお話を説教と説教のあいだに挟み込むことができないかと考えてこのインタビューを試みているわけです。プライバシーに立ち入りすぎるようなことはお話しいただかなくてよいのですが、狙いが成功すればあまり例のない立体的な説教集になると考えたのです。

受けるより与えるほうが幸い

松　本　私はクリスチャンになってから、使徒言行録二〇章三五節にあるイエスご自身の「受けるよりは与えるほうが幸いである」という御言葉の意味について、頭では理解しているつもりでも、腑に落ちていなかった。牧師になってからですら、「受けるよりも与える方が幸いである」という御言葉に縛られながら、それとは正反対の状況を欲し、求めていました。なぜかというと、私自身の古い根っこの部分に、律法主義、成果主義、その人の価値はその人がいかに多くの価値あることを行ったか、価値あるものを多く所有しているかにかかっている、という考えが残っていたからだと思うのです。私にとってナウエンの著作は、そんな自分に気づかせてくれる契機になりました。いまでも彼の書いたものには夫婦で毎日触れるようにしています。

鈴木さんの質問を聞きながら、心に思い浮かんだ御言葉があります。それは、最後の晩餐の場面で、主イエスがパン裂きをしながら語った言葉、「さて、一同が食事をしているとき、イエスはパンを取り、神をほめたたえてこれを裂き、弟子たちに与えて言われた。『取りなさい。これはわたしのからだです。』」マルコ福音書一四章二二節に記されている御言葉です。ナウエンに言わせますと、ここに出てくる主イエスがパンを扱うときになさった所作を表す言葉、取る、祝福する、裂く、与えるという四つは、キリストのご生涯を表し、同時にその方に倣う私たちクリスチャンの歩みも、実は、この四つの動詞と深く関係すると受けとめられてきたというのです。

私が参加するようになった黙想会でも、指導されていた英隆一朗神父がやはりこの箇所を読まれ、パンの代わりに料理を例にして話してくださったことを覚えています。「料理がいちばん美味しそうで美しい状態は、出来上がったばかりの、温かで、見た目にもきれいに盛り付けられたとき、その瞬間でしょう」と語り始めました。まさに祝福されている状態。おいしそうで、見た目にも素晴らしい状態です。ところがその後、料理は箸やフォークでつつかれ、ナイフで切られ裂かれていく。場合によってはグチャグチャにされてしまいます。最初の状態と比較するならば、見るも無残な状態です。しかし、そのように裂かれ、つつかれ、切られるのは、人々が食べやすいようになるためなのです、と英神父は言われました。料理の使命は何かと言えば、最後の最後、皿の上からすっかりなくなってしまうときに、その料理の使命が果たされたのだというのです。逆に料理が誰からも箸をつけられずに皿の上に残ってしまったら、料理としては不合格でしょう、と。

私自身が神から恵みをいただき、仮に神から預かっている賜物があるとするならば、そうした恵みや賜物を受けるだけで自分のことだけに用いる姿は、料理にたとえていえば、見た目には素晴らしく美味しそうに見えるかもしれませんが、実は時間が経つにつれて冷めて、場合によっては腐っていく。料理としての私たちの使命は、召されるまでに皿の上に何も残されずに、舐めるようにして綺麗になくなるように生きて初めて、実は料理としての使命を果たし終えることができるのだと思うのです。そのとき初めて「受けるよりも与える方が幸いである」という御言葉が腑に落ちる経験をしました。私が取られ、言い換えれば主に召され、神学校での学びの機会やさまざまな経験を通して私自身の知識やスキルが磨かれ、さらに経験を積むことで豊かに祝福されるのは、考えてみれば与えるため、食べていただくためなのだ、ということだったのですね。

「自分の命を救おうとする者は、それを失う」とも主イエスはおっしゃったのですが、死海が水が流入するだけで流出しないように、与えることなく受けるだけだったら、最終的には腐って役に立たなくなるだけでしょう。匂い始めた自分に気づき、慌てて「食べてください」と差し出すときには、誰も箸をつけない料理になっているかもしれません。逆に自分の命を与え尽くすときに、本当の意味で天において主の御前に、キリストに似た私という、本当の命を受けることができる、そのように思わされたのです。そうなると、どうしたらもっと多くを獲得できるかでなく、どうしたら与えられた人生のなかで、神と教会と隣人に自分自身を差し出せるか。そのようなパラダイムシフトが私の内に起こったように思います。

信仰生活において経験することは、ある意味で「裂かれる」わけですから、必ず何らかの痛みも伴う。しかし裂かれるのは、人が食べやすくなるためです。確かにそう考えると、牧会者としてたいへんな出来事に遭遇して私自身が苦しんでいるとき、辛く悲しむとき、もしかしたら教会員や周囲の人々からは、いちばん食べやすい大きさに砕かれているときだったかもしれないと、思い当たる節があるのです。だとすれば私自身が弱さを経験し、痛みを経験し、虚しさや疲れを覚えているような時こそが、実はまさに裂かれている時なのかもしれない。それが他者に食べていただくための通過点なのだと思うようになったのです。

娘が不登校になったりして、子どもたちのことで悩みを抱えながら、それまで私たち夫婦は悩みを隠しながら働いていました。でも、私たち夫婦や家庭が「裂かれた状態」であることを示すうちに、何人かの教会員が同じような経験を分かち合ってくださいました。もしかしたら、それが「食べやすいパン」になった出来事だったのかもしれません。答えになっているかどうか分かりませんが、自分の渇きや痛みから始めるという気になれて、牧会者、説教者として少しは役に立てる者として働けるようになれたのではないか、そんなことを思わされたのです。

教会の成長とは？

鈴　木　話はまた生島先生のことに戻りますが、生島先生は高座教会を成長させた功労者でしたが、長老会が設定した長期構想とは、すれ違っていたところもあったのではないでしょうか。ある時ある事柄について長老会が私たちの私的な計画を教会行事に取り込んで勝手な条件をつけたので腹が立って抗議したら、やたらに「教会政治」とか「教会憲法」などと言い出す長老がいて、私は一人で生島先生の真意を確認に行ったことがありました。そのとき先生は、長期構想を立てて教会の成長を図るといったことは、それ自体は悪いことではないけれども、組織が大きくなると、どうしてもその組織を守ることに思いが偏りすぎ、運動体としての純粋さを失う危険がある、と言われました。そしてふと、もういちど開拓伝道からやりたいと思うこともありますよ、と続けられたのです。その時のことは忘れられません。

松本先生が伝道師に就任されたのは一九八七年で、すでに高座教会は規模の大きな教会に急成長していましたが、松本先生ご自身は教会の成長ということをどう考えていらっしゃるのでしょうか。

松　本　私はいま、聖契神学校で牧会学を担当していますが、そこでのテキストの一つに、E・H・ピーターソンの『牧会者の神学』（日本基督教団出版局、一九九七年）という本を使っています。その冒頭でピーターソンは、こんなことを記しています。「現在、アメリカの牧師たちは、右から左にいたるまで、驚くべき早さで自らの役割を放棄しつつある。彼らは教会を去るわけではなく、新しい仕事を探しているわけでもない。教会員は、いまなお牧師たちの給料を支払っている。彼らの名前は教会専用の便箋に印刷されており、日曜日ごとに彼らは説教壇に姿を現わす。しかし、彼らは彼らの役割を、彼らの『召命 calling』を放棄しつつある。彼らは他の神々に惑わされている。彼らが牧会という装いのもとで時間をつぶしていることがらは、二〇〇〇年間にわたって牧師たちが守り続けてきた行為とはなんの関わりもないものになり果ててしまっている。」

役割を放棄して、アメリカの牧師たちは何になってしまったかというと、「企業経営者」になってしまった、というのです。ピーターソンに言わせますと、「彼らが経営するのは『教会』という名の店である。牧師は経営者感覚、すなわち、どうしたら顧客を喜ばせることができるか、どうしたら顧客を道路沿いにある競争相手の店から自分の店へ引き寄せることができるか、どうしたら顧客がより多くの金を落としてくれるような商品をパッケージすることができるか……そうした経営者的な感覚に満ちている」というのです。

高座教会の長期構想が産み落とした大礼拝堂構想、後に新礼拝堂構想を実現するには、ある意味で、ピーターソンが指摘する「企業経営者」的感覚が求められていたと思います。どのようにして収入を増やすのか。収入を増やすためには、どうしても教会員数が増加しなければ不可能です。

私が高座教会に来始めたときには、午前九時と一一時に礼拝を行っており、そして夕礼拝もあったのですが、その各礼拝の最後に、「本日の礼拝出席人数は○○名でした」という報告を司式の長老がしていました。前々から疑問をもっていたので、私が担任になった時期だったと思いますが、私の違和感を率直に小会に伝え、それをやめにしたことを思い出します。

教会の成長を測る物差しは、ＡＢＣだと言われます。Ａとは「attendance」礼拝出席人数、Ｂは「buildings」教会施設です。そしてＣは「cash」財政規模です。この三つを基準に、前年と比較して教会が成長したかどうかを測るわけですし、この三つの面でより大きくなることが教会成長の方向性でした。こうした考え方や誇りのようなものが、私たちの教会にはあったように思います。ただ牧師をしながら、やはり私には違和感がありました。あるとき、現在、高座教会で用いている『エクササイズ』シリーズ（いのちのことば社、二〇一六、二〇一七、二〇一八年）の著者ジェイムズ・B・スミスの恩師であるダラス・ウィラードの文章に出会いました。それは『教会の刷新』（*Renovation of the Church: What Happens—When a Seeker Church Discovers Spiritual Formation*, IVP, 2011）という本によせた「巻頭言」でしたが、ウィラードは「教会成長」を求める一部の牧師たちの心の中には、「成功したい」という隠された動機があり、実はそうした願望には、ある種の罪に通じる「影」がある。彼らはスキャンダルを起こすリーダーたちの予備軍になりかねない、と警鐘を鳴らすのです。書かれている文字を読みながら、私は目を疑いましたが、その書物との出会いをきっかけに、礼拝堂建設計画を含め、高座教会形成の中軸を見直していかなければならない、と考えさせられたことを今でも覚えています。

ちなみにABCで教会成長について説明したのはウィラードで、彼に言わせるとABCではなく、Dで教会の成長を測るべきだと言います。Dとは「disciple」弟子です。どれだけキリストの弟子として教会員が育っているかが問われる、というのです。年間を通じての『エクササイズ』という学習コースを導入した背景には、こうした考えがありました。

先住民はイスラエルの民の餌食か？

鈴　木　退任直前の二〇二四年一月から、松本先生は出エジプト記から民数記、申命記までを取り上げ、高座教会での最後になる一連の説教をされました。民数記では、モーセからヨシュアへのリーダー移行が語られています。それで一連の箇所を選択されたのかと想像しましたが、イスラエルの民はカナンの地に入る前に、一二人の偵察を送り込んで目的地の様子を報告させています。彼らがモーセの許に返ってくると、一〇人は、強力な先住民がいるからエジプトに引き返したほうがいい、という意見でした。しかし残る二人は、主が私たちに乳と蜜の流れる地を与えると約束してくださったのだから、「主に逆らってはいけません。その地の民を恐れてもなりません。彼らは私たちの餌食にすぎないのですから」と主張します。私はこれに続く一四章九節後半の「主は私たちと共におられます」という箇所を今年の高座教会の主題聖句にすると聞いたときから、イスラエル国家によるガザ地区への攻撃が激化しているさなかに、こんな一句を主題聖句にするとはあまりに無神経だと憤りさえ感じていました。

もちろん旧約の時代と現代では歴史的背景に大きな違いがあるでしょう。しかし民数記をいま取り上げるなら、その違いを説明することが必要だと考えます。前に触れた『この理不尽な世界で「なぜ」と問う』という本が取り上げている理不尽のなかでも、戦争は最も重要なテーマです。あの本を薦めてくださった松本先生が、「先住民は私たちの餌食にすぎない」という箇所をどう語られるか、私は固唾をのむ思いで説教を聞きました。けれども先生は、この箇所にはまったく触れずに説教を終えられました。なぜでしょうか?

松　本　今年一月から三月まで語った説教は、おっしゃるように「バトンタッチ」というテーマで語ったものです。実は、すでに一月から三月までの説教のスケジュールが決められ、教会合同に向けて宮井岳彦牧師にも説教していただき、なおかつ第四主日は和田一郎牧師の担当、そして研修神学生の奨励の予定も入った関係で、私自身の説教回数はとても限られた数しかありませんでした。ですから当初は、ここ数年、取り組んできたヨハネ福音書からの説教を継続しようと考えていましたが、昨年も終わりに差しかかった頃、小会会議である長老から、二〇二四年の主題聖句とからめてモーセの時代からヨシュアの時代への移行時期に、どのように信仰継承がなされたのかについて、旧約聖書から語ってほしいという要望が出されました。私自身は去っていく身でしたから、今年（二〇二四年）の主題聖句選びや、それに基づく教会活動方針作成には関わっていません。正直に言って、おっしゃるようにイスラエルのガザ侵攻のさなかに、この聖句を高座教会の指導者たちがどのように受けとめているのかということについては、私自身も関心がありました。手元に一月七日の説教の原稿がありますが、改めて読み返してみると、とても「歯切れの悪い印象」を受けます。

しかし、結局、高座教会が主題聖句として掲げた民数記一四章九節、「私たちには主が共におられます」という投げかけは、あのときイスラエルの民に退けられ、受け入れてもらえなかった言葉として記されていると言えます。確かに「私たちには主が共におられます」というのは信仰の一般論としては理解できますが、その言葉を聞かされたイスラエルの民は、その言葉に促されることなく、彼らは約束の地に足を踏み入れずに、逆に荒れ野に留まりました。すくなくともその事実は、「私たちには主が共におられます」という、その言葉が全く力にならなかったことを証明したことになりました。

二〇二三年一一月に『教会活動方針』が配布され、そこに二〇二四年の説教スケジュールが掲載されています。私に託された説教回数は六回、ただし、そのうちの一回は三月三一日のイースターの説教ですから、連続してまとまった説教ができるのは五回であることが分かりました。そうした条件のなかで、小会で長老から教会としても節目を迎える時期なので、この時期にふさわしい説教をしてほしいと求められたわけです。それを受けとめ、主題聖句をその文脈にそくして味わってみることが、私に与えられた最後の務めなのではないかと思ったのです。

「三月まで五回の礼拝で出エジプト記から申命記までの時代を、イスラエルの民とその指導者として召されたモーセの歩みに焦点を当てながら、『私たちには、主が共におられます』という御言葉を心に響かせ生きるために、どうしたらいいのか。高座教会の私たちと共におられる神さま、その方と共に歩むということはどういうことなのか。そもそも、その方が共にいてくださるということを、どうしたら頭だけではなく、腑に落ちて、御言葉が力となり、この主題聖句を耳にした当時のイスラエルの民のようにではなく、私たちを信仰の行動へと導く力の御言葉にできるか。そのことを五回の説教を通して、ご一緒に考えてみたいと思います」と、第一回目の説教はこんな語り出しで始めています。

五回の説教原稿を読み返しても、鈴木さんのご指摘のとおり、イスラエルのガザ侵攻には一言も触れていませんでした。会衆が毎日、新聞やテレビを通して、そのニュースに触れ、心を痛めている時期に、会衆の内側にある「なぜ?」にまったく応えていない私の説教は、その意味で一方通行だったかと思わされました。

ただ、私自身ふり返るとき、二〇二四年の一月から三月という時期、高座教会という群れが置かれていた特殊な状況、コンテキストは、やはり牧師の退任にともなう今後の歩みということに、かなりの関心があったのではないかと思われます。この時期に世界祈祷日があり、女性会で娘の路津子が海外から証しをさせていただきました。私もその収録に関わりましたが、パレスチナで起こっていた出来事に関する問題点を実によくまとめてくれたと思っています。しかも比較的多くの方たちが、そのビデオを視聴し、原稿に目を通して、クリスチャンとして、イスラエルのガザ侵攻をどのようにとらえるかを考えました。そのような意味で、高座教会としてはガザ問題の学習、啓発の機会を、教会の方々に提供できたと思います。

ただ、やはり講壇からの社会問題についての発言は少なかったし、また弱かったことについては、反省をしています。その結果、信仰はあくまでも心の中の問題だというような印象を会衆に与え、信仰生活の二元論化を助長していたかもしれません。この点は大きな反省点です。

■主日共同の礼拝説教――最初の説教

一九八七年六月一四日

一　天地創造の神

創世記第一章一節

私たちは何かを考えるとき、しばしば自分を中心に考えてしまう傾向があるようです。私たちの目は神の恵みに注視する代わりに、自分を喜ばせることに向かいやすいのではないでしょうか。そしていつのまにか、この世界の中心に人間を置く、いや、私が中心であり、私を中心として世界は動いている、と錯覚することがよくあります。

こうした人間中心、自己中心的考え方に対し、聖書は真向から対立します。カルヴァンがこの世界を指して「神の栄光の舞台」と表現したとおり、聖書はこの世界の主役は神さまであるとの主張も貫き通しているのです。創世記一章一節においてもこのことは明らかです。

創世記一章一節からとくに三つのポイントに絞り、ともに学ばせていただきたいと思います。

第一に、「神」という言葉自体がもつ意味から、神さまご自身について学びたいと思います。「神」の語源を調べてみると、「恐るべき方」とか「敬われるべき方」「礼拝されるべき方」という意味であるようです。言い換えれば、神が聖書のいちばん最初に示された御自分の性質は、愛なる方とか、義なる方とか、聖なる方というのではなく、恐るべき、礼拝を捧げられるにふさわしい方としてご自身を示しておられるということなのです。

第二は、この神さまが天と地すべてを創造された方であるということです。「創造する」という動詞は、神さまを主語として用いられる他は決して用いられることのない言葉です。つまり、創造とは神さま独自の行為であるということなのです。すでにある既存の材料をもとに、なにかを作るのではなく、無からすべてのものをお造りになるのです。そして興味深いことに、詩編五一編一二節には、救いの喜びの心を私の内に創造してくださる方としての神をほめたたえています。天地万物の創造者なる方は、私たちの心をも新たに造り変える方としてご自身を示しておられるのではないでしょうか。

そして第三に、このような方に対して、私たち人間がとるべきふさわしい態度とはどのようなものなのかについて考えさせられます。それは、神さまを天地万物を創造され、人間の心をも造り変えることのできる全能なる方として、その方を崇め礼拝する。神さまを神として私たちの生活の中心に立っていただく。まさにそうした態度こそ、私たち人間にふさわしいのではないでしょうか。

今週一週間、神さまを神として畏れ敬い、また礼拝されるべき方として心からなる献身をしていきたく思います。どのようにしたら、この方に喜んでいただけるかどうか、また栄光を帰せるかどうか、常に考えつつ歩む一週間でありたいと願います。

■主日共同の礼拝説教

二〇〇五年九月四日

二　ナタナエル――イエスの弟子

ヨハネによる福音書一章四五節―五一節

「振起日」

アメリカの南部が、ハリケーンの被害を受けました。ルイジアナ州のメタイリーという町にあるカンバーランド長老教会フェイス教会は、教会もすべての教会員の家も水没した地域にあるという連絡が入りました。また、メンフィス郊外のバートレットにあるフェイス教会では、七五人余の避難者を受け入れるそうです。このために物品や、ボランティアを募っているようです。本日の週報に報告させていただきましたが、元日本の宣教師であったスタット先生が召されたのですが、一昨日、先生の葬儀が行われた教会です。今後、社会奉仕委員会からスチュワードシップ献金の呼びかけがあるかと思いますので、ぜひ、お祈りとご協力をお願いいたします。

さて、今日は、九月の第一主日、日本基督教団では、この九月第一主日を「振起日」と呼ぶそうです。読んで字のごとく「信仰を振るい起こす日」という意味だそうです。なお英語ではこれを「ラリー・ディ」と呼ぶそうです。それは、テニスのラリーのように、絶えることのない神さまからの恵みの投げかけを、私たちもテニスのように打ち返すという意味があります。

そのような意味で、今日の主の日の恵みで、私たちをもう一度、新たに振るい立たせていただきたいと願っております。今日はイエスさまの弟子の一人のナタナエルについてご一緒に考えてみたいと思います。

ナタナエルのこと

このナタナエル、彼は、いったいどのような背景をもつ人物なのでしょうか。実は、あまり分からないのです。マタイ、マルコ、ルカの福音書には、その名前すら出てきません。かろうじて、このヨハネ福音書だけは、今日お読みしましたこの箇所と、もう一箇所、二一章に一度だけ「カナ出身のナタナエル」という名前だけが紹介されています。

そうしたことを踏まえて、今日の箇所の四五節を見ますと、フィリポがナタナエルを見つけ、彼の方に向かっていったことが記されています。そして、次のように声を掛けました。「自分は旧約聖書の教えている救い主に出会ったのだ。ナザレのイエスこそキリストだ」。これに対してナタナエルはどうしたでしょうか。「ナザレから何の良いものが出るだろうか」と反発したことを聖書は伝えています。

この箇所を読み、いろいろと場面を想像したいと思うのです。このときのナタナエルは落ち着きはらっていました。もちろん、救い主が現れることについては、フィリポ同様、ナタナエル自身も大いに関心のあることでした。しかし、そのようなお方が、こともあろうに「ナザレ」から出るなどとは、どうしても考えることができなかった。なぜでしょう？　旧約聖書には一度も「ナザレ」という地名が紹介されていないからです。そして何よりも、ナタナエルの出身地ガリラヤのカナの町よりも、ナザレはずっとずっと小さな村だったからです。そのナザレと救い主とを結びつけて喜んでいるフィリポが、ナタナエルには理解できなかったのです。ある意味、ナタナエルという人物の心は、〈常識〉に支配されていたのではないでしょうか。

ところで、この時代、出身の村を互いに比較し、「どちらが上だの下だの」と競い合うことがあったようです。何の理由もないにもかかわらず、ナザレを軽蔑する思いが〈常識〉となり、いつしかナタナエルの心を支配してしまっていた。ですから彼は、「ナザレから何か良いものが出るだろうか」（四五節、新共同訳、以下同）と語ったのでしょう。

私たちも変化を嫌うものです。ある人が、「教会生活、信仰生活は心を入れ替えること、方向転換から始まる」と語っていましたが、「なるほどな」と思う反面、その難しさも覚えるのです。実は、ナタナエルも同様でした。

そのような彼にとって、「来て、見なさい」とフィリポに誘われ、その結果、主イエスとの出会いなしには、決して自らの殻を破る道はなかったようなのです。

さて、フィリポの誘いに対し、この時のナタナエルの方は？　といえば、〈その誘い〉を断る理由がなかったのでしょう。フィリポに促されてついて行くと、そこで奇妙な言葉を聞くことになりました。四七節をご覧ください。

「イエスは、ナタナエルが御自分の方へ来るのを見て、彼のことをこう言われた。『見なさい。まことのイスラエル人だ。この人には偽りがない。』」（四七節）

イエスさまはご自分の方に向かってやって来る若者ナタナエルをご覧になり、「この人には偽りがない」とおっしゃったのです。「偽り」という言葉は「魚を取るための仕掛け」を意味する言葉が使われています。

少し視点を変えましょう。本日の旧約聖書の朗読箇所である創世記には偽り者の代表的存在としてヤコブが紹介されていました。彼は祝福を横取りするとき、自分の手に獣の皮を巻き、毛深い兄のエサウになりすまし、老いた父親イサクを騙しました。しかし事はそれで終わりませんでした。その後、ヤコブは主なる神との決定的な出会いを経験し、「ヤコブ」という古い名前に代わる新たな名前、「イスラエル」を名乗る者とされていくことが創世記に記されています。

主イエスは、ナタナエルと出会い、「見なさい。まことのイスラエル人だ。この人には偽りがない」と言われました。本日お読みした創世記のヤコブ物語と響き合う思いがします。「ヤコブのような偽りがナタナエルにはない」と言われたのです。

この挨拶の言葉に、ナタナエルは驚きました。いや、単なる驚きではなく、たいへん驚いたにちがいありません。ナタナエルの身になって想像してみてください。普通、「偽りがない」と言われたら、良い気分になるどころか、「なにかの間違いでしょう」と思うとともに、もったいない〈お言葉〉として聞こえたのではないでしょうか。なにか照れくさいような、恥ずかしいような、そして嬉しいような……。ナタナエルは本当に複雑な思いのなかで、「どうして私を知っておられるのですか」とイエスさまに問い返したわけです（四八節）。

ナタナエルの問いかけに対する主イエスの答えが四八節に出てきます。「わたしは、あなたがフィリポから話しかけられる前に、いちじくの木の下にいるのを見た」。いちじくの木、それはイスラエルにおいて暑さを避けるための絶好の木陰を提供したと言われます。そして彼らユダヤの人々は、このいちじくの木の下で祈り、黙想しました。ですから、いちじくの木陰とは、〈信仰を育む場〉でもあったのです。四八節の主イエスの言葉を私なりに直訳するならば、「フィリポが声をかける前に、わたしはあなたを見た。いちじくの木の下に」となります。

なんでそうなったのか分かりません。しかし、少なくともナタナエルにとって、主イエスから、この言葉を聞いた瞬間、彼の人生が大きく方向転換したのです。四九節を見ますと、そのことが明らかです。「ラビ、あなたは神の子です。あなたはイスラエルの王です」。彼は信仰の告白へと導かれたのです。

礼拝に招かれている私たち

さて、私たちは今日、こうして礼拝に招かれ、主の御前に集っています。ここにいる私たち一人ひとりは、ナタナエルと同じように、ある種の〈出会い〉や〈きっかけ〉によって、この場に導かれてきました。私にとっては、受験勉強に疲れ、自分が嫌で嫌でたまらなかった頃、教会に通い始めました。そのときのことは、高座教会のトラクト「グッド・ニュース」の第三号に書かせていただきました。

何度も礼拝の中でお話ししていますが、あの「豊かな人生の条件」というタイトルのゴスペルの「知識も名誉も財産もはかないものでしょう。／自分の努力や才能も限りがあるでしょう。」という歌詞が言わんとすることを認めないわけにはいかなかった。悔しかったのですが、私の心を言い当てたイエスさまに降参するように、その時から求道を始めたように思います。

そして、そうした〈出会い〉や〈きっかけ〉は、ここに集う一人ひとりに、特別な仕方でイエスさまが備えておられるはずです。なぜなら、神さまは、ここにおられる皆さん、お一人おひとりを愛しておられるからです。

「神は、その独り子をお与えになったほどに、世を愛された。独り子を信じる者が一人も滅びないで、永遠の命を得るためである。」（ヨハネ三・一六）

アンデレ、シモン・ペトロ、フィリポ、そして本日のナタナエル。ヨハネ福音書第一章にはイエスさまとの出会いを経験した四人の弟子たちが紹介されています。そして、この四人を見ますと、イエスさまを救い主、人生の主と告白する仕方は、それぞれなのです。しかし、そうしたなか、一つ共通していることがあります。それは「誰もが主イエスと出会った」ということです。そして、「主イエスが用意した、新しい歩みへと方向転換を経験した」ということでしょう。

『我と汝』（原書一九二三年、邦訳一九七八年、みすず書房）という本を書いたユダヤ人哲学者マルチン・ブーバーは次のように言っています。

「人間が最高の出会いの瞬間から出て行くときは、これに入っていく以前とはまったくちがった人間になる。」

ブーバーのこの言葉は、まさに「アーメン」と言って、誰もが共感をもって受けとめるのではないでしょうか。そして同時に、すでに主イエスとの出会いを経験した者たちにとっても、あてはまる出来事なのではないでしょうか。その証拠に、私たちは主イエスへの信仰を告白し、洗礼を受け、主の弟子としての歩みを始めたのだと思うからです。

今朝も私たちはともに主の御前に集い、主の食卓を囲んで共に礼拝を捧げています。御言葉を聴き、祈りを捧げ、主を賛美し、献身を新たにし、そうした一つひとつを通して主イエス・キリストとの新たな出会いにあずかっています。しかしともすると、この一時間足らずの礼拝からそれぞれの場へと派遣されていくとき、果たしてブーバーが語ったように、「以前とはまったくちがった人間になっているかどうか……」と考えさせられてしまう現実もあるのではないでしょうか。

ヘブライ人への手紙の中に次のような御言葉がありました。

「気をつけましょう。というのは、わたしたちにも彼ら同様に福音が告げ知らされているからです。けれども、彼らには聞いた言葉は役に立ちませんでした。その言葉が、それを聞いた人々と、信仰によって結びつかなかったためです。」（四・一―二）

主との出会いを信じ期待して集わない時に、そこではなにも起こらないでしょう。「イエス、ヨセフの息子でしょう。……」となんの期待もしなかったナザレの人々の間で、イエスさまは一つの奇跡もなさいませんでした。もっと言えば、自分の常識の枠内に御言葉ご自身であるイエスさまを押し込めてしまったからでしょう。朗読される御言葉、語られる御言葉、そして味わう御言葉が私たちのものとなるためには、そこに「信仰のともなう神への期待」が必要なのではないでしょうか。

出会いの名人イエス・キリスト

「人間が最高の出会いの瞬間から出て行くときは、これに入っていく以前とはまったくちがった人間になる。」

「主イエスと出会い、そしてクリスチャンになって損をした」と語る友がいました。信仰をもったばかりに、それまで見なくてすんでいたものを見る。それまでこだわる必要がなかったことにこだわりを覚えてしまう。それゆえにクリスチャンは損をする、というのです。しかし、そう語るその人の顔を覗き込むと、その顔は喜びで輝いているのです。これが真のクリスチャン生活なのではないでしょうか。結構、しんどいことがあります。しかし、それにも増した喜びがあるのです。

イエスさまは私たちと出会うために来られました。最高の出会いの瞬間を与えようと地上に降りてこられた。主イエスとの出会いによって価値観の転換が起こります。それまで価値がないとされていた者に「あなたは大切な人です」と主イエスは呼びかけてくださるのです。

イエスさまはナタナエルに、「あなたはもっと偉大なことを見ることになる」「はっきり言っておく。天が開け、神の天使たちが人の子の上に昇り降りするのを、あなたがたは見ることになる」と告げられました。

今年も夏が終わり、九月となりました。日々の忙しい生活の中で、殺伐とした日々のただなかにあっても、主イエスに向かって心を開く時、天が開け、神が近づいてくださいます。このことを覚えて、神に期待しながら、この一週間、歩んでいきたいと願います。

二〇一二年五月二七日

三　宣教する教会の誕生

使徒言行録二章一節―一三節

ペンテコステと言葉

ペンテコステを迎えるとき、いつも心に浮かぶ礼拝があります。それは、毎年八月の第四主日に行われる「合同礼拝」です。私たちの施設を使って毎週礼拝を守っている「地の塩コミュニティーブラジル人集会」「スペイン語礼拝」、そして高座教会の私たちが一堂に会して捧げる礼拝です。

昨年は、震災で苦しみの中にあるネパールから兄弟姉妹を迎え、その尊い働きについてのメッセージをポルトガル語でお聞きしました。過去の合同礼拝では、盛小根シルビア牧師からスペイン語で説教をお聞きしたこともあります。いずれにしても、正面のスクリーンにそれぞれ理解できる母国語の言葉が映し出され、それぞれの言葉で主をほめたたえるのです。

私は、こうした合同礼拝に参加するたびに、聖書に出てくる二つの出来事を思い出します。一つは創世記一一章に出て来るバベルの塔の出来事。そしてもう一つは、今日、共にお祝いしていますペンテコステの出来事です。

バベルの塔の出来事

バベルの塔の出来事は、皆さんご存知だと思いますが、一言で表現するならば「言葉の混乱の出来事」です。あの時、人間は、「天まで届く塔のある町を建て、有名になろう」と思い上がって計画を立て、それを実行していきました。ところが、その様子をご覧になった神さまは、人間のそうした働きを好ましいとは思われなかった。創世記の一一章六節と七節には次のように書かれています。

「彼らは一つの民で、皆一つの言葉を話しているから、このようなことをし始めたのだ。これでは、彼らが何を企てても、妨げることはできない。我々は降って行って、直ちに彼らの言葉を混乱させ、互いに言葉が聞き分けられぬようにしてしまおう。」（一一・六―七）

この結果、今まで一つの言語を話す一つの民であった人間たちの間に混乱が生じ、言葉が通じ合わなくなった、というのです。そのようにして人々は全地に散らされて行きました。その結果、バベルの塔の建設は中断してしまうのです。

一五年前に、私はブラジルのサルバドールにあるマッタ・デ・サンジョアンの集会を訪問する機会がありました。私はポルトガル語が全く理解できません。知っている言葉と言えば、「ありがとうございます」を意味する「オブリガード」という言葉だけでした。「言葉が分からない」ということは、ときにたいへん心細いことです。成田から一二時間で、アメリカ・テキサス州、フォートワース空港に到着し、そこで何時間か待って、今度はブラジルのサンパウロ行きの飛行機に乗り換え九時間ほどでしょうか、サンパウロに着いたのは早朝、まだ太陽が昇る前でした。到着しますと、経験したこともないような空気の漂う場所でした。まずは空港でのアナウンスが全く分からないのです。ただ、そうは言いましても、サンパウロまでは国際線です。どうにか英語でのアナウンスがありました。ところがサンパウロからは国内線に乗ってサルバドールに着きました。もうそこは正真正銘のブラジルでした。

飛行機を乗り継ぎ、何時間もかけて、やっとサルバドールに到着。その時、私は「ブラジル地区担当となった石塚惠司牧師のご家族がここに来られたとき、どのような思いをもたれたのだろう」と思ったことでした。佐々木三雄長老ご家族が開拓移民としてブラジルに渡られたときは船でしたが、そうした日系人の方々のことに思いを馳せたことでした。それほどまでに、「異国にやってきた。遠くまで来てしまった」という思いで心が一杯になっていました。

ですからサルバドール空港で出迎えてくださったマッタの教会員の方たちの日本語を聞いたとき、なんとも言えない安心感を覚えました。しかもその後、案内されたのが「やまと」という名のレストランでした。大和市から来た者にとっては、これまた馴染みのある名前で、本当にホッとした瞬間でした。日本を発つまで、つまり二四時間前まで、日本語を聞いていたわけですから、「懐かしい日本語」とは少々大袈裟な言い方ですが、それでもサルバドールに着いたとき、日本の裏側までやって来て、そこで耳から入ってきた日本語が、なんとも言えない温かな響きだったことを今でも覚えています。

もう一度、バベルの塔の出来事に戻りたいと思います。このバベルの塔の出来事が意味するところとは何だったのでしょうか。バベルの塔とは、人間がその本来のあり方からはずれ、「神さま抜きでやっていける」と自らの力を過信したこと、自分たちが神のようになり、神さまの座である天にまで達しようとした傲慢な心、そうした思いを持った人間に対する神さまの裁きがくだされた、それがバベルの塔の出来事だったのではないでしょうか。その結果、何が起こったかと言えば、コミュニケーションの道具である言葉が混乱した。心が通じ合わなくなってしまったのです。

ところで、私たちは今でも、日常の生活において、同じ日本語を使いながらも、心が通じ合わない経験をすることがあります。いちばん親しい関係においてもそうなのです。夫婦や親子の関係、友だち同士の関係においても、会社の同僚との関係でも通じ合えない、日常的に「バベルの塔の出来事」を経験します。「バベル」とは、「混乱」を意味する「バーラル」というヘブライ語からできた言葉です。今も私たちの周りで、また世界のあちらこちらで、絶え間なく、そうした混乱が起きている。なぜでしょう？　聖書によれば、私たちが、「神さま抜きの自己実現」に忙しくしているからだ、とその理由を語っているように思います。

ペンテコステの出来事

本日はペンテコステ礼拝ですが、ペンテコステの出来事は、バベルの塔の出来事と深く関係しています。今日の聖書箇所はペンテコステの日に起こった出来事を伝えていますが、その日起こったことは、バベルの塔の出来事と正反対の出来事です。

使徒言行録第二章四節をもう一度ご覧ください。

「すると一同は聖霊に満たされ、〝霊〟が語らせるままに、ほかの国々の言葉で話し出した。」

父なる神さまの約束された聖霊が、イエスをキリストと信じる弟子たち一人ひとりの上に降り、その結果、彼らの心を動かし、口を開かせ、語らせた、というのです。聖霊をいただいた弟子たちは皆、ガリラヤ出身の人々でした。その彼らが、当時のローマ世界にちりぢりばらばらに生活し、ユダヤの大切な祭を祝うためにエルサレムにやってきた人々の、その出身地の言語を語りだしたというのです。七節から一一節にそのことが出てきます。当然、居合わせた人々は驚き、怪しんだと聖書は伝えています。このようにしてキリストの教会が誕生したのです。つまりペンテコステの出来事も、バベルの塔の出来事同様に「言葉の奇跡の出来事」です。ただ大きな違いもありました。もう一度、使徒言行録二章七節から一二節をご覧ください。

「人々は驚き怪しんで言った。『話をしているこの人たちは、皆ガリラヤの人ではないか。どうしてわたしたちは、めいめいが生まれた故郷の言葉を聞くのだろうか。わたしたちの中には、パルティア、メディア、エラムからの者がおり、また、メソポタミア、ユダヤ、カパドキア、……エジプト、キレネに接するリビア地方などに住む者もいる。また、ローマから来て滞在中の者、ユダヤ人もいれば、ユダヤ教への改宗者もおり、クレタ、アラビアから来た者もいるのに、彼らがわたしたちの言葉で神の偉大な業を語っているのを聞こうとは。』人々は皆、驚き、とまどい、『いったい、これはどういうことなのか』と互いに言った。」（七－一二）

ヘブライ語にどっぷりと漬かっているエルサレムのなかで、思いがけなく慣れ親しんだ「自分たちの言葉」と出会ったわけですから……。ちょうど、私がサルバドールまで来て、日本語に接したような感動だったと思います。

使徒言行録は、人々の驚きについて、「彼らがわたしたちの言葉で神の偉大な業を語っているのを聞こうとは」と語り、「『いったい、これはどういうことなのか』と互いに言った」とその時の様子を記録しています。つまり、言葉に驚いたのは勿論ですが、それ以上に、驚きの理由が、弟子たちの語った内容、メッセージにあったということでしょう。語る言葉は種々さまざまでしたが、そうした種々さまざまな言葉をもって語っている内容が一つだったのです。

さらに使徒言行録は、この出来事を「酒に酔っているのだ」と言って、無視していく人々もいたことを伝えています。ところが、そうした人々に対して、使徒ペトロが立ち上がり、「そうではない。この現象は、聖霊が私たちに与えられ、旧約の預言者ヨエルの預言が成就したことの結果なのです！」と、聖霊降臨の出来事とその意味について聖書から説き明かしていきました。

ペトロによれば、聖霊の恵みが行き届くとき、たとえ多くの言葉に分かれているような状況があったとしても、それは単なる混乱や分裂では終わらない。若者と老人が夢と幻を見ることができる。将来に希望をもつことができる。違いを乗り越え、神にあって互いに通じ合う世界が生み出されていく、というのです。

逆に、「バベルの塔の出来事」の影響下にとどまるならば、言葉の違い、文化の違い、民族の違い、習慣の違い、性別の違い、世代の違い、このような「違い」が、いとも簡単に対立や争いの原因になってしまうというのです。

しかし、どうでしょう。私たち教会が、「ペンテコステの出来事」の恵みにあずかるとき、イエスさまが最後の晩餐の席上で、「(彼らが)一つとなるように」と祈られたように、一致が父なる神の御心ですから、私たちも聖霊に導かれ、その方に満たされていくと、言葉や文化の違いがあっても、同じ神さまに生かされ愛されている一人ひとりであることを知らされていきます。お互いを必要とし合っている者同士であることを経験させられていくのです。そして、もっと言うならば、ペンテコステの出来事を通して、「キリストの福音の言葉」という、神の民である教会に、「新しい共通語」が与えられたという恵みを発見することができる。その共通語こそが、「キリストの福音の言葉」なのです。

バベルの塔の出来事以来、神の賜物である言葉が、人間の罪によって誤って用いられ、他者を傷つけ、醜く争い、騙し、嘲り、本当に惨めな結果を生み出す道具となってしまった。そのことは今でも続いています。しかし、神さまは、「キリストの福音の言葉」という新しい共通語を人類に与えてくださり、それを大胆に語り伝えるようにと聖霊を与えてくださったのです。

福音という共通語を語る宣教の教会として

ところで、四月二九日、高座教会を会場に日本中会主催の「伝道フォーラム」が行われました。私の記憶では、こうしたことは初めての試みだったと思います。その背景に、高座教会も含め、日本中会に連なる諸教会が伝道活動において苦闘しているという現実があるからです。さらに日本全体を見ても、伝道における「閉塞感」という言葉をよく耳にします。日本の教会には特殊な事情もあるのでしょうが、教勢が延びない現実がかなり深刻さを増しています。

そのフォーラムの開会礼拝で丹羽義正牧師が使徒言行録に出て来るパウロのコリント伝道の際に与えられた幻の言葉、「恐れるな。語り続けよ。……この町には、わたしの民が大勢いるからだ」という言葉から、御言葉を語り続ける、忠実に語り続けるところに、私たちの希望があるのだ、ということを力強く説教されました。

実はコリントでの宣教活動の直前、パウロにとって大きな挫折の経験がありました。それは哲学の都アテネでの出来事でした。私が思うに、アテネでのパウロの働きは、教会の基礎を据えることができなかったという意味で、彼からすれば反省点が多い宣教活動だったと思います。納得のいく成果を上げることのできなかったアテネを後に、パウロは、コリントに向かったのです。したがってコリントでは「一からの出直し」というか、手探り状態での宣教活動だったと思います。そうしたなか、神さまはパウロに先ほどの幻を示されたのです。

「恐れるな。語り続けよ。黙っているな。わたしがあなたと共にいる。だから、あなたを襲って危害を加える者はない。この町には、わたしの民が大勢いるからだ。」（使徒一八・九）

この言葉に励まされ、パウロは一年六カ月の間、コリントに腰を据えて伝道に打ち込むことになります。ここに出てくる「この町には、わたしの民が大勢いるからだ」という言葉は、私たちにも向けて語られている御言葉なのではないでしょうか。

先ほど、「キリストの福音の言葉」という「神の民の新しい共通語」という表現を使いましたが、私たちがその神の民の共通語を語るときに、あのペンテコステの日にエルサレムに集った人々のなかに潜在的神の民がいて、神の民の共通語である「キリストの福音の言葉」に反応したのと同じ出来事が、今でも必ず起こるはずでしょう。

私たち人間は、もともと神のかたちに造られています。そして神のかたちに造られているならば、神に反応するセンサーが、私たち人間の側に備わっている、ということでもあり、もっと言えば、神しか満たすことのできない「隙間」、神にしか癒すことのできない「心の渇き」が、誰にでもあるということです。

アウグスチヌスは、「人は神に向けて造られており、人の心は神に憩うまでは安らぎがない」と言いました。そしてパスカルも、「人の心は神によってしか満たされない空洞が空いていて、神以外の何ものをもってしてもそれを満たすことができない。神によってその空洞が満たされるとき、人は生きる」と語ったと言われます。すべての人が神のかたちに似せて造られているならば、必ず、その深いところに神を求める魂の渇きがあるはずです。

二〇〇〇年前のペンテコステの日に、約束の聖霊が降り、私たち一人ひとりは復活の主の証人とされ、「キリストの福音の言葉」を共通言語とする教会という新しい神の民が誕生しました。私たちは、今、こうした新しい恵みの現実に生かされています。その可能性を心に留めて、聖霊の導きの中で、神の民の共通語である「キリストの福音の言葉」を祈りつつ、丁寧に、根気よく、語り続けていきたい。そのことを通して、宣教の教会として歩んでいきたいと願います。

■主日共同の礼拝説教〈ファミリーチャペル〉　二〇一九年四月一四日

四　あなたは大切な人です

イザヤ書四三章四節

聖書のメッセージ——「あなたは大切な人です」

皆さん、おはようございます。高座教会のファミリーチャペルにようこそお越しくださいました。心から歓迎いたします。

ところで、礼拝ではいつも聖書を読み、聖書からお話をしています。私もここに自分の聖書を持ってまいりました。辞書のような本で、ここには膨大な情報量が収められています。まず聖書について、三つのことをお話しします。

一つは、「聖書」という名称についてです。「聖書」とは英語で「ザ・バイブル」と言います。「バイブル」とは「本」という意味ですが、「ザ」がついてBが大文字になっているということは、「本の中の本だ」ということ、よく言われることは、「世界のベストセラーだ」ということです。

数年前、橋爪大三郎さんの『ふしぎなキリスト教』（講談社、二〇一一年）という本がベストセラーになりました。その頃からでしょうか、「聖書の知識があることは、これからの時代、グローバルな世界で生きていく上での大切な条件である」と言われ始めました。ビジネスであれ、あるいは個人的な交流であれ、聖書の知識があるかどうかによって会話の豊かさが変わってきて、判断力も変わってくると言われます。聖書は本の中の本だ、ということです。

二つ目、では聖書は誰が書いたのか、という問題です。実は、この聖書は、一冊の本ではなく、六六冊、六六巻をまとめて一つに綴じてあるのです。ですからある人は、これは「図書館のようなものだ」「聖書を持って歩いているということは、その人は図書館を持って歩いているのと同じことだ」と語っていました。

この六六巻からなる聖書は、一人の人によって書かれたのではありません。一五〇〇年にわたって書き継がれてきたものです。書いた人の人数は約四〇人。一人ひとりの背景や職業は実にさまざまです。イスラエルの王さまがいます。政府の高官も書いています。祭司もいました。漁師もいます。農夫、羊飼い、医者も書いています。ありとあらゆる背景の人、職業を持った人が、この聖書を書いているのです。

そして最後、三番目の特徴は、そのメッセージの統一性です。今日、お読みしませんでしたが、聖書の中の聖書と呼ばれる言葉があります。それは新約聖書のヨハネによる福音書三章一六節の言葉です。聖書をお持ちの方は、ヨハネ福音書三章一六節をお開きいただけますか。では、ご一緒に読んでみましょう。

「神は、その独り子をお与えになったほどに、世を愛された」という言葉です。「マイ・バイブル」を

郵便はがき

料金受取人払郵便

小石川局承認

6313

差出有効期間
2026年9月
30日まで

112-8790

105

東京都文京区関口1－44－4
宗屋関口町ビル6F

株式会社　新教出版社　愛読者係
行

＜お客様へ＞
お買い上げくださり有難うございました。ご意見は今後の出版企画の参考とせていただきます。
ハガキを送ってくださった方には、年末に、小社特製の「渡辺禎雄版画カレダー」を贈呈します。個人情報は小社、提携キリスト教書店及びキリスト教書センター以外は使用いたしません。
●問い合わせ先 ： 新教出版社販売部　tel　03－3260－6148
email : eigyo@shinkyo-pb.com

今回お求め頂いた書籍名

お求め頂いた書店名

お求め頂いた書籍、または小社へのご意見、ご感想

お名前	職業

ご住所　〒

電話

今後、随時小社の出版情報をeメールで送らせて頂きたいと存じますので、
差し支えなければ下記の欄にご記入下さい。

メール

図　書　購　入　注　文　書

書　　　　　　　　名	定　　価	申込部数

お持ちの方は、ぜひ線を引っ張っておいていただきたい聖書の言葉です。一五〇〇年間にわたって、四〇人ほどの人々、それも多種多様な人々によって書かれたにもかかわらず、最終的には、「神は、その独り子をお与えになったほどに、世を愛された」という言葉に集約できる。ここに出てくる「独り子」というのは、他でもない、イエス・キリストのことです。「神さまはあなたを愛しておられる」というメッセージです。

ところで、先週、みどり幼稚園の入園式がありました。標準保育に二二名の子どもたちが入園してきました。高座みどり幼稚園ではキリスト教保育を基本に保育をしています。しばらくして園での生活に慣れると、日曜日以外も毎週、子どもたちと一緒の礼拝、「週礼拝」を行います。その週礼拝で片桐美穂子先生が、聖書からお話をするのですが、そこでいちばん伝えたいこと、いや、何よりも神さまが、聖書を通して、子どもたちに知ってほしいと強く願っておられることがある。それは、子どもたち一人ひとりが神さまから愛されている、尊い存在なのだ、ということです。

以前、進学のために南林間を離れる教会学校の生徒に、その生徒の教会学校の担任が、本をプレゼントしたのです。たまたまそこを通りかかった私に、「松本先生に、何か一言、書いていただきましょう」と、その本を手渡してこられました。突然のことでしたから、「さあ、なんと書こうか」と考えました。そして、こんな言葉を書きました。

「Aさん、あなたは大切な人です。」

そう書いて、その生徒に渡しました。受け取った彼が、その言葉を読むと、表情がパッと明るくなったのです。その瞬間、なにかが伝わった感じがしました。

実は、その出来事の数日前、私自身が同じ経験をしていました。書斎で本を捜していたとき、『あたたかいまなざし――イエスに出会った女性達』（燦葉出版社、二〇〇一年）というタイトルの本に目が留まり、手に取って、最初のページを開きました。そうしましたら、そこに「松本雅弘様、徳子様、あなた方は大切な人です」と書かれた言葉を見つけたのです。だいぶ前に、著者の島しづ子牧師が書いてくださった言葉でした。実にいい言葉です！「松本雅弘様、徳子様、あなた方は大切な人です」。

しばらくそこから動けなくなりました。立ったまま、その書かれた言葉を、何回か目で追いながら、静かに、ゆっくりと、その言葉の意味を味わったのです。すると本当に不思議なのですが、何か温かなものがジワーッと心に流れてくるような経験をしました。「松本雅弘様、徳子様、あなた方は大切な人です」。

先ほど、分厚い聖書が伝えるメッセージは一つ、神の愛だ、とお話ししましたが、もっと分かりやすい言葉を使うならば、「あなたは大切な人です」という、このメッセージを伝えているのが聖書なのです。聖書を読むときに、神さまからの、この語りかけに気づき、この語りかけを聴くことができたら、本当に幸いだと思います。そして、このことは、子どもたちにとっても真実なことです。

幼少期の課題

デンマークでユダヤ人を母として生まれたエリク・エリクソンという心理学者がいました。幼い頃、母親がドイツ人と再婚したことで、デンマークからドイツに引っ越し、そこで幼少期を過ごすという経験をしました。そうしたなかで彼は、人生の発達段階には、その段階、段階の課題があり、そうした一つひとつの課題をクリアすることで人は成長していくのだ、ということを明らかにしていきました。

エリクソンによれば、生まれたばかりの子どもにとって最も大切な課題は、「信頼を学ぶこと」だといわれます。生まれて初めて触れ合う人との関わりを通して、日ごとに信頼を体得していく。お腹が空いたり、お尻が気持ち悪くて泣くと、ミルクをもらえたり、オムツを替えてもらえる。そしてまた母親や父親、保育者が微笑みながら抱き上げてくれる。そのような触れ合いや関わりから、「ああ、自分はこの世界に受け入れられている、愛されている」という信頼を学んでいくのだそうです。

大人になって思いますが、人を信頼しなければ社会生活は営めません。以前、医者を信頼できない患者さんが、病院を転々とするという話を聞いたことがあります。信頼は生きていく上でなくてはならないもの、信頼こそ、「私たち人間の存在を支えている根っこのようなものだ」と言った人もいます。

付け加えますが、エリクソンはこんなことも言っています。時に幼子は「不信」を感じることもまた大切である、と。ある状況に入り込んでしまったときに、それがどれくらい信頼できるのか、逆に信頼してはならないのかを判断できるようになるために、小さいころ経験する「不信」も役に立つからです。

いずれにしても、専門家が言うには、人が生きていく上で本当に大事なこと、それは次の二つ。「愛されている実感」と「自己価値の実感」だそうです。それが幼い頃、初めて触れ合う人との関わりを通して体得していくものなのだ、と言われます。

確かに、「自分が愛されている」ことを感じると安心できます。「自分に価値がある」と思えば、多少、難しい状況のなかにあっても、前向きに生きていくこともできるでしょう。ですから、これは子どもにとっては勿論ですが、大人の私たちにとっても共通するニーズであり、このニーズが満たされるときに、私たちは幸福を感じるものです。

大切にされないことの悪循環

さて、こうしたことを踏まえて、私たちの社会や周囲を見回すと、どうでしょう。この逆のメッセージ、つまり「大切にされないことの悪循環」が起こっています。

会社の上司から嫌味を言われた。その嫌な思いをもって家に帰って奥さんについ嫌味を言ってしまった。何も知らずにトバッチリだけを受けた奥さんは気の毒です。夫からそうした扱いを受け、ムシャクシャした彼女は、子どもがぐずぐずしている姿に切れてしまった。このような悪循環は、日常生活の些細なところで起こります。悲しいことに、ここにいる私たちは、そうした悪循環やトバッチリの被害者だったり、加害者だったりしているのではないでしょうか。

私たちが生きていく上で本当に必要な心の糧となる「あなたは大切な人です」というメッセージ、あるいは「あなたは大切な人です」という接され方、接し方とは逆のものが、意外と私たちの周りにはたくさんあるように思うのです。

実は、今日は教会の暦では、「棕櫚(しゅろ)の主日」と呼ばれ、イエス・キリストがロバの子に乗ってエルサレムに入城する記念日でもあります。そして今週の金曜日にキリストが十字架で処刑される出来事が起こります。ですから昔から、今日から始まる一週間を、キリスト教では「受難週」と呼んでいます。高座教会でも明日の月曜日から金曜日にかけて、朝の九時半、そして夜は午後八時、この礼拝堂に集まり、苦しみをお受けになった主イエスの十字架への道行きをたどる時をもつ予定です。

聖書のなかに、その時の出来事を記録する箇所があります。さまざまな人々、兵士や祭司長、律法学者などの宗教指導者、そして死刑囚も登場します。そしてそれぞれの人々がそれぞれの仕方でイエス・キリストと出会っています。もちろん「出会い」と言っても、そこには人間のドロドロした感情や怒りが無抵抗なイエスさまに向かってぶつけられていく、私たち人間の心の闇の姿があらわにされています。そうした彼らのことを思い巡らすとき、一つ共通点があることに気づきます。それは兵士たち、宗教指導者たち、死刑囚たち誰もがみな、自分の人生に納得していない。むしろ怒っていた。そしてさらに奥深く、彼らの心の内側を探るならば、そこには深く癒されない「心の渇き」があったということです。

いかがでしょうか？　時に私たちは、いい仕事をすれば、この不安は解決される。みんなに認められるような成果を挙げれば、この寂しさは解消されると思うことがあります。そうやって一生懸命、仕事や何かに取り組むのです。ところが、誰からも分かってもらえない経験をすることがあります。私のこの孤独、寂しさ、虚しさ、心の中の渇きは癒されないのです。

そしてそのようなとき、満たされない思いや怒りが、いろいろなところに向かってしまい、見当違いな争いを起こしてしまう。家族のことを一つ取ってもそうでしょう。いちばん大切にしたい人、すべき人を、大切にできていない現実はないでしょうか。

「わたしの目には、あなたは高価で尊い。わたしはあなたを愛している。」

そうした私たちに対する聖書のメッセージはなにか。それが今日、ご一緒に読ませていただいた聖書の言葉です。もう一度、ご覧ください。イザヤ書四三章四節です。

「わたしの目にあなたは価高く、貴く、わたしはあなたを愛し」とあります。別の翻訳聖書、新改訳聖書では、ここを次のように訳しています。

「わたしの目には、あなたは高価で尊い。わたしはあなたを愛している。」

神さまは、こうした眼差しをもって、私たちの子どもたち一人ひとりの価値を見ていてくださる。存在そのものを見ていてくださる。子どもたちに限らず、私をも見ていてくださるのです。この「あなたは大切な人です」という神さまの語りかけを心に受けとめるとき、自分の尊さに気づき、自分を大切にし、そして人の尊さも分かる者として、人と接することができるのです。

子どもたちは、こうした神さまの眼差しの中で、愛されて育つこと、そして私たちもそのような眼差しをもって見ていてくださる神さまがおられることを、心に留めながら、この一週間、歩んで行きたいと願います。

■主日共同の礼拝説教

二〇二二年二月一三日

五　愛の連鎖——信仰の基本を確認する

ヨハネによる福音書六章一節—一五節

神からの恵み・賜物をどう用いるか——クリスチャン・スチュワードシップ

今日の説教に、「愛の連鎖」というタイトルつけましたが、「信仰生活の基本」の五番目、「クリスチャン・スチュワードシップ」についてお話しさせていただきます。

ご存じのように聖書は、私たちの命や健康、食べ物や着物、金銭や時間はすべて神さまからの恵みの賜物だと教えています。さらに、すべてのものが、「神さまから授かったもの」だとすれば、お互いの祝福のために、被造世界のために、そうした一つひとつの恵みの賜物を、どう生かし、用いていくのかという宿題、課題も一緒にいただいている、と聖書は説くのです。

今日はヨハネ福音書六章に出てくる有名な「パンと魚の奇跡」の出来事を取り上げるわけですが、「クリスチャン・スチュワードシップ」が発揮されていくときに、なにが起こったかをご一緒に見ていきたいと思うのです。

あらすじ

では、最初に、出来事のあらすじを見ていくところから始めたいと思います。一節と二節をご覧ください。

「その後、イエスはガリラヤ湖、すなわちティベリアス湖の向こう岸に渡られた。大勢の群衆が後を追った。イエスが病人たちになさったしるしを見たからである。」（聖書協会共同訳、以下同）

ここを見ますとイエスさまは、いつもと同じように、大勢の群衆に囲まれています。一節の最初に、「その後」とありますが、これはヨハネによる福音書五章全体の出来事を受けての言葉です。聖書をお持ちの方はヨハネ福音書五章の最初を開いていただきたいのですが、この箇所には、洗礼・入会準備会の初回に学ぶ、ベトザタの池にいた三八年間病いを患っていた人の癒しの出来事が記されています。

九節後半を見ますと、「その日は安息日であった」とありますように、主イエスは安息日に癒しの御業を行ったわけですが、それをきっかけに、ユダヤ人との間に安息日をめぐる議論が起こってしまいました。ですから、六章一節の冒頭に、「その後」という言葉が出てくるのは、ベトザタの池での癒し、それに引き続き起こった安息日論争、「そうした一連の出来事の後」、直後かどうかは別としても、そうした出来事の後のこと、という意味です。

主イエスはガリラヤ湖の向こう岸に渡られたわけですが、そうした主イエスの一行を追いかけるように、大勢の群衆がやってきた。それは、主イエスが病人たちになさったしるし、そうした奇跡を目撃したからなのだ、と福音書記者ヨハネは伝えています。実は、同じ出来事を記録したマルコによる福音書を見ますと、「イエスは舟から上がり、大勢の群衆を見て、飼い主のいない羊のような有様を深く憐れ」まれた、と書かれていました（マルコ六・三四）。そのような状況でした。

そうしますと、そこにいた弟子のフィリポに向かって主イエスが次のように呟(つぶや)かれたというのです。「どこでパンを買って来て、この人たちに食べさせようか」と。そう問いかけられたフィリポは考えました。考えた末の答えが、七節に出てきます。「めいめいが少しずつ食べるためにも、二百デナリオンのパンでは足りないでしょう。」

さて、ここで一つ注意すべき点があります。それは主イエスのもともとの問いかけと、それに対するフィリポの答えに微妙なズレがある点です。このとき主イエスは、「この人たちに食糧を提供するためには、どこでパンを買えばよいだろうか」「どこで買えばよいか」と質問しておられる。ところがフィリポは、「どこで？」の問いかけをスルーして、代わりに、「めいめいが少しずつ食べるためにも、二百デナリオンのパンでは足りないでしょう」と答えたのです。

「二百デナリオン分のパン」、二百デナリオンとは労働者の二百日分の賃金です。大変な額のお金です。ですから、フィリポが言いたかったのは、「イエスさま、お言葉を返すようですが、どこで買うか以前に、二百デナリオンものお金がどこにありましょうか。そんな大金、持ち合わせていません！」もっと言えば、「そんなの無理ですよ。考えるの、やめましょう」と言ったのだと思うのです。

すると「やり取り」を聴いていた他の弟子たちが、「どうにかならないだろうか」という主イエスの思いをくみ取ったのかもしれません。あるいは「無理だと分かりつつ、なにもせずに『無理だ』と言うのもなんだから」と思ったのでしょうか、群衆の中に入って、「誰か余分にパンを持っている人はいませんか」と言って、食糧の献品を求め歩き回ったのかもしれません。

パンと魚の奇跡

すると、そこに一つの動きが起こりました。八節です。「弟子の一人で、シモン・ペトロの兄弟アンデレが、イエスに言った。『ここに大麦のパン五つと魚二匹とを持っている少年がいます。けれども、こんなに大勢の人では、それがなにになりましょう。』」

ここでアンデレの強調点は彼の言葉の後半にありました。五つのパンと二匹の魚を見つけはしましたが、「これではなんの役にも立たないですよね」と伝えたかったのだと思います。ところが、「それがなにになりましょう」と説明した、その五つのパンと二匹の魚が主イエスの手に渡ると、「大いに役立つもの」に変えられていったのです。

さて、今日は、「クリスチャン・スチュワードシップ」について考えているわけですが、「クリスチャン・スチュワードシップ」とは、神さまからの恵み、神さまから預かった賜物を管理する務めを指す言葉です。そのためにはまず、「神さまからの恵みはなにか」、あるいは「神さまからなにを預かっているか」を思い巡らし、それを受けとめるところから始める必要があるでしょう。ところが、「預かっているもの」、言い換えれば「恵みや賜物」が見当たらない。見つからないこともあります。かりに見つかったとしても、先ほどのアンデレのように、「こんなものなんの役に立つのか」と考えてしまう誘惑を私たちは経験します。

六節を見ていただきたいと思いますが、フィリポに対して、「どこでパンを買って来て、この人たちに食べさせようか」、そうおっしゃった理由が、「フィリポを試みるため」だった、と書かれている点に注目したいのです。「試みる」というギリシャ語は、四〇日の断食の後、荒れ野で悪魔が主イエスを誘惑したときに使われている言葉とまったく同じです。

聖書によれば、すべてのものが「神さまからの賜物」なのですが、私たちの日に、「なんの役にも立たないもの／粗末でつまらないもの」と見えてしまう誘惑がある。言い換えれば、一つひとつのことを、「神の賜物」と見るのか、「なんの役にも立たないもの」と見てしまうかという「大切な選択」の前に立たされているということなのではないでしょうか。

よく言われますが、「コップに水が半分も入っている」と見るのか、「半分しか入っていない」と諦めるのか。神の賜物と見るのか、それとも役に立たないちっぽけなものと見るのかは、大きな違いでしょう。フィリポや他の弟子たち、そして私たちも、日々の生活で、このような信仰の目、物事をどう見るのか、受けとめるのかを試されるのだと思うのです。

さて、ここで心に留めたいポイントがあります。それは、アンデレが無意識に取った行動を主が用いてくださったということです。このときアンデレは、「こんなものなんの役に立つのか」と考えていたと思います。そのことを主張するために、五つのパンと二匹の魚を持っている少年を主イエスのところにわざわざ連れて行った可能性もあります。ただこれこそがアンデレの賜物でもありました。

八節で、福音書記者ヨハネはアンデレを指して、「弟子の一人で、シモン・ペトロの兄弟アンデレ」と紹介しています。実は、最初にペトロを主イエスに引き合わせたのがアンデレでした。この福音書の一章四一節と四二節に次のように出てきます。

「彼は、まず自分の兄弟シモンに会って、『私たちはメシア――「油を注がれた者」という意味――に出会った』と言った。そして、シモンをイエスのもとに連れて行った。」（ヨハネ一・四一―四二）

それ以降、福音書にアンデレが登場する場面では、必ずといってよいほど、彼は誰かを主イエスのもとにお連れする役割を果たしています。その一つが、今日の場面、「ここに大麦のパン五つと魚二匹とを持っている少年がいます」と、その少年を主イエスのところに連れて行きました。

そしてもう一つ、主イエスが十字架にかかるためにエルサレムに入城した直後、何人かのギリシャ人がやって来て、最初にフィリポに、「イエスにお会いしたい」と頼み込むのですが、頼まれたフィリポは困ってしまいます。「ギリシャ人を御許に連れて行っていいだろうか。断っていいのだろうか……。彼らは異邦人だし……」。そのようにいろいろ考えたあげく、フィリポはアンデレを捜しに行きます。そしてアンデレに相談すると、アンデレは即座に迷うことなく彼らギリシャ人を主イエスのもとに連れて行くのです。

今日の箇所に戻りますが、なぜアンデレが少年を連れてきたのかは分かりません。たぶん、それこそ彼が考えつく唯一のことだったのでしょう。それこそいつもアンデレがしていたこと、アンデレの〈クセ〉、彼の賜物だったのではないでしょうか。もちろん、アンデレ自身、少年が持っていたわずかなパンと魚で、目の前にいる大勢の群衆の空腹を満たせるなど、考えも及ばなかったと思います。しかし、主イエスは、無意識にしていたアンデレの賜物、御自分のところに誰でも連れてきてしまうという、その賜物を用い、連れてこられた少年の五つのパンと二匹の魚という大切な捧げ物を通して御業をなされたのです。

ここに大事なメッセージがあるように思うのです。「半分しか入っていません。役に立ちません」と諦めてしまいたくなるような現実に直面したとしても、その諦めたくなるような現実を、主イエスにそのまま委ねていく。人でしたら主のところにお連れする。問題や課題でしたら、主のもとにそれを携えていく。私はマルコによる福音書九章に出てくる「変貌山での出来事」を思い出しました。主イエスがペトロ、ヤコブ、ヨハネを連れて高い山に登りました。彼らの目の前で主の御姿が変わった、あの有名な出来事です。

そうした素晴らしい出来事が山の上で起こっていた最中、麓では何が起こっていたかと言えば、残りの弟子たちが悪霊につかれた子どもに対し何もすることができず、大勢の群衆につるしあげられていたのです。群衆は弟子たちを囲み、そして弟子たちも一緒になって「どうしたらいいのか。ああでもない、こうでもない」と議論をしていたのです。そこに主イエスが戻られました。そして事情を聴かれたあと、一言、「その子を私のところに連れてきなさい」（マルコ九・一九）、これが主イエスによる問題解決の始まりでした。その子を主イエスのところに連れて行くと、その子は癒され、困難な状況に光が射してきたのです。

私たちは問題や課題に直面すると、「ああでもない、こうでもない」と評論家のように分析し議論します。それも大事でしょう。でも、「ああでもない、こうでもない」と話し合った結果、心の中の思い煩いや不安が解消されるどころか、逆に増幅されてしまうことがよくあります。それに対して主は、「その子を私のところに連れてきなさい」と言われる。「その課題を私のところに持ってきなさい」「その課題を私に委ねなさい」。主イエスはそのように私たちを導いてくださるのです。

今日の箇所でもそうです。五つのパンと二匹の魚しかなく、なんの役にも立たないと思われる現実や問題が、主イエスのところに持ち出された時から事柄が動いて行ったのです。

イエスさまはどうされたでしょう? そのパンと魚を取って感謝の祈りを唱え、座っている人々に分け与えていかれた。アンデレが「なんの役にも立たない」と言った「五つのパンと二匹の魚」を取って祝福した結果、六章一一節と一二節。「欲しいだけ分け与えられ……人々が十分食べた。」新共同訳では、「人々が満腹した」とあります。

アンデレの目から見て、経験豊かな弟子たちの目から見て「役に立たない」と思われたわずかなものが、人々にとって本当に役に立つ、必要に適う物とされていった。しかも、腹を空かしていたのは群衆だけではなかったと思います。弟子たちもお腹を空かしていたに違いない。パンと魚を配りながら、「俺たちの分はあるだろうか」と心配になったかもしれません。でも、一三節。ちゃんと一二の籠、それも一杯になるほど、残った。そうです。主イエスは、十二弟子のこともしっかりと心に留めてくださっていたのです。

愛の連鎖を起こすクリスチャン・スチュワードシップ

以前、教会員の柳沢美登里さんが所属している、「声なき者の友の輪」の先生方に来ていただき、「愛の種まき」というテーマで、クリスチャン・スチュワードシップについて学びをさせていただいたことがありました。そのとき、とても印象に残っているお話に、「愛の種まき」の場合も、それは種だから、しっかりと土の中に蒔かねばならない。人目につく地表ではなく、人目につかない土の中に、しっかりと蒔く必要があるのだ、と教えていただきました。

友人の先生がこんな話をされました。留学中アメリカで出会った日本人のAさんの話です。Aさんは、戦後まもなく渡米し、アメリカ人と結婚したクリスチャン女性ですが、当時は、アメリカでも、結構、生活が厳しかった。必死に働き家族を養ってきた。ところが、ある時、プレスの仕事をしていた日本人の友人が、誤って指を切断し解雇されてしまった。それを知った同じ時期に、Aさんは、この五〇〇〇人の給食の箇所を聖書で読んだ、というのです。Aさんはマルコ福音書のほうで、五〇〇〇人の給食の出来事を読んだのですが、読んだ後、そこに出てくる「あなたがたが彼らに食べ物を与えなさい」という主の言葉が心にひっかかってしまった、というのです。

友人は解雇され、食べ物にも困るほど、経済的に困窮してしまっている。かといって、自分たちも他人様を助ける余裕などない。いろいろな理屈を考えるのですが、それでも「あなたがたが彼らに食べ物を与えなさい」という言葉が頭から離れなかったそうです。

結局、降参するようにして、「イエスさま、分かりました」と申し上げて、家族のために用意していた一カ月分のお肉を気前よく、全部プレゼントしたそうです。そして、相手も日系人なので、「日本人は、すぐにお礼やお返しを考えるけど、もしお礼がしたかったら、周りの困っている人に恩返ししてほしい」と言って肉を渡したそうです。

ところが、しばらくするとAさんにも不思議なことが起こりました。数日後、親戚の人がたくさんの食材をもって訪ねてくれた。それを食べてください、と置いていったそうです。それでその月、Aさんの家も困らずに済んだそうです。そして、話はそれで終わりませんでした。それから一〇年ほどたったある日、このことをすっかり忘れていましたが、ある見知らぬ人が菓子折りをもって訪ねてきたそうです。話を聴くと、その人は、自分が困っていたときにある人に助けられたのだ、という話を始めたそうです。そして、自分を助けてくれた人の話を聴くと、実はその人も別の人に助けられ、その別の人が実はさらにもっと別の人に助けられていた。話を聴いていると、どうやら、「困っていたときに誰かに助けられる」という、「愛のわざの連鎖」で、自分が助けられていることが分かった、というのです。

そして、その人曰く。「自分は、その最初の人に会って、どうしてもお礼が言いたいと思って、助けてくれた人をずっと遡ったところ、どうやらあなたが最初だった。あなたがお肉をプレゼントしてくれたので、その人が別の人を助けて、その別の人が、さらに別の人を助けた。そして私がいちばん最後なんです」と言ったそうです。

私は友人からこの話を聴きながら、これこそ、クリスチャン・スチュワードシップ、愛の種まきの醍醐味だ、と思いました。

「どこでパンを買って来て、この人たちに食べさせようか」、また「あなたがたが彼らに食べ物を与えなさい」と主イエスは言われる。そうしたときに、すでに私たちに主から預かったものがあるかもしれない。それを見て、「なんの役にも立たない、なにもできやしない」と思ってしまうこともあるでしょう。でも、ここに登場する少年のように「なんの役にも立たない」ように感じても、主イエスに差し出していく。さまざまな思いもあったでしょうが、アンデレのように、その状況もすべて含めて、主に委ねていく。すると主イエスは、私たちの捧げるものを受け取って祝福し用いてくださるのです。

私たちも、その愛の種まき、愛の連鎖の中に生かされている。しかもその経験を通して、主の素晴らしさ、主の愛の深さを、さらに味わうことができるのではないでしょうか。私たちも、この大切な働きにあずかる者でありたいと願うのです。

六　悲しみの中でのクリスマス

二〇二三年一二月二四日

エレミヤ書三一章一五節―二二節、マタイによる福音書二章一三節―二三節

「光は闇の中で輝いている」

高座教会の門のところのショーケースの中に、家畜小屋で誕生した主イエスをマリアとヨセフ、羊飼い、そして博士たちが囲んで礼拝している人形が飾られていますが、主イエスが誕生されたベツレヘムにあるルター派教会では、クリスマスの祝いをボイコットしたと報じられていました。

ハマスによる攻撃がきっかけとなって始まったイスラエル軍のガザ地区侵攻は、激しさを増し、パレスチナの人は逃げ場を失い、水や食糧が不足する中、国連は「飢餓の危険」にあることを発表していま す。ベツレヘムの、その教会では、お生まれになった御子イエスを瓦礫の中に寝かせていました。ガザ地区で苦しむ人々との連帯を表明するためです。使徒ヨハネは、世界で最初のクリスマスの出来事を「光は闇の中で輝いている」と表現しましたが、まさに闇の深さを思わせるのが、現代の世界のように思います。

悲しみの中でのクリスマス

今年私たちは、マタイによる福音書を中心に、アドベントの季節を過ごしてまいりました。第一アドベントは、マタイ福音書の一章一節から一七節の系図をご一緒に読みました。神の御子が約束された救い主として、ダビデの家系からお生まれになった。そして第二アドベントは、続く一章一八節から二五節で、聖霊によって身ごもったマリアを妻として迎え入れる、その夫ヨセフの葛藤です。ヨセフは、神さまからの召命として御子の父親、そしてマリアの夫として生きる決心をしたことについて思いめぐらしたことです。

先週の第三アドベントでは、マタイ福音書二章一節から一二節を読みました。宮井岳彦牧師の説教をお聴きしながら、メシアの誕生に際し、本来、誰よりもそのことを喜んでいいはずの「当のユダヤ人」は無関心、無感動、なんの喜びもなかったことを思いめぐらしました。そうしたなか、「救いの対象外」と考えられていた、東方からやって来た異邦人の、しかも星占いを職業とする者たちだけが、大きな喜びに満たされ、御子を礼拝していたのです。それが、預言者が遣わされ、尊い神の言葉が与えられる特権にあずかっていたユダヤの人々の現実でした。

「メシアはどこに生まれることになっているのか」というヘロデの質問に対して、「ユダヤのベツレヘムです」と即座に答え、それも預言者ミカの言葉を正確に引用しながら丁寧に説明できた祭司長たちや律法学者たちは、その御言葉に応答しないのです。説明してお終いなのです。「これは一大事！　私たちの救いの問題だから、外国からやって来た、それも占いの教師たちなどに任せておくことなどできない。さぁ、すぐに参りましょう！」と言って立ち上がってもよかったのですが、動こうとしないのです。今日、説教のアウトラインに書きましたが、ヘブライ人への手紙四章二節が心に浮かびました。新共同訳でお読みします。「わたしたちにも彼ら同様に福音が告げ知らされているからです。けれども、彼らには聞いた言葉は役に立ちませんでした。その言葉が、それを聞いた人々と、信仰によって結び付かなかったためです。」（新共同訳、ヘブライ四・二）聞いた言葉が役に立たなかった。なぜでしょう。その言葉を自分のこととして、信仰によって結び付けて聞かなかったからです。ヘロデの質問に正しく答えたけれど、立ち上がってベツレヘムに向かうことをしなかった祭司長たちや律法学者たちは、そうした御言葉の聞き方をする者の典型でしょう。

ところで、ルカによる福音書のクリスマスストーリーを読みますと、そこには数々の賛美や喜びの場面が繰り広げられています。明るい、喜びの色彩が強いように思います。それに対して、マタイ福音書のほうは、ルカ福音書と対照的なのです。喜んだのは、東からやって来た星占いの先生たちだけだったのです。

系図、ヨセフの葛藤、東方の博士たちから得た情報によって、ヘロデ王の心に不安がよぎる。その結果が、今日、お読みした出来事です。

イエスさまたちはどうしたかと言えば、危うく難を免れ、エジプトに避難します。ただそこでの難民生活も大変だったと思います。そして再び、ガリラヤのナザレへの引っ越しです。次から次へと困難と危険に襲われました。そしてどの出来事一つ取っても、幼子の成長にとってネガティブなものばかりです。世界で最初のクリスマスの出来事には、喜びや明るさよりも、悲しみや暗さのほうが勝っていることを改めて知らされるのです。

いま私は、「悲しみや暗さ」という言葉を使いました。その理由は、私たち人間のイエスさまに対する「拒絶」にあると思います。自分が自分の王様、自分が自分の主人として生きているのが私たちですから……。王の王、主の主として来られたイエス・キリストを受け入れることに対して、とても抵抗感を覚える。それこそがクリスマスの出来事を彩る暗さ、悲しみの原因でしょう。この「拒絶」という視点で、クリスマスにまつわる聖書の記述を読んでいくと、スゥーと読めていきます。生まれた時から、いや見方によってはマリアの胎に宿る時から、もうすでに幼子イエスに対する拒絶がありました。とくに誕生してからは、皆から拒否されています。エルサレムの人々をはじめ、律法学者や祭司長たちの「主イエスの誕生への無関心」、そしてヘロデにいたっては、拒絶の究極である殺意です。幼子の命を抹殺しようと実行に移すのです。このように、最初の飼い葉桶の時から主イエスの歩みは「苦難の僕としての歩み」でした。飼い葉桶と十字架は初めから一つだった、と改めて知らされるのです。

今晩の賛美礼拝でもクリスマスのページェントが行われます。牧師仲間でよく聞く話に、教会学校で生徒たちが聖誕劇をやると、誰がどの役をするかで、結構もめる。女の子たちはマリアさんになりたいし、男の子たちにとっては、羊飼いや博士が人気。そんな中、最後まで決まらないのが「ヘロデ王の役」だと言われます。

何年か前ですが、当時の教会学校の柳澤克彦校長がヘロデを演じてくださったことがありました。物凄い迫力、素晴らしい演技でした。このヘロデ、大人でしたら割り切って演じることができるでしょうが、子どもたちはしたがらない。それほどまでにヘロデは悪役、いや実際にヘロデがしたことは本当にひどかったのです。

でも、どうでしょう。マタイ福音書を通して、私たちの内面を探られるとき、実は「小さなヘロデ」が私の心のなかにいることに、気づかされるのではないでしょうか。この時の「ヘロデの様子」が一六節に出てきます。自分が騙されたことを知って、「激しく怒った」のです。怒りがおさまらないなか、心が不安で一杯になった。そしてついに、「ベツレヘムとその周辺一帯にいる二歳以下の男の子を、一人残らず殺した」のです。

実は、このヘロデ、自分の地位を狙うのでは、と心配になると、平気で家族も殺したことで有名です。パスカルは『パンセ』の中でこう述べています。

「ヘロデが殺させた二歳以下の子どもたちの中に、ヘロデ自身の子どももいたことをローマ皇帝アウグストが知ったとき、こう言った、『ヘロデの息子になるよりは、ヘロデの豚になるほうが安全だ』と」。

そのヘロデが、持っている権力を目いっぱい行使し、国家権力をフルに利用し、か弱い幼子を殺そうとした。ところが聖書は、主の天使がヨセフに現れ、エジプトに避難するように導いた。たったそれだけのことで、これほどまで残忍なヘロデの手から、幼子イエスは逃れることができたのだ、と聖書は伝えるのです。そしてヘロデが死ぬと、ガリラヤのナザレに導かれ、そこで成長することができた。このようにして、父なる神は、御子イエスをしっかりと守られたのだ、とマタイは伝えています。

ヨセフを支えた神の御手の確かさ

今年のアドベントは、マタイによる福音書を読んできましたが、今日の箇所を読んで、改めてヨセフの存在に心が惹かれました。確かに神さまによってイエスさまの命が守られるのですが、その神の手足となって働いたのが他でもないヨセフだったからです。

聖書をお持ちの方は、マタイ福音書一章一八節以下の箇所を開いていただきますと、たとえば二〇節、二一節で「マリアを妻に迎えなさい」「その子をイエスと名付けなさい」と天使を通して示されますと、その御言葉にしっかりと応え、少し後の一章二四節と二五節、彼は「マリアを妻に迎え」「その子をイエスと名付けた」と出てきます。そして今日の箇所でも、こうしたヨセフの姿勢が三度にわたって記されています。一つ目は二章一三節と一四節。幼子を連れてエジプトに逃げ、そこにとどまったこと。二つ目は、二〇節と二一節。幼子を連れてイスラエルの地に帰ったことです。そして最後三つ目は、二二節と二三節に出てきますが、ガリラヤのナザレへ行くようにとのお告げがあると、それに従って行動しています。

この関連で、私は、一四節に心が止まりました。ここに「夜のうちに」という言葉が出てきます。夜のうちに家族を連れてエジプトへと出発したのだ、とマタイは伝えます。ところが、御告げでは、「夜のうちに」とまでは語られていないのです。でもヨセフは夜のうちに行動を起こしたのです。

私は、彼のこのような行動の中に、御言葉が語られた後、自分ができることを一生懸命に考え行動しようとする「ヨセフの主体的な信仰の姿勢」、もっと言えば「神の主権と人間の自由」の見事な調和を読み取ることができるように思うのです。こうしたヨセフの姿勢に、同じ信仰者として学ぶところが大きいのです。

インマヌエルと呼ばれる主が共におられる

まとめに入りたいと思いますが、イザヤ書にこのような御言葉があります。「私の手は短すぎて、贖い出すことができず、私には救い出す力がないと言うのか」(イザヤ五〇・二)、「そんなことはない」と神は言われるのです。

神の確かな御手、力強い確かな御腕が、この歴史を導き、私たち一人ひとりの上にも伸ばされている。その御手の導きの中で、ヨセフもマリアも、そして幼子イエスさまも守られたのだ。そして、今朝私たちが覚えたいのは、この私たち一人ひとりも例外ではないということなのです。

マタイは、そのことを、御子イエスの名が「インマヌエル、神は私たちと共におられる」と呼ばれること。そして、神がインマヌエル、我々と共におられるお方ならば、私たちの人生におけるすべての出来事、私たちの生活のすべての領域、そこにも主イエスが共にいてくださる。不意を突くような場面でも、実は神さまが共におられる。

そして、戦禍の中にある人々と連帯するために、主イエスはそこにも共におられる。だからこそ、ヨセフのように、今、私たちにできること、主が願っておられることを示していただき、平和の君としてお生まれくださったイエスさまのお働きに参与する者として、ヨセフのように、一生懸命考え、主体的に行動する者として、生かしていただきたい。そのことを通して、闇に光を灯すお働きに参与させていただきたいと願うのです。

七　みことばを信仰によって結び付ける

民数記一三章一節―一三節、一七節―二〇節、二五節―三三節
ヘブライ人への手紙一一章一節―一三節、二七節、二八節

はじめに

民数記第一三章は、出エジプトからおよそ一年を経過した時期、約束の地の偵察から帰って来た十二部族の代表たちが、その様子をモーセに報告した出来事を記しています。そしてこののち、今年の主題聖句、「私たちには主が共におられます」という発言がヨシュアとカレブの口から飛び出すのですが、その直前の場面です。

信仰とは何か

さて、今日の箇所を読みますと、偵察隊を遣わすにあたり、モーセは本当にこと細かに指示を与えているのが分かります。そして四〇日間の偵察を終え、帰ってきた彼らのうち、ヨシュアとカレブだけは約束の地に入ることに賛成でしたが、残りの一〇人は反対しました。まったく同じ土地、同じ状況を見

ながら、正反対の主張をする二組のグループがあったという事実を今日の聖書の箇所は伝えているのです。

本題に入る前に、一つだけ確認しておきたいことがあります。一三章二節の言葉です。主なる神は、偵察隊を派遣する前に、カナンの地を「私がイスラエルの人々に与えようとしているカナンの地」と呼んでおられた点です。神がそのように約束しておられたということです。

ところが、一〇名の者たちは、その言葉の約束を現実に適用せず、「御言葉は御言葉、生活は生活」といったような受けとめ方を選び取ってしまった。新約の朗読箇所、ヘブライ人への手紙一一章三節をもう一度見ていただきたいのですが、「信仰によって、私たちは、この世界が神の言葉によって造られ、従って、見えるものは目に見えるものからできたのではないことを悟ります」（聖書協会共同訳、以下同）とあります。これは信仰について教える代表的な聖句です。

「神の言葉」とは、目に見えないもの、しかしこの「目に見えない神の言葉によって、見えるこの世界が創造された。そして、目に見える世界は、目に見えない神の言葉によって支えられていることをしっかりと見抜くべきだ」、もっと言えば、「肉眼で見えるものによって信仰が制限されてはならない。むしろ逆に、信仰によってこの世界やあなた自身、周囲の人々、今あなたが置かれている状況を見ていくように」と励ます御言葉です。

先日、ジャクサの宇宙探査機が月面着陸に成功したニュースが報じられました。そのニュースを見たとき、五五年前、当時、小学校四年生でしたが、アポロ一一号の月面着陸の時のことを思い出しました。

考えてみますと、科学者は自然や宇宙をまずはよく観察するところから始めます。そして、そこに被造物界の秩序、一般的な言い方をすれば、「自然法則」ですが、そうした規則性を発見し、それを数式で表し、仮説を立て、実験を繰り返していきます。そうした作業を経て、発見した法則が確かであることを証明していく作業を繰り返すのでしょう。

ですから、アポロ一一号が月面着陸した遥か以前から、またジャクサの宇宙探査機が着陸に成功しただいぶ前から、科学者たちは、理論上、計算の上では、月に宇宙船を飛ばし着陸させることに成功していたはずです。さまざまな実験を繰り返し、失敗も繰り返し、忍耐強く取り組んだ結果、宇宙探査機着陸の成功につながったのだと思います。ある牧師は、こうした科学者たちの営みが、「どこか信仰の世界と似ている」「信仰を通して物事を見ていく作業と類似点がある」と語っていたことを思い出します。自然界の「法則」は、信仰の世界に当てはめるならば、「御言葉の約束」に置き換えて考えられるかもしれません。ただ大きく異なる点は、聖書は単なる規則集／道徳集ではないということですが、聖書の場合、聖霊が御言葉を用いて私たちに向かって「物語る」という仕方で語りかけ、さまざまな導きや気づき、知恵をもたらしてくださる。そうした一つひとつの導きや気づき、教えによって、この世界を見ていくようにと促されていくわけです。

ちょうど科学者が、観察を通して発見した秩序や法則を、現実世界に適用し、創意工夫を繰り返しつつ、新しいものを生み出していくように、私たち信仰者も、聖書を通して語られ、気づかされたことを、実際の生活の中で生かし、場合によっては、語られた御言葉が真実かどうかを試し、その御言葉を語られる神を、以前にも増して、より強く信頼する私たちへと導かれていくわけです。

ヘブライ人への手紙は、一一章二三節のところから、モーセが信仰をどのように働かせて生きていったかに注目しますが、先ほど読んだ一一章二七節を見ていただきたいのですが、「信仰によって、モーセは王の怒りを恐れず、エジプトを去りました。目に見えない方を見ているようにして、揺らぐことがなかったからです」と書かれています。

モーセにとって、目の前に立つエジプト王ファラオは、ものすごく恐ろしい存在だったと思います。しかしモーセは、目に見えるファラオではなく、目に見ることはできませんが、生きて実在される主なる神ご自身を信仰の目をもってしっかりと見、その方から目をそらさなかった。そして「与えられる報いに目を向け」続けていった。私たちに当てはめるならば、御言葉の約束から目をそらさなかったということでしょう。ですから、今日はお読みしませんでしたが、続く一二章二節、『高座教会七〇年史』のタイトルとなった御言葉ですが、「信仰の導き手であり、完成者であるイエスを見つめながら」、「主イエスから目を離さないでいなさい」というのです。御言葉の約束を信じ、それを日々の生活に適用して生きるように、と教えているのです。

このように考えてきますと、大事なのは、信仰が強いかどうかというよりも、聖書の言葉を聞きっぱなしでなく、生活に生かすかどうかということでしょう。聖書を通して語られる神の約束をしっかりと握り、最善の時にそれを成就される方を信頼し続けて歩むかどうかが大切になるということでしょう。

聖書が教える「不信仰」とは

さて、冒頭で、ヨシュアとカレブ以外の一〇人の偵察隊は、「御言葉は御言葉、生活は生活」と切り離した点に問題があったとお話ししました。この関連で、ヘブライ人への手紙の四章二節を、新共同訳で読ませていただきます。

「わたしたちにも彼ら同様に福音が告げ知らされているからです。けれども、彼らには聞いた言葉は役に立ちませんでした。その言葉が、それを聞いた人々と、信仰によって結び付かなかったからです。」（ヘブライ四・二）

ここで聖書は、「約束の御言葉を生活に結び付けるかどうかは信仰によるのだ」と語っています。裏を返せば、「約束の御言葉を生活に結び付けない場合、それは不信仰につながる」ということでしょう。

いつもお話しすることですが、聖書が教える「不信仰」とは、信仰がないということではありません。礼拝に出席し、奉仕にも参加する。聖書も読みます。しかし不信仰が働くと、物事を見るときに、「そうは言っても」と世間の常識、あるいは自分の考え、目に見える現実で、御言葉の約束に制限を加える、御言葉を割り引いて聞いてしまう。それが、聖書の教える「不信仰」の意味です。

一昨年の中会会議に、当時、東京基督教大学の学長をされていた山口陽一先生がご挨拶に来られました。その時、この講壇に立たれ、「いまや日本の教会は停滞期から衰退期に突入した」と語られました。とてもショッキングな言葉です。その背景の一つに「コロナ」があり、日本の教会、いや日本に限らず海外の教会に大きな打撃を与えたことは確かです。そして専門家たちが、そのように現状を正しく分析することは必要なことですし、大事なことでしょう。

しかし忘れてはならないのは、一方で聖書は、「この町には私の民が大勢いる」「収穫は多いが働き手が少ないのだ」と語りかけている。使徒パウロが語った、「御言葉を宣べ伝えなさい。時が良くても悪くても、それを続けなさい。」（Ⅱテモテ四・二）という御言葉に出会うのです。こうした聖書の約束や勧めの御言葉を、それを聞く私たちが生活の中でどう生かし、教会の働きの中にどう結び付けて聞いていくのかが、今の私たちに問われているように思います。

くしくも今日はカンバーランド長老教会の創立記念日です。一八一〇年二月四日、カンバーランド長老教会は産声を上げました。それから一〇〇年以上経った一九四七年一月一九日、この地において、地域の方々の心の拠り所となるようにと、私たち高座教会の宣教の働きが始まりました。先週の木曜日、みどり幼稚園の鈴木裕美園長が、一通のメールを転送してくださいました。お知り合いの石川県の七尾教会牧師、七尾幼稚園園長の釜戸達夫牧師からのメールです。

そのメールには被災状況が細かく報告され、そして高座教会のことにも触れてありました。私たちの義援金が、釜戸先生のところにも届けられることを期待したいのですが、メールの冒頭に、こう書かれていたのです。

「高座みどり幼稚園、鈴木先生、懐かしい高座教会のみどり幼稚園の園長先生からメールをいただき嬉しく思います。学生時代の中央林間での生活や、立川教会の礼拝に間に合わないと思ったときに、こっそりと礼拝に出席させていただいたことなど、懐かしいです。選挙の時に、南林間のお風呂屋さんに行く途中、『キリストの町の皆さん！』という選挙宣伝カーの呼びかけに、衝撃を受けたことなど、本当に懐かしい思い出です。」

四〇年前の出来事です。私は、これを読んで被災された地域の方々や教会への支援、そして祈りを絶やさずにいたいと思わされたのは言うまでもありませんが、別の意味での責任をも感じたことです。それは、クリスチャンでない方、教会員でない方が南林間の住民に向かって「キリストの町の皆さん！」と呼びかけていた事実を知らされたからです。

昨年の賛美礼拝に、街の方々がたくさんお見えになりました。三月に高座みどり幼稚園の卒園式が予定されていますが、延べ六〇〇〇人以上の卒園者がこの地域で活躍しています。そして現在も二〇〇人の子どもたちが日々、園生活をしています。そうした二〇〇人の子どもたちの背後には二〇〇のご家庭があり、お祖父ちゃん、お祖母ちゃんを加えるならば、潜在的な求道者と言い切れるかどうかは別としても、教会に関係ある人の数は測りしれません。

先週ですか、私たちは三月で離任しますので、妻は柴田主事から預かった求道者の名簿の整理をしていました。なんとその名簿には五〇〇〇名を超える方たちのお名前が載っていました。柴田さんが主事になられてからの名簿ですから、およそ二〇年間に礼拝や集会に参加して、お名前を残してくださった方たちのリストです。その中には洗礼を受け教会員になられた方、すでに天に召された方、その他、懐かしい方たちのお名前もたくさんありました。

先ほどの宣伝カーからの声もさることながら、私たちの教会は、高座教会ならではのユニークな恵みの現実があることを改めて知らされます。そうした現実を、一般論ではなしに、信仰の目をもって、また御言葉のレンズを通して、しっかりと見ていくこと。それが、私たち高座教会の者たちに神さまが期待しておられることなのではないかと思うのです。

神学生たちと一緒に学んでいる教科書、『牧師――その神学と実践』（W・ウィリモン著、新教出版社、二〇〇七年）に、旧約学者のウォルター・ブリュッゲマンが、牧師に向かって語った励ましの言葉が出てきました。牧師とは「恵みに名をつける務めを担った者である」「アッ、ここに神さまの恵みがある。ここにも神さまの御手の働きがある。さあ、ご覧ください」と言って、「教会の兄弟姉妹たちが、生活のなかの出来事・恵みに注目できるように、それらを見つけ、それらに正しく名をつける働きをする者だ」というのです。どこか、先ほどの科学者の働きに似ていますね。科学者たちが、見えない自然界に秩序や数式を見出し、発見した数式を現実世界に適用し、新たな何かを生み出す。同様に牧師たちも、世界の至る所で、すでに生きて働いておられる神さまの恵みの御業を、信仰の目、御言葉のレンズを通して見いだし、その恵みの御業に目を留められるようにと、数式の代わりに、説教という仕方で言葉化する、これが牧師の務めであり責任だと言う。私はブリュッゲマンのこの言葉に出会ったとき、襟を正される思いになりました。

ただ、考えてみますと、このことは牧師に限られたことではなく、私たちクリスチャンすべてに必要なこと、求められていることなのではないかと思うのです。日々の生活の中に、なかなか見えにくい状況がある。しかし、信仰によって御言葉のレンズを通して物事を見ていくときに、そこには必ず生きて働いておられる神さまの恵みがあるはずです。それを一つ、また一つと見つけ出していく。そして意識化する。場合によっては、具体的に証しという言葉で分かち合い、祈りや賛美を通して、恵みの神さまに感謝していくのです。こうした営みこそが、私たちの信仰生活を豊かに、また深くするものでしょう。

しかし実際は、と言いますと、その逆をしてしまうことが多いように思います。つまり目に見える現実を優先し、御言葉が約束しているにもかかわらず、その約束を割り引いて聞いてしまいたい誘惑を経験する。常識やその時の気分で御言葉の約束に立つことを躊躇してしまうからです。

最後に、もう一度、民数記に戻りたいのですが、ヨシュアとカレブ以外の一〇人の偵察隊の姿は正に、私たちにとっての反面教師です。御言葉の約束に立たなかったとき、彼らの目に、何がどのように映ったかを民数記は率直に伝えています。二七節から二九節をもう一度、ご覧ください。

ここを読みますと、神さまが用意されたその土地は、彼らの目に「よい地」とは映らず、「民は強く、町は城壁に囲まれ、とても大きいのです」と嘆いたように、「(土地の)良さ」の代わりに「民の強さ、大きさ、城壁の堅固さ」しか目に入って来なかった。目の前の現実に向かい合ったからでしょう。こうなってくると私たちは悪く悪く考えるものです。不安が先立ち、「最悪のシナリオ」が心の中で動き出します。その結果、「もう自分たちの入り込む余地はない、もう手遅れ」という見方が心を支配しています。確かにそこはよい地なのですが、「すでに住民が多く、自分たちイスラエルの民の住む余地がない」とモーセに訴えています。その様子が二九節に出てきます。

そして三三節、最後は「自分は駄目」という行き着くところまで行ってしまう。「私たちの目には自分がバッタのように見えたし、彼らの目にもそう見えただろう。」彼らに比べたら、「バッタ」のようにしか見えない、自分は本当にちっぽけな存在に過ぎない、そう思った、というのです。

「自分は過去に失敗した、だから駄目。人と比べ賜物がない、だから無駄だ」。落ち込みのスパイラルに入ってしまう。でもどうでしょう？　そうしたときこそ、前回お話ししましたように、主イエスが十字架にかかってくださり、私たちのマイナスをプラスにする「大きなマイナス」となってくださった。つまり弱い者であることが分かったからこそ、強い神さまの助けを求めるように導かれ、ぶどうの木であるキリストにしっかりとつながろうという強い思いをいだくのではないでしょうか。だからこそ福音なのです！

科学者が自然の法則を割り引き、神の創造の秩序を曲げる人たちだったら、決して月に宇宙船を飛ばすことはできなかったでしょう。コンピューターやＡＩを生み出すことも不可能だったと思います。彼ら科学者たちは、神の創造の世界に秩序を見出し、粘り強く実験を繰り返し、創意工夫し、それを現実世界に適用することで「新しいもの」を生み出していった。ですから私たち信仰者も、神から与えられた御言葉によって足元を照らされ、その御言葉の光を頼りに日々の歩みを進めていくのです。

御言葉を信仰によって結び付ける

今年、私たち高座教会の主題聖句は「私たちには主が共におられます」というものです。たしかに、私たちの周囲を見渡すと、神が生きて働いているとは思えない現実が、私たちの目に飛び込んでくるかもしれません。でも、そのようなとき、主イエスがお語りくださったように、しばらく立ち止まり、一呼吸おいて、主の御言葉を思いめぐらしたいのです。

主イエスは、心配し思い煩う私たちに向かって、「空の鳥をよく見なさい、野の花がどう育つか、注意してご覧なさい」と説かれます。主のその促しに従い、まずはこの眼で、しっかりと空の鳥や野の花を観察する。「こうした小鳥たちも、そしてこれらの草花も、たしかに種も蒔かないし、刈り入れることもしていない。人目につかずに咲いて散っていく野の花が、実に美しく装われている。」

そうです。主イエスがおっしゃる通りなのです。「まして、あなたがたにはなおさらのことではないか、信仰の薄い者たちよ」（マタイ六・三〇）、主はそのように私たちの心に語りかけてくださる。こうして私たちは、主の語りかけ、主の御言葉のレンズを通し、この世界を見ていくときに、空の鳥や野の花の背後で、彼らをしっかりと支え養う、限りなく優しく確かな御手があり、その同じ御手によって私たちも守られている。またこれからも守られることに気づかされるのではないでしょうか。

先月末の「みことばメール」で書かせていただきました。主イエスが、弟子たちと舟に乗って向こう岸に渡ろうとなさったとき、突風が起こり、舟が沈みかけてしまった。弟子たちは慌てふためきました。しかし主イエスは平安のうちに熟睡しておられました。なぜでしょう？　主イエスは父なる神を信頼し、信仰の目をもって、そのお方を見ていたからです。

私たちに、聖書が与えられています。その字面を追うだけでなく、頭だけでもなく、それを心に、そして肚に落とすようにして味わい、その御言葉を信仰によって私たちの日々の生活に結び付けて生きていく。それこそが神さまが願っておられることであり、私たちを感謝と喜びへと導いていくものだからです。

二〇二四年三月三一日

八　新たな出発――舟の右側に網を打ちなさい

ヨハネによる福音書二一章一節―一四節

ティベリアス湖畔にて

人には思い出したくもない失敗がいくつかあると思います。この時のペトロもそうでした。三年間生活を共にし、導かれたイエスさまのことを「そんな人知らない」と三度も否定してしまったことでした。最初から自他ともに認める弟子集団のリーダーとして歩んで来たペトロでしたが、この失敗によって「もうダメ。自分はやっていけない」と感じていたことだと思います。

ところで、ヨハネによる福音書によれば、ペトロが復活の主イエスとお会いしたのは最初ではありません。そうした復活の主との再会はペトロにとっても大きな喜びだったはずです。でも、主を拒んだがゆえに、手放しで喜べない後ろめたさを覚えながらの出会いだったのではないかと思います。この時の舞台は、イエスさまの十字架と復活の出来事があったエルサレムではありません。ティベリアス湖畔です。「ティベリアス」とはガリラヤ湖の別名です。

この日はペトロの先導によって、七人の弟子たちで夜明け前に漁に出たのです。ところが、残念なことに収穫はゼロ。疲れを覚えながら岸に向かって舟を漕いでいますと、湖畔に見知らぬ人が立っています。夜明け前ということもあり、辺りはまだうす暗く、それが誰であるかすぐには分かりませんでした。

そう言えば、マグダラのマリアの時もそうでした。復活の主イエスと出会ったとき、すぐに主だとは分かりませんでした。エマオ途上の弟子たちの時もそうです。聖書の記述からすると、私たちが復活の主と認識するためには神さまから目を開いていただく必要があるようです。

話を元に戻しますが、湖畔に立つ見知らぬ人物が、疲れて戻って来るペトロたちに呼びかけました。「舟の右側に網を打ちなさい。そうすれば捕れるはずだ。」（ヨハネ二一・六）と。この時点でも、その言葉の主がイエスさまだと分かっていなかったと思います。しかしどういうわけか、こうしたことに関して弟子たちはとても従順でした。言われるままに網を降ろす。そうしますと、網が張り裂けんばかり、舟はその重さで沈みそうになるほどの大漁となりました。弟子たちは驚嘆したのです。

本当に不思議で考えられないような大漁を経験した直後、湖畔で待ち構える人物が復活の主イエスであると最初に気づいたのが、「イエスの愛しておられたあの弟子」と記されている、この福音書を記したとされるヨハネでした。

最初に主だと分かったのがヨハネであれば、それを知って最初に飛び込んだ、すなわち最初に行動に出たのがペトロでした。漁をしていたために上半身裸だったのでしょう。ペトロは急いで上着を羽織って湖に飛び込みました。

一つの出来事に対して、まったく対照的な行動に出たペトロとヨハネの二人のことを考えてみますとき、私たちの主イエスというお方は、まったくタイプの異なる弟子を、同時に召されるお方であることを改めて知らされるのではないでしょうか。

互いの違いを比べては優劣を競い合わせる今の時代にあって、タイプの違った者たちをそのままの姿で受け入れ、愛してくださる。そうしたお方こそが、私たちの主イエス・キリストであることを改めて知らされ、本当に感謝な思いにさせられます。今日、この礼拝に集う私たち一人ひとりに対しても同じような眼差しを送っておられるからです。そして、このことは同時に、私たちにとってものすごくチャレンジングな事実であるように思います。

在れ!

ここ一カ月あまり、壮年会や女性会をはじめ、温かな送別会をしてくださいました。しみじみ高座教会の皆さんと一緒に、信仰生活を歩んでくることができた幸いをかみしめています。考えてみますと、今まで日曜日ごとに、リニューアルされた高座教会の礼拝堂で、共に信仰生活を歩んでくることができた皆さんと、こうしてご一緒に、主日の礼拝を捧げるのが当たり前でしたが、もはや私たち夫婦にとっては当たり前ではなくなる。そう考えますとなんとも言えない寂しさを感じます。

今月、あるオンラインの集会に参加した際、詩編四六編一一節、「静まれ、私こそ神であると知れ」という御言葉を静かに思い巡らす時が与えられました。一つの短い聖句を二〇分から三〇分かけて味わう。一つひとつの言葉を削るようにして、最後、導き手の先生は、「在れ」という言葉を静かに読まれました。日本語の聖書だと分かりにくいのですが、詩編四六編一一節、「静まれ、私こそが神であると知れ」という御言葉は英語ですと、"Be still, and know that I am God." と、最初に "Be"、すなわち「在れ／存在しなさい／居なさい」という、それも命令形で語られているのです。

木曜会で妻はこのことを証ししていましたが、その日、それこそが、主からの語りかけの言葉として聞き、とっても励まされたのです。

以前、コリントの信徒への第一の手紙一二章から「主にある交わり」について学んだとき、人に向かって「『あなたは要らない』と決して言ってはならない」とお話ししたことがあります。神さまが、私たち一人ひとりを御心のままに招いて、体の一部としてくださっているわけなのです。ただ自分が鼻なのか口なのか、目なのか、そうした主が一人ひとりをどこに置かれるかを受けとめるまで、私たち誰もが経験することですが、ときにはギクシャクが起こるのだと思います。

しかし、そのギクシャクを通して、私たちがすべきことは、私たちすべての者を招いてくださった主を見上げる。主に向かうことが大事なのだと思うのです。とくに、今年に入ってから、自ら経験したことを通して、そのことを強く考えさせられたことでした。

再び、今日の箇所を見ていただきたいのですが、ここでペトロは泳いで岸を目指しました。それに対して彼以外の六人の弟子たちはどうしたでしょう？　大漁ではち切れそうな網を引きずるようにして舟を漕いで岸にたどり着くのです。主イエスのもとに行くという目的は同じです。しかし、主のもとに行くときのやり方が人さまざまなのです。私たちは、この目的と手段を混同するときに、教会はギクシャクすることが起こるのだと思います。

主イエスの優しさ

さて、彼らが岸にたどり着きますと、そこには焼き魚とパンが用意されていました。しかも火も熾してあった。いかがでしょうか?

彼らが、この時、経験したのは、「たくさんの魚が獲れた」ということだけではありませんでした。夜通し働いていましたからお腹はペコペコ。疲れも覚えていました。朝の冷たい空気にさらされていたことでしょうから、体も冷え切っていたに違いない。イエスさまというお方は、疲れた体でお腹を空かせていた彼らのために焼き魚と温めたパンとを用意して待っておられた。そして冷え切った体を温めるための炭火まで熾して待っておられた。この時彼らは、主の、こうした優しいもてなしを受けたのです。

そして、この時のペトロは、イエスさまを三度も拒んだわけで、そのことできちんと主に向き合い、謝罪も何もしていない中途半端な状態です。ですから彼からすればわだかまったままで、決して心の中は晴れていない状況でした。

ところが、主イエスが用意された焼き魚とパンの朝食、冷たい体を温めるために熾してくださったたき火、そしてまた、先ほどの大漁の奇跡、その一連の出来事、この時の経験は、まさに弟子としての原点を思い出させ、三年間のイエスさまとの生活で、体で覚え込まされた大切な生き方、イエスさまに従うことこそ祝福の道なのだ、という生き方を呼び覚ます出来事となったのではないかと思うのです。

そして同時に弟子たちの必要、それもこの場において、生きて行くに必要なものをもって支え、人生を祝福してくださる主の優しい愛にもふれたのではないでしょうか。復活の主イエスは、弟子たちのために食事を備え、火を熾していてくださるお方だからです。

私は、この説教を準備しながら、パウロが、コリントに宛てて書いた手紙の一三章の「愛の賛歌」と呼ばれる一節を思い出しました。「愛は忍耐強い。愛は情け深い。妬まない。愛は自慢せず、高ぶらない。礼を失せず、自分の利益を求めず、怒らず、悪をたくらまない。不正を喜ばず、真理を共に喜ぶ。すべてを忍び、すべてを信じ、すべてを望み、すべてに耐える。／愛は決して滅びません。」（Ⅰコリント一三・四―八）。

この「愛」という言葉を「イエスさま」と置き換えて読むと、主イエスが迫って来るように思います。ペトロや他の仲間の弟子たちに、そして私たちに対しても、イエスさまというお方は、忍耐強く、情け深く、謙遜で、怒って脅すようなこともせず、私たちを信じ、望み、耐える、大きく深く長く高い愛をもって愛していてくださるということです。

考えてみますと、行き詰まりを経験していた弟子たちを導かれたのはイエスさまでした。「舟の右側に網を打ちなさい」と言って、大漁を導いてくださったのは、他でもない主イエスなのです。私たちの主イエスは、その時、その時、私にとって必要な、また事態を打開するような導きを、聖書の言葉を通してお与えくださるお方なのではないでしょうか。主イエスは御言葉を与え、その御言葉に従うときに、私たちを生かしてくださるからです。ここに私たちクリスチャンに与えられた信仰生活の基本があるように思うのです。主が御言葉を語り、それに従うときに、私たちは本当の意味で命に生きるからです。

新たな出発を導かれる復活の主イエス

一二節をご覧ください。主イエスは弟子たちに向かって、「さあ、来て、朝の食事をしなさい」と言われました。このとき誰も、「あなたはどなたですか」と聞く人はいませんでした。

ある牧師が語っていましたが、「この言葉、この仕種で、彼らはかつての、懐かしいイエス・キリストと共にある食事を思い起こしたに違いありません。イエス・キリストはパンを取って弟子たちに与え、魚も同じようにされました。彼らは、至福の時を経験したことでありましょう。これは、あの厳粛な『最後の晩餐』とは違う、復活の主による希望に満ちた新しい宴、言い換えれば『天国の宴』を指し示しているようです。」

私たちは、この後、共に聖餐にあずかります。それは私たちが天に挙げられるとき、そこに私たちの席が用意され、私たちよりも一足先に引っ越していった、愛する家族や仲間たちと共にあずかる祝福の宴を指し示している。この時のガリラヤ湖畔での朝食も、まさにそのようなものだったのではないかと思います。

私たちは日々の生活において、この時の弟子たちのようにさまざまな失敗や挫折を経験するかもしれませんが、決して主から目をそらしてはいけない。いや、復活の主が私たちに先立って私たちを待っていてくださり、言葉をかけ、道を示し、食卓や焚火を用意していてくださる。そこに私たちの新しい出発、何度も何度もやり直すことのできる恵みが備えられていることを覚えたいと思うのです。

二〇二〇年三月二二日

九　善い業を行うために

出エジプト記三章一節―一二節、エフェソの信徒への手紙二章八節―一〇節

私は何者なのか

使徒言行録七章には、エルサレム教会の執事ステファノの殉教の出来事が記されています。その殉教に先だって、ステファノは説教しています。その説教でステファノは、モーセの生涯に触れ、モーセは「四〇歳になったとき、……兄弟であるイスラエルの子らを訪ねてみようと思い立」った（二三節）と語り、さらに、その四〇年後に、「シナイ山の荒れ野において、柴の燃える炎の中で、天使がモーセの前に現れ」た（三〇節）と、今日、読んだ出エジプト記三章に出てくる出来事を伝えています。そしてモーセが四〇歳で、さらに八〇歳で経験した二つの出来事をステファノは、「『誰が、お前を監督や裁き人にしたのか』と言って拒んだこのモーセを、神は柴の中に現れた天使の手を通して、指導者また解放者としてお遣わしになったのです。」（三五節）と総括しています。

今日、按手式、就任式のためにお読みした旧約聖書の箇所、出エジプト記三章は、実は宮城献伝道師の教職者試験の課題聖書箇所であり、さらに、二月の中会会議の礼拝でも、宮城伝道師は、それに続く

箇所から説教してくださいました。その時の伝道師の表現を使うならば、「お前はいったい何者なのか（Who are you ?）」と問われたモーセが、神から召命を受けたとき、「Who am I ?（私はいったい何者なのでしょう）」と自問するモーセに変えられていったのだ、ということでした。考えてみましたら、これはモーセにとってのとても大きな変化です。

四〇歳まで、エジプトファラオの暮らす宮殿において、王族の一員として生活していました。先ほどのステファノは、「エジプト人の知恵を尽くした教育を受け、言葉にも行いにも力ある者」となったと言い表していましたが、まさに王子として、当時の最高の学問に触れる機会に恵まれていたのです。今でいう「帝王学とそのリーダーシップ」の学びを修めたのでしょう。その後、ご存知のように荒れ野に逃亡し、四〇年間、羊飼いとして暮らした。この時の羊飼いとしての経験が、この後、出エジプトを導くに必要な具体的ノウハウを習得する機会となったのかもしれません。

いずれにしても、神さまは、ある目的をもってモーセを召し、そのモーセを生涯かけて、ご自身の栄光のために訓練の機会を提供し、育てようとなさった。そして、こうした神さまのお取り扱いは、今日、按手を受ける宮城伝道師にも当てはまることでしょう。

先ほどお読みいただいたエフェソの信徒への手紙二章一〇節には、「私たちは神の作品であって、神が前もって準備してくださった善い行いのために、キリスト・イエスにあって造られたからです。それは、私たちが善い行いをして歩むためです。」と記されていますが、神さまは、私たちそれぞれに「善い行い・善い業」、ユニークなミッションを準備しておられるからです。

若い頃のモーセが、ヘブライ人というアイデンティティに目覚め、自らがリーダーであるとの自覚で振る舞った際、周囲は彼を受け入れなかった。逆に「お前はいったい何者なのか」と拒絶される経験をしました。しかし四〇年にわたる荒れ野での羊飼いの生活を通し、出エジプト記三章一一節では、「私は何者なのでしょう」と神の前に問い、自らの心に問いかけている。「問い」が深まる経験をしたのです。

神さまというお方は、ご自身が召した者たちを、その召しにふさわしく整えてくださる。私たちへの愛のゆえに、決して手を抜かない、手を緩めない神さまの姿勢を知らされるのです。

出エジプト記三章一一節以降を読み進めていきますと、召命をめぐっての主なる神とモーセのやり取りが始まります。とても興味深いやり取りです。その中でモーセ自身の課題がさらに取り扱われていく。召しに応答することを躊躇するモーセに対し、主なる神は、「私はあなたと共にいる。これがあなたを遣わすしるしである」と言ってくださる。それだけではありません。そのことを証明する三つのしるしまで提示してくださった。でもモーセは納得しないのです。

「自分には賜物がない。時ではない。相応しくない。信頼関係ができていない等々」、いろいろなことを分析し、説明し、ありとあらゆる理由づけをするのです。つまり「従えない理由」をたくさん挙げるのです。でも、そうしたモーセの心の奥深くを探ると、従えないのではなく、従いたくなかったのではないでしょうか。結局、彼は行きたくなかった。そこにモーセの本音があったように思うのです。

私たち、主の働き人も同じなのではないでしょうか。祈りの中で、「ああでもない、こうでもない」

と言って、主の導きに応答しない。それに対し主は忍耐をもって、受けとめ、耳を傾け、導きをくださる。でも、最後の最後に問われることは何かと言えば、「結局、あなたは、私のために行くの、行かないの。どっち？　私のために引き受けてくれるかい」と聞かれる。神さまとモーセのやり取りは、そのようだったと思います。

このあとの箇所を読み進めていきますと、興味深いことを発見します。それまで忍耐をもって受けとめておられた神さまが、突如、モーセに向かって怒られるのです。それはどんな場面かと言えば、モーセが最後の最後に、「ああ、主よ。どうか他の人をお遣わしください」と語ったときです。そのときに「主の怒りがモーセに向かって燃えた」と、四章一四節に記されています。

しかしそれでも神さまは、その頑なモーセを退けることをなさらなかった。モーセに助け手としてアロンをお与えになる。そしてそこで初めて、モーセは神からの召命を受けとめ、動き始めたのです。

神が備えられる「善い業」

私は、面白いな、と思いました。「私が、あなたの口と共にあって、行こう」と主がおっしゃったとき、モーセは「行かない」と言った。ところが、「有能な仲間であるアロンを与える」と聞かされると、そこで初めて、「はい、行きます」「はい、行けます」と答えた。これがこの時点での信仰者としてモーセの課題だったのではないでしょうか。

神さまを知らない。全知全能のその方をとことん見ていない。だから自信が出てこない。アロンの素晴らしさが見えても、神の偉大さに目が開かれていないのです。もちろん、神さまは助け手を与えてくださいます。信仰生活は決して一人で送るものではありませんから。信仰共同体の仲間と共に歩んでいくのは大前提です。

しかしそうではあったとしても、信仰者に求められるのは、たとえ有能な助け手が与えられたとしても、その助け手が私に代わって神に応答するのではないのです。孤独かもしれない。でも祈りの中で私自身が神さまと直接やり取りしていく領域があるのです。

私自身、宮城さんが召命を受け、そして神学校に送り出して以来、神さまが宮城さんのために備えておられる「善い業」、ユニークなミッションって何だろうと考えてきました。私は高座教会の担任牧師をしていますから、TCU（東京基督教大学）を卒業したら留学など行かず、そのまま高座教会に残ってくれたら、どんなにか助かることか。また教会員も安心することだろうと思っていました。ただ一方で、神さまが宮城伝道師のために備えておられる「善い業」とは何か、と考えてきたのです。そのようにして宮城伝道師と関わりを持たせていただきながら分かったことは、宮城さんの志、すなわち神学教師としての志の火が消えないということでした。ある時は、少し意地悪く、一生懸命、水を差すようなことを申し上げましたが、でもブレない。

そうしたなか、私はある時点から、〈やはり神学教師として準備していくことが、宮城伝道師に与えられた召しなのではないか〉、そして〈御心ならば神学教師として、今後、どのようなかたちか分からないが、日本中会、いや日本の教会に仕える器として、神さまは宮城さんを用いてくださるに違いない〉、〈いや、ぜひ用いてください〉と祈りが少しずつ変えられていく経験をしてきました。

聖書によれば、神さまが事を進める際にお用いになるのは私たち、「人」です。人を通して働かれる。神さまは宮城伝道師を「前もって準備してくださった善い行いのために、キリスト・イエスにあって造」り、生かしておられる。そして宮城さんが、その「善い行い」に生きることができるように、時宜にあった助け手を与えてくださる。

私の小さな経験で言えば、教会の兄弟姉妹、そして信仰の先輩方が、助け手でした。もちろん、妻や家族もそうです。そうした人たちに祈られ、支えられ、牧師として、今もどうにか続けることができている。宮城伝道師の賜物の一つは謙虚さだと思います。いつも人に学ぼうという姿勢がある。これは本当に大切なことです。伝えたくても、相手に学ぼう、聞こうという姿勢がなければ、継承や伝達は不可能だからです。

いずれにしても、神さまは、人との出会いやさまざまな出来事を通して必要な訓練をお与えになります。与えたり取り上げたりすることを通し、最終的にはご自身に拠り頼ませ、そのご計画の中に尊い器として宮城伝道師を用いようとされているのだと思います。

ですから、モーセのように、王宮で能力を磨くこと、そして羊飼いとして荒れ野で経験を積むことはとても大切なことでしょう。でもそうした事柄が活かされ実を結ぶために、もっともっと心を留めなければならないこと、それは神さまとの徹底したやり取り、神さまと交わっていくことでしょう。その結果、恵みとして与えられる「履物を脱がされる経験」（五節）だと思います。

エリザベス・バレット・ブラウニングはこんな詩を書いています。
「この地は天で満ちている／どの普通の柴も神の火で燃えている／しかし、それに気づく者だけが、履物を脱ぐ／他の者は、ただその周りに座り、木苺を摘む」（中村佐知訳）
毎週の共同の礼拝において、そして日々の祈りの生活において、聖なる神の臨在に気づき、履物を脱ぐ経験をさせていただく、そのようにして、神との出会いを経験していく。神さまには、宮城伝道師にぜひやってほしいという願いと、そうさせたいという意志がおありですから、宮城伝道師としては、生涯かけて神の声を聞き続け、「御心がなりますように」と祈るだけではなく、その祈りに生きていくことを求めていただきたいと願っています。

■生島陸伸牧師葬礼拝説教

十　あるがまま、そのまま

二〇二二年六月一七日（土）

コリントの信徒への手紙Ⅱ四章一節－一五節

今週の月曜日、一三日の夜の一一時前でした。生島嗣さんから生島陸伸牧師召天の連絡をいただきました。すぐに支度し、妻と柴田裕主事とで「シャロームつきみ野」に向かいました。

綾子先生、ご家族のみなさまに囲まれ、最後の戦いを終えて、ホッとしたようなお顔でベッドに寝かされている生島先生とお会いしました。詩編二三編、そして「シメオンの祈り」を朗読し、臨終の祈りを捧げました。九三歳。死因は盲腸がんだったそうです。

生島陸伸先生は、一九二九年四月九日、花火職人の生島文雄さん、絹江さんご夫妻の一人息子として大分県別府でお生まれになりました。

中学生の時、父親の文雄さんから、早く職業につける工業学校に進学するように勧められたのですが、色覚特性だったために入学が認められず、第二志望の師範学校からも同じ理由から入学許可は下りませんでした。ちょうどそのような時期、友人の誘いで遊びに行った先が教会でした。そこには、たまたま近所の工事中の家から預けられた卓球台があったからです。以前からキリスト教はどうしても鼻につくと感じていましたが、ただ一緒に卓球をしてくれた若い伝道師には親しみを感じました。さらに、神さまの導きだったのでしょう、空襲で逃げ込む防空壕に、同じように避難する女医さんが、その伝道師夫人であったこともあり、キリスト教への反発もしだいに薄らいでいったそうです。

ただそうした中でも、聖書の話を聞いても「処女降誕」が分からず、「復活」がどうしても理解できない。「パウロのような奇跡を見せてほしい」「目の不自由な知人の目が見えるようになったら信じる」などと言っては、教会の先生を困らせていたわけですが、それでも聖書を読み続けるうちに、いつしか主イエスのことを考え、信じている自分に気づかされ、一九五六年三月一八日に東島鷹司牧師によって洗礼を受けました。

中学卒業後、いったんは地元の信用金庫に勤めます。しかし、しだいに伝道師の仕事に憧れを持つようになったそうです。東京に夜学の神学校があると知らされ、柳行李ひとつで上京し、日本聖書神学校に入学されます。一九五一年のことでした。

ところが入学の翌年、花火工場で爆発事故が起こり、事故に巻き込まれた父親の文雄さんが大けがをします。幸い一命はとりとめましたが、一家を支える必要から一年間の休学を強いられることになりました。その間、神学校が四年制から五年制に変更になり、結局は同期に二年遅れで卒業することになりました。

当時、二年も遅れた卒業生を採用してくれる教会は稀で、毎年、神学校に案内が来ていた「北海道での開拓伝道の招き」に応じようと考えていたところ、どういうわけか、その年は求人が来ない。毎日の生活は失業保険でつないでいるような状態で、ちょうどそのような時期に、高座教会でのアルバイトの口が飛び込んできたそうです。

「カンバーランド長老教会」、初めて耳にする名前。しかし神学校からは、「失業しているんだから、行きなさい」と強く勧められ、一九五五年の夏、教会学校のキャンプの手伝いに来たのが高座教会との最初の出会いでした。

実は、その時、生島神学生を教会に呼んだのが、フォレスター宣教師と教会学校校長の瀬底正恒さんでした。その正恒さんの妹さんが瀬底綾子さんでした。高座教会に来たのをきっかけにお二人は導かれ、翌年の三月に結婚。その一年後に吉崎忠雄牧師が退任することになりました。生島先生は、当時をふり返り、『イエスを見つめながら――カンバーランド長老キリスト教会高座教会七〇年史』（新教出版社、二〇二〇年）のインタビューで次のように語っておられます。

「吉崎牧師ご夫妻は、お二人とも牧師の家庭に育ち、垢抜けていて、留学され、英語で自由に会話ができ、賛美もそろってすばらしいお声でした。とくに奥様はオルガンが上手で、私たちが賛美していると、即興で編曲して伴奏してくださるほどのお方でした。

その吉崎先生が、私が神学校を卒業したとき、この教会を離れるほうがよいと判断されたようで、長老方も宣教師も吉崎先生とよく話し合い、退任という結論に至ったとのことで、私に高座教会の働きを継いでほしいと依頼されました。

私は開拓伝道の準備をしていましたので、すぐに『はい』とは言えず、数週間、夫婦で悩み、祈りました。正直言って重荷でした。長老会と宣教師には『私が高座教会の牧会を受けましたら、礼拝出席者は半分になりますがよろしいですか』と念を押しました。長老方も宣教師も、私の念押しに『それでよいから受けてほしい』と言われ、決心しました。すぐに教会総会で、『吉﨑先生が辞表を提出しましたので、長老会、宣教師もそれを受けました。新しい先生は生島先生で、近く伝道師に任命されます』と発表されたのです。

私の牧会のスタートは、苦しい時代でした。あまりに違いの大きい二組の牧師夫妻でした。私たちには賜物は何もない。私は英語もダメ、説教もダメ、牧会もダメ、駆け出しで手探りの牧会でした。私たち夫婦は良いところも悪いところもさらけ出して、家庭全部を捧げようと約束しました。神様の救いは人の良し悪しではない。才能のあるなしではない。全部を差し出せば、神様が必ず働かれる、と信じて牧会のヨチヨチ歩きを始めたのです。

はじめは針の山を歩くようでした。長老さんから『先生、神学校の講義を聞きに集まっているのではないよ。先生がこの御言葉から何を受けとり、命の力にして、どう変わるのかを聞きたいんだよ』と言われました。あるお方からは『一年間、先生の説教を聞きましたが、まったくわからなかった』と言われました。でも、本音を話してくれることはつらかったですが、よかったのです。『話してくださってありがとうございます。いまから勉強していきます』と返すのがやっとでした。信徒の方々がよく我慢してくれたと思います。」(『イエスを見つめながら』七二―七三頁)

さて、ご夫妻には四人のお子さんたちが与えられました。宣広さん、嗣さん、そして一九六〇年三月に長女の恵さんが誕生します。ところが、心臓疾患で一〇カ月後に召されるのです。本当に辛い経験をなさったことだと思います。召された翌々年、お二人の間に三男の直人さんが誕生しました。

三人の男の子たちを育てながら家庭を開放し、いつでも自由に入れるようになった牧師館には、まずは教会の中学生や高校生が集まるようになったそうです。綾子先生が用意する茶菓をまるで自分の家のおやつのように遠慮なく楽しむ。そして自分の家に帰って、「自分の家のお茶より牧師館のお茶がおいしい」というので、どんなお茶を淹れているのか見に来た母親もいたそうです。実際は普通の番茶だったそうです。

そうしたなか、今度はしだいに園児の母親たちがさまざまな悩みを抱えて牧師館にやって来るようになり、ご夫妻は母親たちの悩みを聴き、一緒に祈ったそうです。病弱だった綾子先生にとって、生島先生と誓った家庭開放は大きな負担ではありましたが、喜びも大きかった。ただ家計はかなり厳しくなりました。当時をふり返って、綾子先生は次のように語られています。

「お金がなくなって、私の時計、コート、装飾品がお米に代わりました。見かねた信徒が『信仰の友より』と匿名で近くのお店から月一回、しょうゆ、砂糖、乾麺を届けてくださるようになりました。不思議に神さまが養ってくださったのです。食べ物ばかりではありませんでした。主人と共に主に『能力の足りない私たちに働いてください』と祈ると、主は新来の伝道者夫婦の祈りを聞き入れてくださり、主日礼拝に集まる人が一時は少なくなりましたが、やがて上向きになってきたのです。」

先ほどの『イエスを見つめながら』は、高座教会での生島牧師の牧会を総括し、次のようにまとめています。

「一九五八年、生島伝道師は按手を受けて牧師に任じられた。そのころから教会員のあいだにつぎつぎと小さな祈り会が生まれ、高座教会は初期の文化啓蒙運動的な集まりから、生島牧師の許で信仰的な深まりを増しつつ、奇跡的発展の時代を迎えることになるのである。」（同書、七四頁）

こうして一九九四年、三七年にわたる高座教会でのお働きを終え、高座教会の有志とともに海老名シオンの丘教会を開拓。そして本日、司式をされた玉井幸男牧師にバトンタッチする二〇〇一年まで海老名シオンの丘教会の教会形成に関わり、さらに同時並行して、現在の増田保夫牧師が牧会する市川グレース教会も海老名シオンの丘教会の家庭集会としてスタートさせ、今に至っているわけです。

各個教会の牧会伝道から退き、日本中会教職者となったあとは、ご夫妻共に広く日本各地に招かれ、説教や講演活動をし、「牧師の牧師」として教派を超えて牧会者をケアし励ましてこられました。

生島牧師の牧会伝道の働きをふり返るとき、まず心に浮かぶのは、「あるがまま、そのまま」という、神の無条件の愛を説き続けた先生の姿です。

一週間の仕事を終えて、さまざまな出来事に遭遇し、いろいろな思いや重荷を抱えて礼拝に戻ってきた私たちに向かい、生島牧師は、情熱を込めて「あるがまま、そのまま」という神の愛、無条件の愛を徹底して語ってくださいました。私自身もその説教で育てられ、何度も救われ、再出発することができたと思います。

ただ一方で、「あるがまま、そのまま」という説き明かしが、人によっては「あるがまま、そのままで居続けなさい」といったメッセージに誤解され、「そこには成長がないではないか」という批判を招くこともしばしばあったように思います。

しかし使徒ヨハネが、「私たちが愛するのは、神がまず私たちを愛してくださったからです。」（Ⅰヨハネ四・一九）と語るように、生島牧師は、先行する神の愛、神の恵みを徹底して説かれました。私たちの信仰生活、奉仕の原動力は、まさに神の愛であり、それに対する応答として信仰生活、奉仕の働きが続くのだと教えてくださいました。生島牧師の説教は生涯、その一点に集中していたように思います。

高座教会で語られた最後の連続講解が後に『講解説教――ヨハネの黙示録』という書物になって、一九九五年にＣＬＣ出版から出版されたのを皆さんはご存じだと思います。私は昨日、その説教集を読み返すうち、最後から二つ目の説教、「新しいエルサレム」と題したヨハネ黙示録二一章九節から二二章五節の説教を見つけました。そこにはまさに、聖書が語る、「あるがまま、そのまま」のメッセージが収められていました。

「素晴らしい人格をもった人、善行を施し、人に評判の良い人が天国に行けるに違いないと、普通私たちは考えるものです。ところが、聖書の中ではそうは言っていないのです。天国のほうから下って来るのです。私たちの生き方は神さまの知恵で考え、聖書のお言葉でものごとを計ることが必要なのです。

イエスさまがどういうことをおっしゃっているかというと、誰でも私の所に来なさいとおっしゃって、そして価なしに、お金がなくとも社会貢献をしていなくとも、そのままで入ることができますよ、と言っているのです。

へぇ、何もしなくともよい？　そんな馬鹿なことが……と、大方の人は考えるものですね。世の中、ただほど怖いものはない。後から何かが出て来るにちがいないぞ、などと思うものです。ところが、聖書は後からの条件はありません。正真正銘そのままでよろしいと言うのです。」（『講解説教――ヨハネの黙示録』三九九―四〇〇頁）

こう語ってきて、次にヨハネ福音書四章にある「サマリアの女の物語」にふれたあと、こう続けます。

「イエスさまは、人目を避けて井戸に水を汲みに来ている彼女をそのままで受けとめておられます。そのままで良いと。

ところが、これには裏があります。本当は、人間は罪がある状態です。その罪は、神のひとり子のイエスさまが十字架につくということで、神さまに対して、御自分の命を代償に支払ってくださったので、私たちをそのままで良いのだと言われているのです。それが分からないうちは、ああ、これほど楽なものがあるだろうかと、躍るような気持ちでいるのですが、さて、イエスさまが私たちのためにしてくださった大きな贖いというものをだんだんに知るようになったときに、神様の愛がドッシリと私の心に触れるわけですね。そして、あのお方がこれだけ大きな犠牲を払ってくださり、そのままの私を天国に入れてくださるということが分かったときに、私はあなたに何をしましょうかという気持ちになり、喜びに溢れることになるわけですね。このことが非常に大切なことなのです。」（同書、四〇〇―四〇一頁）

八〇年代後半、生島牧師の牧会人生に大きな転機をもたらす出会いを神さまは備えてくださいました。それはスイスから来日された国際福音主義学生連盟（ＩＦＥＳ）の副総主事のハンス・ビュルキ先生とアゴ・ビュルキ先生ご夫妻との出会いでした。当時、私は神学生でしたが、研修から戻られた先生は自らの牧会伝道の明確な裏付けを得たかのように、「自分がしてきたことは、決して間違ってはいなかった」と興奮気味に語ってくださったことをいまでも覚えております。

その後、あれだけ旅行、ましてや海外に出かけることを避けてこられた生島牧師は、綾子先生と一緒に、なんと飛行機を乗り継いでスイスまで出かけて行かれた。ビュルキ先生の主催する「ライフリビジョンセミナー」に参加するためでした。

そこでは、神さまの御前に自らの人生をふり返るとともに、神さまとの生きた交わり、またそのセミナーで、のちに親交を深める友人たちとの出会いもありました。なかでもクリスチャン・ライフ成長研究会（ＣＬＳＫ）の太田和功一先生、塩子さんご夫妻、唄野隆先生、絢子さんご夫妻との交わりは生島先生ご夫妻にとって大きな恵みとなりました。それまではどちらかと言えば、高座教会中心の信仰生活でしたが、教派を超えた交わりの輪の中に導かれ、その交わりを通して再確認させられた、「静まり」の恵み、主の御前に静まることの大切さを、先生ご夫妻は、私たちにも示し続けてくださったと思います。

この点についても、先ほどの説教集に次のように語られています。

「真っ黒な心の私に神さまは何と声をかけてくださったか。『お前はわたしの子だよ』と、こう呼びかけるのです。ただ単に呼びかけるのではなくて、ご自分のお子さまの血の贖いを携えて私たちの真っ黒なところを取り消すための手段を講じながら、私に対して『お前はわたしの子だよ』と、醜いことがあったとしても『お前はわたしの子だ』と呼びかけてくださるのです。その中で私たちは、イエスさまのような愛と赦しと大きさをだんだんと身につけていくわけです。歌えなかった者が歌えるようになるように、できなかったことができるようになる。人の心を傷つけた者が、人を傷つける言葉でなく、励ます言葉へと変わっていくはずなのです。……」（同書、三九六頁）

そして、その秘訣として、

「日ごとに朝静まり、イエスさまの前に出まして、イエスさまから、私の愛に包まれてごらんと、彼の豊さに包まれます時、私の今日の一日はそのように変えられていくのです。主はこの幻を見せながら、子と呼び続ける愛の呼びかけをしながら、贖いをもって期待し、待っていてくださるのです。私たちもその期待に添った生活をしていきたいものだと思います。」（同書、三九六―三九七頁）

このように語っておられるのです。

晩年は、森直樹牧師、千音子さん夫妻が立ち上げた「牧会塾」の働きを支える委員として綾子先生と共に関わりを持たれ、そののちも先ほどのCLSKの顧問としても大切な働きを担ってこられました。いのちのことば社主催で軽井沢恵みシャレーで行われた「夫婦で牧会」というご夫妻の講座は好評で、何年もの間、日本全国からリピーターが集い、継続して行われました。集会にはさまざまな課題を抱えた牧師夫婦、若い伝道者夫婦が参加し、経験豊かな先生ご夫妻のお話、その後の個人面談を通し、聖霊なる神さまが働いてくださったのでしょう。慰められ、励まされ、癒され、そして日本各地の働き場へと送り出されていきました。

今年四月一七日のイースター礼拝の前の週、突然、生島直人さんからお電話がありました。先生の容態の報告とともに、もしもの時の葬儀の依頼のお電話でした。一七日のイースターの翌日、夫婦で生島先生ご夫妻を訪問させていただきました。七転八倒するような腸閉塞を三回経験したとのこと。苦しむ生島牧師の背中をさすり続け、綾子先生は腰を痛めてしまわれたこと。そんなことからお話が始まりました。ところが生島先生は聞こえが悪く、会話が通じていない印象を受けました。三〇分くらいすると、「じゃあ、祈ろう」と言って、私たち夫婦の働きから始まり、私たちの家族、そして高座教会のことを、日曜日の講壇で祈るように、真剣に祈ってくださいました。それが最後となりました。

私自身、大学四年生の終わり、右も左も分からないこの者に生島先生は声を掛け、導いてくださいました。その後、献身し、神学校を卒業し、生島牧師のもとで働いた最初の七年が、伝道者としての私の人生の基礎となったと思います。

大勢の人々を信仰へと導き、高座教会が大所帯になってからも、一人ひとりを本当に大切にされました。効率を考えるならば、組織化を進めていくのでしょう。でも生島牧師はそれを嫌いました。ヘンリ・ナウエンも「最も個人的なことこそ、最も普遍的でもある」と繰り返し語っていますが、牧師館で、また執務室で、ひとりの人の魂をもてなすことに徹する先生の姿を通し、群れに属する私たちは安心をいただいたのだと思います。なぜなら、私が行き詰まったとき、私の魂をもてなしてくださるご夫妻が高座教会におられることを知っていたからです。

使徒パウロは、コリントの信徒に宛てた手紙の中で、私たちを塵で造られ、すぐに壊れてしまう脆い「土の器」と表現しました。でもそれで終わりません。「わたしたちは、このような宝を土の器に納めています」と語っています。先生はよく、自分は足りない者、欠け多き者であると語られました。そのような意味で壊れやすい、いやすでに欠けや傷のある土の器だ、ということでしょう。でも、そこに宝物である主イエス・キリストの命が宿るのです。するとキリストの命の光が、器の欠けやひびのいった傷から、本当に柔らかな、温かで優しい光となってこぼれて来る。それは美しい光です。生島牧師の生涯は、その光なるお方を指し示す歩みだったと思います。

今回、葬儀の準備中に、若い頃は気づかなかったのですが、説教集を読み返すうち、生島牧師は本当に天国を憧れていたことがひしひしと伝わって来ました。最後にその箇所をご紹介して終わりにしたいと思います。

「イエスさまの所に行きますと、全部の人たちが変わりまして、仕方がないと諦めながら送っていた人生から、喜びをもってお仕えする人生に変わり、この天の御国の門に皆入って行くのですね。……そして、この都の門は真珠でできている真珠の門なのです。……真珠というのは、貝の中に異物が入ることによってできる。すなわち、真珠貝からいうと痛みが入って来る。嫌なことなのです。異物が入ると、だんだんと貝の液が出てきます。人間にたとえて言うと、悲しみと痛みの涙がだんだんと美しい真珠を作り上げる。真珠は、人の痛みと悲しみを作り上げて宝石に変えるということを代表しているのではなかろうか。この真珠の門から入るということは、人生の中で必ず襲って来るであろう悲しみと痛みと嘆きと苦痛、これらのものを美しい真珠にして、そしてこの門から入るということを言っているのではないでしょうか。われわれが経験する痛みや悲しみや苦しみは、実は決して不愉快な捨てるべきものではなくて、この門から入るのにどうしても必要なものなのではなかろうかと、ああそうだ、私たちの悲しみ、苦しみ、人生の痛みは、実は真珠になるのだ、とだからこそこれは尊いものなのだと、……思わされたことでございました。

……ここにお集まりの皆さま方を、天の御国にお連れしたいと願っているのですが、天の御国に行くのにいろいろ相応しくないもの、醜いもの、雑物、情けないもの、それを持って来たらいけないと言われるものをたくさん持っている私たちを、神さまが全部が恵みになりますようにと、愛をもって訓練なさる。それが私たちの信仰生活だと思うのです。……天の御国の神さまは、もっと大きな愛をもって、しかも私の欠けたところや、醜いところや愚かなところを目の瞳のように大事にしながら、私が間違ったことを神さまにしておりますと、お前それは違うだろうと取り払われる。間違ったものを楽しみにしておりますと、もっと素晴らしい楽しみがあるよ、天の御国のほうを見てごらんと言って取り払われる。その時、私たちは心に痛みを覚え、神さまはなんで私にこんな痛みや悲しみや酷いことをなさるのだろうと思う。けれども天の御国の中に入るのに必要なのだと、必ず神さまは私たちにこれをお与えくださるわけですね。それがあのお方の愛。そして、この宝石で包まれていると表現していることは、何よりも素晴らしいものがそこにあると表現しているのです。このことは私たちの希望です。辛い人生であろうとも、いろいろと大きな問題を抱えている人生でありましょうとも、これを見ましたらば辛くない、頑張ってあそこに行くのだと歩むことができるだろうと思うのです。」

（同書、四〇二―四〇六頁）

生島陸伸牧師は、ご自身が憧れた、真珠の門を通って天の御国に凱旋されました。私たちはしばらく生島先生とお会いできませんが、私たちもいつか召され、眠りから覚めた時に、主にあって、生島牧師と再会することが許されていることを覚え、心を高く上げたいと思います。

これまで、先生と共に歩んでこられた綾子先生、ご遺族の上に、天からの慰めと守りがありますように。

Ⅲ　キリストの教会を形成する

高座みどり幼稚園

インタビュー❸

教会の課題と向き合う中で

女性長老問題をめぐって

鈴　木　第三部に収録した先生の教会へのレポート、外部の諸誌に発表されたエッセイなどについても何点かお伺いしたいと思います。

高座教会の歴史を振り返ると、順調に成長を続けていた歩みに大きな混乱を引き起こしたのが、女性長老推薦問題でした。ちょうど松本先生が高座教会にいらした前後のことですね。

松　本　これは本当に大きな問題だったと思います。当時、いまの「小会」を「長老会」と呼んでいましたが、私は神学校の最終学年ではなかったので長老会の傍聴は許されていませんでした。一九八四年一〇月の長老会だったと思いますが、女性を長老に推薦する決定がなされました。長老会自体の大きな軌道修正でしたが、それ以上に問題だったのは担任牧師であった生島先生がブラジルに行かれて不在中だったことです。ご存じのようにブラジルに移住した高座教会員が中心になって、現地に集会が誕生していました。後の高座教会一二地区ですね。そこを訪問中だった生島牧師不在の間に行われた長老会での決定だったという点でした。ブラジルから帰国された生島先生は、激怒されました。ただ、後から分かったことですが、これまでと違った決定であることを承知していた長老会は、中継地点のアメリカに手紙を送っていたのですが、現在と違ってファックスやメールがあったわけでもなく、その手紙が届くのに日数を要し、結果として先生の手元に届くことなく、教会総会の当日を迎えることになってしまったのです。

教会総会は紛糾しました。議長としての生島先生の発言や振る舞いからも、ご自分の不在中になされた決議に対する先生の苛立ちが、教会総会の場に居合わせた私たちにも伝わってきました。そのようにして、牧師と長老会、さらに信徒との間にまで強い不信感が明らかになってしまったのが、このときの教会総会だったと思います。これまで順調に思えた高座教会の宣教の働きにとっての大きな躓きが、女性長老問題だったと言えます。ただ一方で、高座教会が属するカンバーランド長老教会の「教会憲法」は女性長老どころか女性教職すらすでに認めていました。こうした矛盾も教会政治は抱えていたのです。

鈴　木　女性を長老に推薦することが大問題になったとは、いまでは考えられない事態ですが、一例を挙げると、パウロは女性に求められているのは服従であり、「女は、教会では黙っていなさい」とコリントの教会に書き送っていますね。聖書といえども、すべて人間が書いたわけですから、やはり筆者の生きた時代や地域の習慣など、文化の影響は遁れられないと思います。

松本先生はあのとき、女性長老問題に対する考え方をまとめて長老会に報告されました。それはジェンダーの問題に対する聖書学をふまえたレポートとして問題解決に貢献した記録だと思います。松本先生は当時の危機感をはっきり記憶されているはずですね。

松　本　ええ、その後こうした問題をはらんだまま教会政治が行われていたのですが、一九八七年に石塚牧師がブラジル一二地区に派遣され、町田主事が二年間の休職をとられました。同じ年に神学校を卒業した私が牧会チームに加わりました。このあたりについては鈴木さんと一緒に編集した高座教会の七〇年史『イエスを見つめながら』（新教出版社、二〇二〇年）にかなり詳しく書きましたからお読みいただきたいのですが、たぶんその後の高座教会形成をどう進めていくかについての意見の違いが、当時の高座教会のリーダーシップ・チームのなかにあったのだと思います。

生島先生が、棚上げされていた『長期構想』の答申案を私に読むように指示されたのは、この時期と重なります。そして石塚先生や町田さんが復帰された一九九〇年暮れに、長老会は女性長老の聖書的根拠について調べるようにと、その仕事を私に託してくださいました。

いまでも覚えていますが、その会議が終わると、宮崎道弘長老が退席しようとした私を呼び止め、「女性長老を選出することが聖書的に正しいことなのか否か、牧師や長老の意見に左右されずに、聖書が何を言わんとしているかをしっかり調べてほしい。結果がどうであれ、それがいちばん大切なことです」とお話しくださったことに、襟を正される思いをしたことを覚えています。

翌年一月一三日の定例長老会に提出したのが、『レポート「女性長老」に関する聖書的根拠をめぐって―テモテ二章九節～一五節を中心に―』でした。時間をかけて説明させていただき、その結果、ほとんど質問もないまま「聖書は女性長老を否定してはいない」というレポートの結論が承認されました。あわせて一九九一年には全教会をあげて、女性長老についての勉強会を計画することを決議しました。そしてその二年後、一九九三年の教会員総会で、高座教会初の女性長老が選出されることとなったのです。

新しい「信仰告白」を求めて

鈴　木　私は今度の編集作業をとおして、第三部の「カンバーランド長老教会信仰告白」についての二編が、とてもよい勉強になりました。高座教会はその急速な成長によって日本で数少ない大規模教会として注目されるようになりましたが、その信仰がどんな特徴をもっているかといった面では、まだほとんど知られていないし、それを明らかにするような文献も、日本中会田園教会の荒瀬牧彦牧師（日本聖書神学校教授）の日本中会四〇周年記念講演の記録以外にはないと思います。松本先生の書かれた「カンバーランド長老教会神学史における贖罪論の変遷に関する一考察」と「なぜ信仰告白を改訂してきたのか――カンバーランド長老教会の歴史に学ぶ」

だけでも、この本を刊行する意味があると思いました。

高座教会は日本キリスト教団の教会として一九四七年に最初の聖日礼拝を行いましたが、五〇年に日本キリスト教団を離脱してカンバーランド長老教会に加入しました。最初の礼拝堂建設に多大な協力をされた座間キャンプのクレメンス・チャプレンと、教会の経済的安定に尽力した田中清隆長老との話し合いの結果で、牧師さえ相談を受けなかったようです。当時の教会員は長老教会とはどういう組織で、カンバーランド長老教会がどんな信条に基づいているのか、ほとんど誰も、何も分かっていなかったと思います。

たとえば設立当初は教会員総会が最終決定機関で、長老教会になっても長老会と教会員総会の関係は曖昧なままでした。松本先生が総会事務局と神学校があるアメリカに行かれて、カンバーランド長老教会の信条と組織について学び、その成果を教会に報告されました。その報告書を第三部に収載しました。カンバーランドの信仰告白の翻訳にも関係されましたが、あの頃のお仕事の教会史的背景について、少しお話しいただけますか。

松　本　長年、高座教会の牧師を務めた生島牧師が定年退職を迎え、牧会の責任を引き継いだのが、残った石塚惠司牧師、丹羽義正牧師、そして私の三人でした。先ほども少し触れましたが、高座教会は生島牧師という教会形成・牧会の「要」を失ったわけで、新たな「要」を「カンバーランド長老教会信仰告白」に求めていく時代となりました。

当時、私の心に響いていた御言葉は士師記に出てくるのですが、約束の地カナンに入ったイスラエルの民は、指導者ヨシュア、またヨシュアと行動を共にした長老たちが存命中は主に仕えましたが、彼らが死んだあとは、主に背を向ける別の世代が起こったことを伝える聖書箇所です。私には、士師記の最初の時代が、生島牧師を送り出した後の一九九〇年代の高座教会と重なっていました。約束の地カナン＝高座教会の二〇〇〇坪の土地、十二部族長老を中心とする牧会・運営組織＝長老制と委員会制度、多くのイスラエルの民＝一〇〇〇名を超える教会員といった連想からです。

見方を変えると、生島牧師という「要」を失った。高座教会も、新しい時代を迎えようとするなかで、何に教会形成、牧会の新しい「要」を求めるのかが祈りの課題となっていました。そうしたなか、高座教会小会はその「要」を「カンバーランド長老教会信仰告白」に求め始めたのです。すでにこのとき、一八八三年版信仰告白が一〇〇年ぶりに改訂され、私はその翻訳作業にも加わりました。一九九五年に日本語への翻訳が完了し、一冊の書物として発行された時期でした。

ちょうどその頃でしたが、一九九六年にメンフィス神学校デイヴィッド・ヘスター校長が日本中会を訪れ、中会牧師会の研修会の講師として招かれました。そして主日がペンテコステにあたっていて、高座教会の礼拝でも説教してくださることとなったのです。前日から牧師館に泊まられることになり、その晩、私自身がカンバーランド長老教会の一教職者として抱えていた神学的な課題を、ヘスター先生にお話しするチャンスが与えられました。

実は、その五年前に、新しい信仰告白の研修のためにアメリカからヒューバート・マロウ先生が来日されたのですが、帯状疱疹を患い、急きょ帰国するという出来事がありました。その講演の神奈川地区の通訳を依頼されていました関係で、マロウ先生の原稿が手元にあったのですが、それは、カンバーランド長老教会の神学における「恵みの契約」の位置づけについてのお話でした。マロウ先生は、長年、メンフィス神学校で教鞭を取り、新しい信仰告白の中心的執筆者で、その解説書『恵みの契約』の著者でもありました。

ヘスター先生の話に戻りますが、私が牧師として抱えている問いに、ヘスター校長ははっきりと答えてくださいませんでしたが、数カ月後、ヘスター先生から私宛てにファックスが届き、マロウ先生が新しい書物の執筆準備のために、「カンバーランド長老教会神学の背景と発展」という最終講義を行うので、このクラスに来ないか、という誘いのメッセージでした。これを受け、さっそく小会に対して一年の研修を求めたのですが、小会はそれを許さず、交渉の末、マロウ先生の講義が行われる一月から五月までの一学期間のみ派遣することを承認してくださいました。

帰国後、メンフィス神学校での学びを『カンバーランド長老教会神学史における贖罪論の変遷に関する一考察』としてまとめ、東京基督神学校『基督神学』第一三号（二〇〇一年）に寄稿したり、コースのテキストの一つだった『恵みの契約』を翻訳して新教出版社から二〇〇〇年に出版することができ、高座教会の信徒教育のテキストとして用いられることになりました。

静まりのリトリート

鈴　木　ところで、第二部のインタビューで、黙想の時をもつ会に参加された話がありましたね。ご自身の癒しとリセットを語られている第三部のエッセイ「ぶどうの木であるキリストにとどまろう」は、そのご経験と関係が深いと思います。どんな会なのですか？　『自分自身と群れ全体とに気を配りながら』という本書の書名に、松本先生がどんな気持ちを込められているかを語っていただくことにもなると思いますが……。

松　本　神の導きのきっかけは二〇一〇年二月一一日に、今年の四月から主事を務めているクリスチャン・ライフ成長研究会（ＣＬＳＫ）が主催する「新春静まりのリトリート」に参加したことでした。広いホールの中央に生け花がしっかりと位置を占め、それを囲むように大きな輪に並べられた椅子に腰かけ、最初は足を組んでいましたが、座りなおしをするようにとの勧めで脚を組むのを止め、呼吸に意識を集中させて静まりました。しばらくしますと、当時の主事、太田和功一さんが「あなたの人生が残り半年だとしたら、その期間をどのように過ごしたいと思いますか」と問われたのです。たった半年ですから妻との生活や子どもたちの成長や行く末を見届けることなどできません。もうクリスマスさえ迎えられないことになる。さて、どうしよう。

そのとき、以前ある人が語っていた言葉が心に浮かんできました。「天国には警察官はいません。なぜなら、そこには他人の物を盗むような泥棒などいないわけですから」、そんな言葉です。大切な持ち物、大切な役割や立場、それどころか家族まで残し、何も持たず、持つ必要もない私として天に引っ越すのだったら、いまからでも、そこに行った時の私として生きることはできないだろうか。そんなことを考えたのです。するとしばしの沈黙を破るように太田和さんが言われたのです。「では半年という枠を取っ払って、いまからその生き方を求められたらいかがですか。」

それまで忘れていた大切なことに気づかされた瞬間でした。集会ではＣＬＳＫの機関紙『風の色』（現在は『風の散歩道』と改名）をいただきました。帰りの電車の中でさっそく読み始めました。そこに書かれていた内容がとても新鮮で、とくに関心を惹かれたのが「本の紹介コーナー」に紹介されていた、来住英俊（きし ひでとし）というカトリック神父が書いた『詩編で祈る』（女子パウロ会、二〇〇五年）という本でした。「詩編を読む」なら分かるけれど、「詩編で祈る」とは何のことだろうと不思議に思いました。どういうわけか、それを知りたくて、たぶん翌日だったでしょう。南林間にあるカトリック教会の長澤幸男神父を訪ねたのです。「詩編で祈る」ことの意味や、「静まりのリトリート」で経験した黙想のこと、祈るときの呼吸の仕方などについて教えてもらいたくてお邪魔したのです。そこで初めて「鎌倉黙想の家」という施設で行われる黙想会があることを知りました。いまから考えますと、こうした一つひとつのことが神さまの御導きだったと思います。たぶん私の中に深い渇きがあったのでしょう。

さっそく、妻と二人で、ある週の土曜日に行われていた「日帰り黙想会」に申し込み、恐る恐る参加しました。そこで初めて、カトリックの黙想、そしてイグナチオ・ロヨラの『霊操』を知りました。そのときの黙想指導者が英隆一朗神父で、神父の勧めもあり、翌年から毎年、「八日間の黙想会」に参加するようになったのです。

一週間にわたる黙想会に出席しますと、その後半に二回ないし三回、「霊的同伴」と呼ばれる面談があります。そこでは御言葉を思い巡らすことを通して、どのような御言葉が心に響いたか、あるいは神について、自分自身について、どのような気づきが与えられたかを話し、その後で神父さんが「主の御前に思い巡らす課題」である「祈るべきポイント」を提示されます。それを祈りの材料として、残りの時間で主の御前に思い巡らす祈りを体験しました。とくに八日間かけて、福音書から主イエスのご生涯をふり返り、その御言葉を思い巡らすことを通して、イエスがこの私をいかにケアしてくださっているかを体験的に味わう時間をいただいたと思うのです。この体験は、その後の牧会生活にとって大きなヒントとなりました。

牧師になって群れにお仕えしながら、また自分自身の心と向き合うなかで示されていることの一つは、私たちは他者から扱われたように、他者を扱ってしまうところがあるという気づきではないでしょうか。言い換えれば、私がイエスにどれだけ牧会されているか、牧会者としての私の牧会と深く関係しているということです。

待っててね。待っててね。

松本　私たち夫婦に四人の子どもが与えられました。上の三人は年子でした。長女が誕生してしばらくして長男が生まれましたが、二歳になった長女が、ある時、人形を抱きながら、その人形に向かって「待っててね。待っててね」と語りかけているのです。自分がいつも私たち親から言われている言葉を、そのまま人形に向かって投げかけていたのです。「あなたお姉ちゃんだから、少し待っててね」「いま、赤ちゃんのオムツを換えるから、そのあいだ、いい子にしててね」、そうした語りかけです。

それを無意識のうちに、娘は人形に向かって語っていたのです。

福音書を読むと、十字架の出来事に出くわします。そこを丁寧に読んでいくと、十字架の場面にはさまざまな人々が登場してきます。群衆、処刑を任された兵士、両サイドに磔にされた二人の犯罪人、そして祭司長たちや、律法学者である宗教指導者たちもいました。その指導者たちも、十字架に磔にされたイエスに向かって辛辣な言葉を投げつけています。「他人は救ったが、自分は救えない。キリスト、イスラエルの王に、いま十字架から降りてもらおう。それを見たら信じよう」。マルコ福音書一五章三一節、三二節に出てきます。祭司長がイエスに投げかけたこの言葉を牧会者として生きている自分自身の姿と重ねながら思い巡らして黙想したとき、実は宗教家として仕事をしながら、いつも周囲の視線を通して自分自身に向けられている言葉だったのではないかと、以前島しづ子先生から聞かされた言葉を思い出したことです。それは、「他人に説教しながら、おまえ自身はどうなんだ！」という問いかけです。そこに大祭司たちの宗教家としての悩みがあった。彼らにだって思い煩いがあり、私と同じように家庭に問題があったかもしれません。夫婦間の問題や、子育ての悩み、そうした思い煩いで心が一杯になって荒んでいたにちがいない。表面的には ユダヤの押しも押されもせぬ「大祭司さま」ですから、それなりにチヤホヤされたでしょうが、いま目の前で苦しんで死んでいこうとしているイエスという男を見上げながら、虚しい気持ちになっていたのではないかと。自分は結局、あの男のように、民衆に慕われることはなかったからです。妬ましかったかもしれません。だからイエスに向かって、ざまぁ見ろ！　と言ってやりたかった。娘が親にかまってもらえない寂しさから人形に「待っててね」と繰り返したように、祭司長たちは内心のどうしようもない無力感、怒りや悲しみから、無抵抗なイエスに向かって侮蔑の言葉を吐き捨てたのだと思うのです。

イエスの「渇き」

松本　以前、『傷ついている人は、他人を傷つける』という歌があるのを知りました。タイトルに惹かれて聴いてみると、本当に切なくなるような曲の響きですし、歌詞なのです。でも、私は、それが私たちの現実だと思いました。礼拝で感動を与える説教をすれば、この不安は解決されるはずだ。教会員に認めてもらえたら、私のこの寂しさは解消されるはずだと思いながら、一生懸命奉仕し、ときには中毒のように動き回り、夢中になって取り組む。でも教会員は私が期待するような反応を示してくれない。喜んでもくれません。何の解決も与えられないのです。私のこの心の中の孤独、寂しさ、虚しさ、「心の渇き」は癒されないままです。

イザヤ書五三章一節から五節に次のような有名な言葉があります。「私たちが聞いたことを、誰が信じただろうか。主の御腕は誰に示されただろうか。彼は主の前に、ひこばえのように生え出た。砂漠の地から出た根のように。彼には見るべき姿も輝きもなく、私たちが慕うような見栄えもない。彼は蔑まれ、人々からのけ者にされ、悲しみの人で、病を知っていた。人が顔を背けるほど蔑まれ、私たちも彼を尊ばなかった。まことに、彼は私たちの病を負い、私たちの痛みを担った。それなのに、私たちは思った。神に罰せられ、打たれ、苦しめられたのだと。しかし、彼は私たちの背きのために刺され、私たちの咎のために砕かれたのだ。彼への懲らしめが私たちに平安をもたらし、その打ち傷のゆえに、私たちは癒された。」

この夏、バルセロナのサグラダファミリアに行くチャンスがありました。以前から一度、行ってみたかった。なぜかと言いますと、本を読んで知ったのですが、ある時、修学旅行の高校生がサグラダファミリアにやってきて、磔になっている主イエスの姿を見てクスクスと笑った。若者が主イエスの姿を見て吹き出してしまうような、そんな辱めを受けて、滑稽で、みじめな姿とはどんな姿なのだろうか。自分の目で確かめたかったのです。実際にその下に立って見てみますと、真っ裸なのです。性器も露出している。実際にそうだったかもしれません。本当に申し訳ないような姿で、私は言葉を失いました。

　前にも言いましたが、ヨハネ福音書を見ますと、息を引き取る場面で、「わたしは渇く」と言われた主の言葉が記されています。「それから、イエスはすべてのことが完了したのを知ると、聖書が成就するために、『わたしは渇く』と言われた。酸いぶどう酒がいっぱい入った器がそこに置いてあったので、兵士たちは、酸いぶどう酒を含んだ海綿をヒソプの枝に付けて、イエスの口もとに差し出した。イエスは酸いぶどう酒を受けると、『完了した』と言われた。そして、頭を垂れて霊をお渡しになった。」（新改訳二〇一七）ヨハネ一九章二八―三〇節です。主イエスは十字架の上で、私の痛み、悲しみ、虚しさ等々からくる「渇き」を一身に背負って「わたしは渇く」と言って、あるいは叫ばれて、私の渇きを渇き切ってくださった。それによって私たちの渇きは癒される。

魂のセルフケア

鈴木　黙想会は、松本先生の魂の渇きを癒すリトリートになったのですね。

松本　最近、恩師の太田和功一先生が新しい本をお書きになりました。『静まりと魂のセルフケア』（あめんどう、二〇二四年）というタイトルで、副題が「人生のふり返りと生活の中の霊性」です。その本の第三部が「牧者としての魂のセルフケア」というテーマで、冒頭にプリンストン神学校の校長兼牧会学教授クレッグ・バーンズの「牧会者として、会衆のためにすることで何よりも大切なことは、自分自身の魂をケアすることである」という言葉が紹介されています。

　たとえばパウロは、テモテに宛てた手紙の中で、「自分自身にも、教えることにも、よく気をつけなさい。働きをあくまでも続けなさい。そうすれば、自分自身と、あなたの教えを聞く人たちとを救うことなるのです。」テモテへの第一の手紙四章一六節です。先ほどお話しした私自身が大切にしてきた使徒言行録二〇章二八節にある「どうか、あなたがたは自分自身と群れの全体とに気を配ってくださ い」という言葉も、パウロがエフェソの教会の長老たちに向かって語った言葉ですが、テモテに対しては「よく気をつけなさい」、ギリシャ語で「エペコー」、そしてエフェソの長老たちに対しては「気を配りなさい」、ギリシャ語は「プロセコー」という言葉が使われています。調べてみますと「エペコー」は、「じっと見る」、「プロセコー」は「注意する」という意味が最初に出てきます。

太田和さんは、さきほどの本に「何事でもケアの第一歩、またその中心は、ケアする対象をよく見ること、観察することにあります。パウロのテモテへの勧めの直後に続く『そうすれば』以下の言葉の重大性を考えると、バーンズが、『何よりも大切なこと』と言っている理由もうなずけます」と語っておられました。「牧会者として、会衆のためにすることで何よりも大切なことは、自分自身の魂をケアすること」とは、具体的にどうすればいいのか。この課題を突きつめていけば、答えは、牧会者として召してくださったこの私を、主イエスがどれほどケアし続けてくださっているのか、その主イエスのケアにどれだけ与っているのか、そしてまた、それに気づいているのか、私たちの牧会は、それにかかっていると思うのです。それが私にとっての黙想でありリトリートで、自分自身を神さまの前でふり返る経験だったと思います。八日間の黙想に参加すると、どうしても日曜日を挟みますから、礼拝奉仕のために土曜日の午後に戻ってきます。そして日曜日の朝、礼拝前に自分の席に座って静まっていると、まったく普段と心の落ち着きが違うのです。ゆったりとした思いで講壇に立って御言葉をとりつぐことができた、そう感じました。

今後の松本先生

鈴　木　第三部にはこのほかにもさまざまなキリス

ト教関係の雑誌に寄稿されたエッセイをいくつか収載しました。三七年間の先生の牧会のあいだに、高座教会と松本牧師の名前を知る編集者や他教団の牧師、神学校関係者がずいぶん増えてきたことを、とても誇らしく感じています。高座教会は退任されても、ますます多面的な活動でお忙しい日々が続くのではないかと思います。

松　本　高座教会を離れ、もうすぐ半年になりますが、これまで日曜日の朝は、牧師館から隣の礼拝堂まで歩いていき、講壇横の椅子に腰かけ、しばらく主の御前に心を静めながら礼拝の時を待つという生活でしたが、それが一変しました。とくに今年の厳しい暑さの中を、中央通りの「九条」の停留所からバスに乗り、電車で礼拝に行くという生活も、少しずつ慣れてきたこの頃です。

現在、あさひ教会の協力牧師として、月一回の説教奉仕、月一回の家庭集会での話をメインに奉仕しています。今月から徳子も、私が説教する礼拝で奏楽の奉仕を開始しました。

また、日曜日は、日本中会の諸教会での礼拝説教に加え、カンバーランド以外の教会から説教奉仕の依頼や、いくつかの教団から、牧師研修会の奉仕の要請もいただいています。

こうした教会での働きに加え、鈴木さんも触れてくださいましたが、四月からＣＬＳＫの主事の働きを始めました。その関係で、この秋には夫婦で二つのリトリートで奉仕する予定です。先ほどご紹介しましたが、学生時代からの恩師であり、ＣＬＳＫの初代の主事でもあった太田和功一先生の新著『静まりと魂のセルフケア――人生のふり返りと生活の中の霊性』（前出）は、高座教会で行っている「エクササイズ」の集会が目指していることを分かりやすくまとめてあって、私も一つひとつうなずきながら精読している最中です。自分自身の魂の渇き、ニーズが発端で出会った『エクササイズ』シリーズ（いのちのことば社、二〇一六年）がきっかけで、思いがけず、現在、夫婦してこの働きにも関わっています。神の御導きの不思議さを感じます。

主イエスの辱めにあずかる

昨年から今年にかけて、私たち夫婦にとっての人生の移行期を経験しています。ちょうど退任直前、詳しくはお話しできませんが、とくに妻がたいへんつらい経験をしました。私もそれを聞き、強い憤りを感じました。実は、ちょうどそのような時期に、夫婦で参加していたある集会で、アッシジのフランシスコについて、こんなエピソードを聞く機会があったのです。フランシスコが、修道会を設立し、多くの修道士たちが集まり、修道会自体の働きが豊かになり祝福され始めた時期、フランシスコ自身も、ただ修道会の建物の中で働きをするのではなく、外に出て行って貧しい人々に仕える働きを継続していたそうです。ところがある日、どうしても修道会本部に戻らなければならない用事があって戻ると、もう夜になっていたので、建物の扉は閉ざされていたそうです。どうしても中に入らなければならなかったので、玄関のドアを叩くと、フランシスコを知らない若い修道僧が出てきて、フランシスコを物乞いに間違えて中に入れてもらえないどころか追い払われたそうです。ただフランシスコは、どうしても用事がありましたから、執拗にドアをノックし続けると、同じ修道僧が出てきて、フランシスコを殴り倒し、殴られたほうのフランシスコは、その晩は激しい雨が降っていたので、ずぶ濡れにもなったし、激しい痛みに襲われたそうです。

私は、そこまで聞いて、水戸黄門の話を思い出しました。「おまえ、これが目に入らぬか」と言わんばかりに、自分が、この修道会の創設者であり、この組織のトップであるフランシスコ様だ、ということで、ハッハーとなって終わるのかと思ったのです。

ところが、殴られて雨のなか倒されてしまったフランシスコの反応について、その話をされた方は「フランシスコの心に、その瞬間、喜びが爆発したのです」と結ばれました。主イエスの辱めにほんの少しでもあずかることができた、と喜んだのだそうです。

この話をどう聞かれるか、受けとめるかは人それぞれだと思いますが、ちょうどその話を聞かされた頃、私は自分が不当な扱いを受けていると考え、心の中が悶々としている時期で、「おかしいでしょう。何で、こうなの、私に対して失礼でしょう……」とずっと心の中で権利主張をしている自分がありました。ところがフランシスコはまったく違った受けとめ方をしていた。私たちクリスチャンにはこうした受けとめ方があるのですね。これも裂かれ、分け与えられていく大切なプロセスなのだと思います。

■女性長老問題（高座教会機関紙『地の塩』一九九一年四月号から）

一　対談「女性の長老」の聖書的根拠

四月の勉強会を前にして〈お知らせ〉

――四月九日午前中、翌一〇日の夜、そして二八日の日曜日一一時礼拝後に「女性の長老」に関する聖書的根拠の勉強会が計画されています。この勉強会は同じ内容ですから、どれか都合の良い日を選んで出席してください。

女性の長老に関するさまざまな意見が、教会総会や懇談会でしばしば出されてきていましたが、そのような意見の中でとくに、女性の長老について聖書はどのような指針を私たちに与えているかを調べ、共に学習する時をもつと長老会は約束してきました。今回、松本先生が「『女性の長老』に関する聖書的根拠をめぐって」というレポートを書かれ、このレポートを教会全体で学習しようということになりました。

『地の塩』編集委員会では、勉強会に参加される兄弟姉妹の理解の一助になればと願い、勉強会に先立って松本先生からレポートを書かれたいきさつと内容についてお話ししていただきました。なお編集委員の寺岡裕子姉に聞き手役をお願いしました。――

勉強会の動機

寺　岡　四月に、女性の長老についての勉強会が予定されているそうですが、このような勉強会が計画された動機を教えてください。

松　本　一九八四年一一月の教会総会で、長老会からの長老推薦者四名の中に女性二名が含まれていました。しかし、この教会総会では多くの質問が出され、結果として継続審議となりました。その後もこの件に関する質疑が教会総会や公聴会、懇談会で出されています。質疑の中でいちばん最初に解決しておかなければならないのは、女性の長老に関する聖書的根拠の学びだと思います。とくに第一テモテ三章一―七節と二章九―一五節、さらに第一コリント一四章三三節、それらを読んでみると女性が教会政治上の職務に携わることに対して積極的に勧めていない。むしろ制限しているように読まれる箇所です。今回、そのように読まれてきた聖書箇所を取り上げて、従来からの読み方で良いのかを検証するかたちでレポートを書きました。先日、教職の中でこのレポートに基づいて学習の時をもち、その結果四月九日、一〇日、二八日にそれぞれ同じ内容の勉強会を開くことになったということです。

教会憲法では

寺　岡　カンバーランド長老キリスト教会の「教会憲法」や高座教会の「選挙要綱」では、長老、執事に選ばれる人について男性と女性の区別はしていませんが、それだけでは問題が残されているのですか。

松　本　カンバーランド長老キリスト教会の「教会憲法」では従来から女性の長老を否定する表現はありませんでしたが、一九八四年に改訂された「教会憲法」では「長老の職につくものは老若男女を問わない」（二・七三）とはっきり書かれています。また私たちの教会の「選挙要綱」（一九七八年一一月改訂）でも、長老・執事として推薦されるべき条件としては「二〇歳以上の教会員」と定めていますが、「教会員」という言葉には女性と男性を含むということが、一九八八年一一月定期教会総会に続いて開かれた報告会で、はっきりと報告され確認事項となっています。以上のように「教会憲法」や「選挙要綱」では女性が長老になることを否定するような表現はありません。しかし、これに対して聖書からの根拠づけを求める声があったわけです。実は、この声こそ大切で、教会としてきちんとした聖書的根拠を押さえ、理解しておく必要があります。その意味で今回の学びが必要となったわけです。

話が飛躍するかもしれませんが、高座教会の「選挙要綱」は「教会憲法」の制約を受けます。その「教会憲法」は「カンバーランド長老キリスト教会信仰告白」の一つであることを私たちは承知しているわけです。先程、「聖書からの根拠づけを求める声があり、実は、この声こそが大切だ」と言いましたが、その理由は「信仰告白」と聖書の位置関係が無視できないからです。教会の歴史家にフィリップ・シャフという偉大な先生がいらっしゃって、その先生は教会が告白した信仰告白と聖書との関係について次のように言っておられます。「聖書は神御自身に由来するが、信条（信仰告白）は人間の神の言に対する応答である。さらに聖書は規定するところの規定であるが、信条は規定されるところの規定である」と。このフィリップ・シャフ先生の言葉を、「信仰告白」の一つである「教会憲法」と聖書の関係に当てはめて考えると、「教会憲法」の権威や規範性は聖書から導き出される二次的なものであるということになります。

寺　岡　もう少し分かりやすい言葉にしてください。

松　本　そうですね。言い方をかえますと、「教会憲法」の内容が聖書の言っていることを越えたり、聖書の言っていることに反するような内容である場合、それはキリストを頭とする教会の「教会憲法」ではないということです。「教会憲法」は必ず聖書から導き出されなければなりません。聖書から導き出されたエッセンスが「信仰告白」であり「教会憲法」であるということです。

ガラテヤ三章は

寺　岡　聖書と「教会憲法」や「選挙要綱」との関係は分かりましたが、ガラテヤ人への手紙三章二八節には「もはや、ユダヤ人もギリシヤ人もなく、奴隷も自由人もなく、男も女もない。あなたがたは皆、キリスト・イエスにあって一つだからである」とありますね。以前スタット先生からこの御言葉は男、女のちがいはないと言っている、したがって長老は男性だけということはおかしいと伺いました。私も、このパウロの言葉で十分だと思いますがいけないのでしょうか。

松　本　確かに、ここではイエス・キリストの福音にあずかったものは男と女とか、奴隷と自由人とかの差別は全くなくなって、本質的に平等なのだということが述べられている箇所です。しかし、このような聖書箇所がある一方で、同じパウロの書いたテモテの第一の手紙三章を見ますと、そこには長老は男である必要があるというように読める箇所がありますね。そのようなちがいが大きな問題なんです。パウロがどこに出した手紙でも同じことを書いていれば問題は少なかったでしょうに。

テモテ第一の手紙三章を見ますと、「監督は、非難のない人で、一人の妻の夫であり……」と書かれています。ここで言われる監督とは長老のことです。そうしますと、長老は一人の妻の夫であるということになりますね、そこから教会の長老は、男であると言われてきているんです。その後三章八節からは執事の資格と条件が書かれていますが、八節の「それと同様に、執事も謹厳であって……」と、それと一一節では「女たちも同様に謹厳で」とありますね。このように、執事には男性の執事と女性の執事がいたことが分かります。こういうところから執事は男女問われないけれども長老は男性のみという解釈がされてきたわけです。

第一テモテ二章

寺岡 おっしゃるように、三章だけを読みますと、長老は男性でなければいけないといった解釈が正しいように受け取れますね。しかし、本当にそうなのだろうかということで先生は、この第一テモテの二章九―一五節を今までの釈義を見直す形式をとりながら「『女性の長老』に関する聖書的根拠をめぐって」（第一テモテ二章九―一五節を中心に）というレポートをお書きになったわけですね。

松　本　そうです。私が、三章一―一三節を直接扱わず、二章九―一五節を扱った理由をお話しする必要があるかなと思うので、簡単にその理由を述べさせていただきます。今、お話ししましたように、男性のみが長老という結論が三章一―一三節の解釈によって導き出されてきた背景に、この三章に書かれているさまざまな資格というか条件が、すべてそのままで時代や地域を越えた普遍的な性格をもつといった暗黙の前提があったように思うわけです。その条件の一つに男性のみが長老になれるということがあるのです。この三章を支えるような形になっているのが二章九―一五節なのです。この箇所を見ますと一二節で「女が教えたり、男の上に立ったりすることをわたしはゆるさない」とあります。一三節は根拠づけとなっており、男と女のいわゆる「創造の秩序」と堕罪の箇所が引用されています。「アダムが先に造られ、それからエバが造られたからである。またアダムは惑わされなかったが、女は惑わされて、あやまちを犯した」と。「創造の秩序」を持ち出してきて、男性は長老になれるが女性にはその資格がないというように理解されてきたのです。つまり、女性は造られた時点から、長老の資格を有していないように読まれてきた。こういった解釈が根拠となって、男性のみが長老になれるのだと三章二節でパウロは書いたといった聖書解釈の歴史があるのです。

一五節の意味

寺　岡　では、レポートの内容に触れてゆきたいのですが、先生は二章九節から順に解釈されず、まず、一五節から入っていますが、特別な理由があるのですか。

松　本　これは、私だけがそのようにしているのではなくて、参考に用いましたD・ショーラーという聖書学者も一五節から扱っていました。なぜ一五節から扱ったかと言いますと、実は二章九―一五節をもって長老が男性のみであって女性が教会の働きに参与するのを制限する根拠としながら、一五節にほとんど触れずにやってきたという歴史があるのです。そこでまず二章の一五節の位置づけを正確に確定しておかないと、この文節全体が言っていることも正確には分からないではないかと思いまして、この箇所から取り組みました。

当時の風俗

寺　岡　九、一〇節では女性の身だしなみについて書かれていますね。当時の風俗だと思いますが教会の中でもこのような問題があったのでしょうか。

松　本　そうですね。ローマ時代の「とんでる女性」の身なりが書かれていると思います。聖書以外の文献を見ますと、この時代にふさわしい女性像があったみたいです。その女性像に反する女性が実際にいて彼女たちの身だしなみをパウロも問題にしていたのでしょう。この女性像とは、女性は外面の華美な装いをもって飾る代わりに、内面的な美をもって装うことこそふさわしいとされていたようです。ですから、この時代、非常に高い衣服や派手な髪形とか、金や真珠の装飾品をつけることは、社会が要求するような女性像とは合わなかったみたいですね。それは慎むべきものだとみなされていたわけです。

当時のローマ社会一般が期待しているような女性の身なりは、女性の男性への従順の一部として社会全体に受け入れられていたスタイルがあった。もし、このような風潮の中で、ある女性が非常に高価で人目をひくような服装とか髪形とか装飾品、貴金属類、真珠等を身につけていたとしたら浪費家とみなされるだけでなく、夫への不貞のあらわれとして社会全体から受け入れ難い行為とみなされていたようです。

そのような女性たちがテモテの牧会しているエペソ教会の中にもいたのでしょう。たとえば、テモテの手紙を見てみますと「偽教師」という言葉が盛んに出てきます。

結論から言いますと、第一テモテの手紙を書いた中心的目的として、この時代にエペソにおいてテモテが実際に直面していた偽り者から、教会を防衛するということがあったと思うのです。この偽り者についてどういう人かと調べてみますと、四章三―七節とか五章一三節、さらに第二テモテの三章六、七節などで彼らが女性たちに結婚することを禁じたりしていることが分かります。あるいは女性たちに家庭を捨てて集会に集うことを奨励したり、俗悪で愚にもつかない作り話をしている者として描かれています。問題なのは、エペソの教会の一部の女性キリスト者たちが偽り者、偽教師たちに堕落させられているということ。彼女たちの行動がその時代の伝統的な結婚観や家庭観を強烈に攻撃していったということが現実にあったようです。

いま問題になっている聖書箇所の九―一五節を解釈するとき、パウロの脳裏には、どうもこのような偽り者の存在が常にあったのではないでしょうか。

手紙の目的

寺岡　時代の背景として彼女たちを偽教師から守りたいという目的からこういうことが書かれていたんだということが分かりました。今までは外見から人を見るということは問題があるような気がしていましたが、やはり内側の姿勢が外にも現われてくるんですね。この資料を見ますと、かなり派手で私たちよりも先端を行っているような髪形とか装飾品ですね。

ところで、一一、一二節では、「女性は従順であり男性の上に立つべきではない」とか、「静かにしていなさい」とあります。この御言葉が今でも守るべきものならば、三章二節と同じように、女性が長老になることは聖書の教えに反することになりますね。

松本　テモテへの手紙それ自体が、問題処理的な手紙といったものです。テモテが牧会しているエペソ（当時使用していた聖書の表記による）の教会に、ある特別の問題があって、それを解決するためにパウロはテモテに手紙を書いた。テモテがそれらの問題にどのように取り組んでいけばよいかを伝えるために書かれた、それがテモテへの手紙でした。確かに、聖書本来の特質の中に普遍性があります。それゆえに二〇〇〇年たった今の私たちにも有益であることは確かです。しかし、その中から「規則」を導き出し、それを文脈から切り離して、ひとり歩きさせてしまうのは聖書のふさわしい読み方とは言えないのではないでしょうか。これを時代や場所を越えて、普遍的なものとして解釈する仕方はちょっと違うのではないかと、私は思うのです。ただ、教会の歴史では長い間、パウロが書いたことは普遍的な規則で、女性は教会に来たら静かにしていること、女性が教師になったり、長老になって何か指導したり、男の上に立ったりすることは許されていないと言われてきた。しかし、あくまでも「第一テモテ」は第一義的には問題処理のために書かれたもので、特定の場所、特定の時間に限定されたエペソ教会のある問題を解決する目的をもって書かれたものだと認識して受け取るべきだと考えます。

エペソ教会を牧会する務めに主から召されたテモテに送られた書簡であって、パウロの執筆目的の制約を受けて書かれた文章であるということで、この箇所を理解する必要があるわけです。たとえば女性が男性の上に立つことを許さないと記す、この「上に立つ」という語を調べると、「アウセンティン」というギリシャ語が使われています。ところで、この「アウセンティン」という単語は新約の中でこの箇所でしか使われてなく、きわめて特殊な言葉なのだということが分かりました。今でもこの言葉の意味を巡って学者の間で論争があるようですけれども。信頼できるギリシャ語の辞書を見ましたら、「権威をもつ」とか「独裁的に支配する」という意味だと分かりました。この「上に立つ」ということを、もう少し考えてみますと、パウロが、たとえば権威を行使するときに用いる言葉は「エクソシアゾー」という動詞で、この単語を使っています。「アウセンティン」はここだけで、他では「エクソシアゾー」が使われている。

では、なぜパウロは普段使っている「エクソシアゾー」を使わず、わざわざここで、「アウセンティン」を使ったか。パウロの意図はどこにあったのかを考えてみたのです。一般に普通のことが起こっている場合は、大体いつも使う言葉を使いますね。けれども、普段使わない言葉が使われた場合、なぜだろうかと、そのちがいに私たちは注目すると思うのです。パウロは、もしかしたら普段使わない特異な言葉「アウセンティン」を使って、特別なメッセージをテモテや教会の人々に伝えたかったのではないか。なんらかのパウロの意図があったんではないかと考えるほうがより自然でしょう。

ともかく、「アウセンティン」という言葉は聖書の中で、ここだけしか出てきません。ところが、聖書以外の文献には何度も出てきます。その文献では、「威張りちらす」とか「圧制する」「暴威をふるう」といった意味で使われています。あまり良くない意味の言葉ですね。とすると、パウロは「アウセンティン」を用いて、上に立つ者の良くない形を強調する目的があったのではないか。そのため、「アウセンティン」を用いたのではないかと考えられます。ですからエペソの教会の男性指導者、教師たちから地位を奪い、教会の支配者になることによって、教会を混乱させる偽教師と関わりのあった女性たちに対して、テモテをはじめとして教会が毅然と立ち向かい、そのような女性たちに警告を発したと考えられます。

旧約の引用

寺　岡　一三、一四節ではアダムとエバの創造の順序やエバが罪を犯したとなっています。創造の順序はその通りですが、アダムも罪を犯していますね。なぜアダムの罪についてパウロは書かなかったのでしょうか。それと、なぜパウロはここで旧約聖書を引用しているのでしょうか。

松　本　実はこの箇所の解釈がいちばん難しいのです。ここでパウロの言わんとしていることの第一は、アダムがエバに先立って創造されたということ。第二は惑わされ、過ちを犯したのはアダムではなしにエバだったということが述べられているのです。

これは創世記第二章が伝えている内容と客観的に一致しています。ところが第一テモテの二章一四節の、惑わされ過ちを犯したのはアダムではなしにエバであるということに関して、創世記第二章をよく読んでみると、四節で蛇は「あなたがたは決して死ぬことはないでしょう」と女に言っています。注意してください、ここでは「あなたがた」と複数形で言っているのです。さらに、創世記三章を見ますと男も女も共に罪を犯したということが記録されています。エバだけでなくアダムも含まれているのです。続いて、四、五節を見ますと女に対して複数形で、「あなたがたに」と声をかけています。このことは三章六節から分かりますように、その場には女と共に男も居合わせたということを創世記は伝えているのです。

ところが、パウロはテモテに書いた手紙では、アダムは惑わされずエバだけが罪を犯したとしか書かれていません。適切な言い方ではないかもしれませんが、片方しか主張していない、片方しか伝えていない、そのように思えます。

ここで注目しておきたいのはパウロが手紙を書くときに旧約を引用するのですが、ある特徴と言いますか、傾向があるのです。それは「取捨選択的傾向」とでも言いましょうか。自説を主張するためにパウロは敢えてこのような引用をしたとも考えられます。ですから罪を犯したアダムとエバを共に取り上げていない二章の一四節をもってキリストの救いに与かって建てられる教会の普遍的秩序の根拠とするのは非常におかしいと思うわけです。

つまり、創世記三章にある、エバが蛇の誘惑に惑わされたことだけを根拠として、パウロはエペソの教会に起こっている特別な女性たちの問題を解決するために手紙を書いた。後のキリスト教会はパウロの第一テモテの手紙の内容から、女性が教会の職務につくことを制限するような解釈を導き出した。それは次のような三段論法でまとめられていると思います。

まず、女性が本来男性に比べて惑わされやすい。エバからしてそのような性質が女性にはある。なぜなら、パウロもそのことを根拠として教会の指導者に女性がなるのはふさわしくないと書いている。ゆえに、女性を長老として選ぶのはふさわしいことではない、とされてきたわけです。

結　論

寺岡　確かに、上に立つ人を選ぶことは難しいと思いますが、世の中には男性と女性がいるわけですから、相補うという関係こそが自然だと思います。教会の長老職も両性があって正常な形かなと思います。では最後に結論をお願いいたします。

松本　このテモテ二章九―一五節を丁寧に読んでいくと三つのことが言えると思います。

一つは、第一テモテ二章一五節はエペソの教会という「場」における女性の在り方について取り扱われた一連のまとまりのある箇所として解釈すべきである。

二つめは、第一テモテ二章一一、一二節は前後の文脈である第一テモテ二章九―一五節、さらにより広い文脈である『テモテ第一の手紙』及び『テモテ第二の手紙』から独立して解釈することは不適切である。

三つめは、第一テモテ二章九―一五節は「普遍的永続的指導原則」として、教会の中における女性の働きを否定し、あるいは第一テモテ三章一―一三節を強力に支持する基礎を提供する目的をもって記された箇所ではない。むしろこの第二テモテ二章九―一五節は偽りの教えという特定の状況のための導きと、問題処理を目的とするものとして書かれた『テモテ第一の手紙』の大切で中心的な一部分である。

以上の理由から第一テモテ二章九―一五節をもって教会の働きにおける女性の参与を否定したり制限することはできない。ですから、この聖書箇所をもって「長老」の資格条件を提示する第一テモテ三章一―一三節の普遍化の根拠として用いる試みはいずれも釈義的に無理があり、パウロの執筆意図とも調和しがたい。さらに、ガラテヤ三章二八節に書かれているパウロの救済論や、聖書の全体が語っている救済論からしても不適切であると言えましょう。

積極的根拠

寺　岡　先生のレポートの最後に、女性の長老の可能性を肯定する積極的な根拠がいくつか上げられていますが、そのことについても少し触れてください。

松　本　私のレポートの三分の二ページほどは、教会の働きに女性が参与することを否定し制限を加える根拠とされてきた中心的な箇所、第一テモテ二章九―一五節をもっぱら取り上げて考察しています。ここに今回のレポートの力点があったといっても良いかと思います。しかし、聖書の他の箇所では、女性が教会の働きに積極的に関わっている姿を幾つも見ることができるわけです。それを紹介する意味でレポートの後半部をあてました。

女性の参与を積極的に支持している聖書箇所はいくつかあるのですが、そのうちから⑴イエス・キリストの理解、⑵「助け手」としての女性、⑶初代教会における女性の参与について、の三つの事柄だけに絞って取り上げています。

寺　岡　その三つを簡単に説明していただけますか。

松　本　そうしましょう。

まず、イエスさまはこの問題をどのように理解されていたかを知ることは大切なことだと思います。そこで、ルカ一〇章三八―四二節を取り上げて考えてみました。この聖書箇所は有名な「マルタとマリア」の物語ですが、三九節にマリアがイエスさまの足元にすわって、御言葉に聞きいった、とあります。この足元に座って先生の教えを聞くという姿勢は、当時の習慣では弟子の典型的な姿だと言われています。しかし、この時代は女性が直接男性の指導者から教えを聞く、つまり弟子となることはあり得なかったとも言われています。そうしますと、イエスさまは当時の習慣とは逆行するような形でマルタとマリアを弟子としていたということが分かります。

このようにイエスさまの姿勢のなかに、女性というだけで弟子とはしないということはなかった。そこに、今までのユダヤの教えにない新しさを見ることができます。

次に、「助け手」としての女性では、創世記の二章一八節「また主なる神は言われた、『人がひとりでいるのは良くない。彼のために、ふさわしい助け手を造ろう』」に着目しました。結論だけを申しますと、「助け手」の意味は、学問的な聖書解釈では難解なところで、未だ不明確だと言われています。しかし、それでも一つだけははっきりと主張できます。つまり、「助け手」という語は、男性の女性に対する優位性を意味し、女性の男性に対する従属性を意味する言葉ではないということです。

三番目の、初代教会における女性の参与については使徒行伝やパウロが書いた手紙の中からも見つけることができます。ご存じのように初代教会の宣教活動は、十二使徒だけによったわけでもないし、ましてパウロ一人によって担われたものではありませんね。

男性も女性も用いられたということが使徒行伝やパウロの手紙から十分知ることができます。このことは、初代教会の宣教活動において女性の積極的参加があったことを見落としてはいけないということです。たとえば、『ローマ人への手紙』や『使徒行伝』に記録されているアクラとプリスキラ。このプリスキラは夫アクラと共にパウロの宣教を援助していますし、コリントとエペソの教会建設に関わっています。さらにローマ人への手紙一六章一節に「フィベ」という女性の名前がありますが、彼女はパウロから公式の紹介状を受けている唯一の人物です。ということは、彼女は教会にとって重要な役割を果たしていた。だからこそ公式な紹介状が必要だったと考えられています。このように初代キリスト教会の女性たちは、教会の働きに積極的に参与し、しかも重要な役割を果たしていたといっても差し支えないでしょう。

寺岡　先生のレポートは大変分かりやすくまとめられていると思います。四月の勉強会にはぜひ参加して勉強したいと思います。大勢の方がご参加してくださることを期待しています。ありがとうございました。

（高座教会機関紙『地の塩』一九九一年四月号）

■『基督神学』第一三号、二〇〇一年三月所収松本雅弘論文

二　カンバーランド長老教会神学史における贖罪論の変遷に関する一考察

Ⅰ　序

一八一〇年に創設されたカンバーランド長老教会は、自らの『信仰告白』を三度にわたって改訂する営みを続けてきたユニークな歴史をもつ長老派教会である。[1]『ウェストミンスター信仰告白』から始まり、『一八一四年版カンバーランド長老教会信仰告白』（以下、『一八一四年版信仰告白』）、『一八八三年版カンバーランド長老教会信仰告白』（以下、『一八八三年版信仰告白』）、そして『一九八四年版カンバーランド長老教会信仰告白』（以下、『一九八四年版信仰告白』）はいずれも契約概念が『信仰告白』の神学的枠組みとなっている点において共通するものと考えられる。しかしながら、以上の四つの『信仰告白』を比較するとき、それぞれの『信仰告白』の神学的枠組みとなる契約概念が、カンバーランド長老教会の歴史にそって変化してきた。そして、契約概念の変化は、贖罪論の変化であるとも言える。す

なわち、『ウェストミンスター信仰告白』とその一部修正によって成立した『一八一四年版信仰告白』は、「業の契約」と「恵みの契約」という二つの契約による図式（the two covenant scheme）を神学的枠組みとしてもつ。これに対し『一八八三年版信仰告白』は、「業の契約」と「恵みの契約」という二つの用語を使用しつつも、それらの用語が備え持つ贖罪論的意味に修正を施している。たとえば、キリストの十字架の贖罪論的意味を表現することにおいて、『一八一四年版信仰告白』が「satisfaction（充足／満足）」という用語をあてているのに対し、『一八八三年版信仰告白』は、「propitiation（贖い／償い）」というユダヤ祭儀律法のカテゴリーで使用されてきた聖書的用語をあてる。そして遂に、『一九八四年版信仰告白』では、「業の契約」という用語が消滅し、「恵みの契約」という唯一の契約による図式が『信仰告白』全体を規定する新たな神学的枠組みとなっていくのである。

本稿は、『ウェストミンスター信仰告白』の新しい解釈に立ち、その後さらに、『一八一四年版信仰告白』、『一八八三年版信仰告白』、そして『一九八四年版信仰告白』と、常に新たな『信仰告白』を生み出していったカンバーランド長老教会神学史にそって、その時代の『信仰告白』に深く関わったF・ユーイング（一七七三―一八四一）、R・ベアード（一七九九―一八八〇）、S・バーニー（一八一四―一八九三）、P・F・ジョンソン（一八五二―一九二五）、E・K・リーガン（一九〇〇―一九八五）という代表的神学者らの神学を例証しながら、各『信仰告白』の贖罪論とその変遷に着目し、特に『一九八四年版信仰告白』にあらわされた現代のカンバーランド長老教会の神学の特徴を考察するものである。[2]

Ⅱ　『ウェストミンスター信仰告白』の贖罪論

A　カルヴァンの贖罪理解

宗教改革者カルヴァンは、著書『キリスト教綱要』で、キリストによる贖罪の業をキリストの祭司・預言者・王という三職制と結びつけながら展開する。この点について、H・マクドナルドは以下のように説明する(3)。

まずカルヴァンは、「贖い主のつとめがかれに課せられたのは、かれがわれわれのために、救い主となりたもうためであった(4)」と述べる。カルヴァンによれば、贖い主キリストの人格には三つの職務が密接に結びつき、しかもその三職がいかに贖い主キリストにふさわしいかを説く(5)。さらに、「かれがどのようにしてわれわれに救いを獲得したもうたか(6)」と議論を展開する。

カルヴァンは、議論の前提として、神の怒りの現実に着目し、神は「キリストによってわれわれと和解したもうまでは、われわれに対してどうして敵対したもうたのか(7)」との問題を提起する。続けて、次の二つの理由を挙げつつ、人間が贖い主を必要とする根拠を紹介する。それは、第一に、アダムの堕落以降、全人類は贖い主なしに神を知るに有効な知識を喪失したこと、そして、第二に、父なる神はその愛によってキリストにある人間との和解を妨げもし、かつ期待もする、ということである(8)。カルヴァンによれば、キリストの死によって神の好意が獲得されるまで、神は人間の敵であった(9)。ただし、その神の怒りは復讐心による怒りではなく、神の愛のうちにある怒りであるが故に、神によって和解が提供される、と結ぶ。

ところで、キリストはいかにして人間に救いをもたらすのか。ここでカルヴァンは、いわゆる「法代償的贖罪論」の立場をとる。[10]キリストは神の裁きと怒りを身に引き受けた。[11]すなわち、キリストが人間の罪を取り除き、神の敵意を除き去るのは、キリストの完全な服従による。キリストはその死において「われわれの不義のためにわれわれに対して留められていた――あるいはむしろ、われわれの上に落ちかかっていた――いっさいの呪いが、かれに移されることによって、われわれから取りのぞかれるためであった」。[12]カルヴァンは、この議論を締めくくるにあたり、『使徒信条』にふれ、キリストの十字架の出来事と共にキリストが死んで葬られたことにより、「かれは御自身の死によってわれわれの生命を贖いたもうたのである」[13]と結ぶ。

H・マクドナルドは、カルヴァンの贖罪論の背景に、ルターにも共通する「愛」と「義」という二つの原理を贖罪に関連づけつつ、さらにその二つの原理を互いに調和させようとする試みがあったことを指摘したうえで、その試みの限界について、「それはある程度達成したが、受容し得る代償的贖罪論は念入りに形成されなければならない。しかしその発展において愛の原理が義の原理に続く副次的なものになってしまった」[14]と述べるのである。

こうしたH・マクドナルドの指摘は、カルヴァン主義神学の一つの成果としての『ウェストミンスター信仰告白』にも妥当すると言えよう。『ウェストミンスター信仰告白』は、神の絶対主権と人間意志の自由の両者を調和させるために、神と人間との関係を「業の契約」と「恵みの契約」という二つの契約関係で捉えようとする。しかも、「恵みの契約」を「業の契約」の要求を満たす二次的契約と位置づけ、「義」を「業の契約」の要求を満たすことによって獲得される法的概念として理解する。[15] その結果、『ウェストミンスター信仰告白』では、「愛」が「義」に従属する神学的枠組みをもったものと考えられるのである。

B　『ウェストミンスター信仰告白』の贖罪論

一六四六年、イギリスにおいて成立した『ウェストミンスター信仰告白』は、その後、スコットランド、および、アメリカ合衆国内の長老派教会の信条として受け入れられ、多大な影響をもたらすことになった。[16]『ウェストミンスター信仰告白』は、神が「理性的存在」であるがゆえに、その神のかたちに創造された人間も「理性的被造物」であると、次のように定義する。[17]「神は、……人間を男と女に、理性ある不死の霊魂をもち、ご自身のかたちに従って知識と義とまことのきよさとを賦与された。心の中に記された神の律法とそれを成就する力を持ち、しかも変化し得る自分自身の意志の自由に委ねられ、違反する可能性のある者として創造された。[18]」

『ウェストミンスター信仰告白』によれば、人間は神のかたちに創造された存在として「理性的被造物」であり、「意志の自由をもった存在」である。「意志の自由」とは、「善にも悪にも強制されない状態」を意味し、「自然の絶対的必然で決定されてもいない」ことを指す。[19] 換言すれば、「意志の自由をもった」人間とは、正しいことと間違ったことを理解し、選択しうる存在ということである。これが

「神のかたち」の意味である。

以上のことからも、『ウェストミンスター信仰告白』の特色は、論理性にあると言える。[20] このことは、『ウェストミンスター信仰告白』の神学的枠組みについてもあてはまる。『ウェストミンスター信仰告白』は、「業の契約」と「恵みの契約」の二つの契約による図式によって全体が枠づけられている。さらに、二つの契約による図式という神学的枠組みのなか、全体を貫いて「審判者」、「律法」、「選び」という三つの用語が繰り返される。こうした『ウェストミンスター信仰告白』の当然の帰結は、人間論、神論へと一貫していく。すなわち、『ウェストミンスター信仰告白』によれば、人間は「理性的被造物」であり、この世界は理性的被造物である人間によって把握しうる法により支配された秩序ある体系的世界である、となる。さらにまた神は、法の統治者として、人間と世界とに対して「審判者」であり、「律法」に従って世界を支配する存在である。言い換えれば、神は、「審判者」として自らも「律法」に拘束される存在である。こうした神であるがゆえに、神と「理性的被造物」としての人間とのあいだの基本的、本質的関係は、「律法」に基づく法的関係となる。このような神学的枠組みのなかで、次に考察する贖罪論も展開される。

『ウェストミンスター信仰告白』の贖罪論も、きわめて論理的である。最初の人アダムとエバとは、理性と意志の自由をもっていた。しかし、その自由を誤用した結果、「律法」の要求する「裁き」を身に招くこととなる。しかも、「アダムは人類の代表である」という主張のなかに、トマス・アクイナス以来のキリスト教スコラ主義の影響をうかがい知ることができる。[21] 人類の代表であるアダムが罪を犯した結果、その子孫である人類に罪が転嫁され[22]、全人類は「審判者」である神によって「律法」の刑罰下に置かれる。しかし、神の隣れみにより全人類に、新たな代表として第二のアダムであるキリストが遣わされ、キリストが「律法」に完全に服従し、そして、人類の刑罰を身代わりに受ける法代償的死をまっとうすることによって、必要な刑罰が執行されたとする[23]。ただし、この法代償的贖罪論が成立するには、いくつかの前提が必要となる。その一つは、「恵みの契約」が永遠の救いへと選ばれた者に限定される、というものである[24]。一般に、この贖罪理解を「限定的贖罪論」と呼ぶ。ここでも論理性という特色が強くあらわれている。すなわち、ここで永遠の救いにあずかる者が限定されるという「選び」がなければ、キリストの法代償的死が全人類に妥当する普遍的救済へと帰結することになる。このように「選び」と、キリストの十字架の出来事を「律法」という刑法に定められた司法的刑罰の執行と理解する法代償的贖罪論とは、一つの対を成す理論であることが分かる。しかも論理性を貫いた結果、この「選び」は創造以前にさかのぼるものとされる[25]。

これに対して、アルミニウスは、「恵みの契約」を条件的に理解する立場をとることにより、法代償的贖罪論の論理的帰結としての普遍的救済を退けるのである。後に、この考え方は、ピューリタンによって継承され、その影響下にあるカンバーランド長老教会の伝統のなかにも受け継がれていくことになる。

C 『ウェストミンスター信仰告白』とカンバーランド長老教会の創立

カンバーランド長老教会の創立の契機となった一八一〇年のアメリカ長老教会の分裂は、神学的な必然のなかにあったと言える。

一八一〇年のカンバーランド長老教会の誕生の直接的要因は、ケンタッキー大会に起こった分裂にあった。当時、ケンタッキー大会は、カンバーランド中会のほか、トランシルヴァニア中会、ケンタッキー中会の計三つの中会により成立していた。ケンタッキー大会は、次のような三つの理由によって、カンバーランド中会を解散させたのである。第一に、「選び」の範囲をめぐっての神学的理解の相違、第二に、一部の教職者の按手をめぐっての神学的、また教会政治的理解の相違、そして第三に、信仰覚醒運動の受けとめ方の相違である。これら三つの論点を中心に議論を戦わせた結果、両者のあいだに合意が得られず、ケンタッキー大会は、カンバーランド中会に対して解散措置をとることになった。一八一〇年、S・マカドウ、F・ユーイング、そしてS・キングの三教職者は、新たな中会を再編成し、ケンタッキー大会に対して加入申請を行ったが、大会会議で否決され、その結果、カンバーランド長老教会が誕生するに至ったのである。

ところで、アメリカ長老派教会の神学史は、『ウェストミンスター信仰告白』の受け入れをめぐって、さまざまな議論が生じていたことを伝えている。特に、イギリス・ピューリタニズムの影響下にあった長老派を中心に、『ウェストミンスター信仰告白』の一部修正が求められた。その修正の焦点は、「恵みの契約」を条件的に機能させることにあった。すなわち、「恵みの契約」を条件的に機能させることは、神の主権に制限を課すことになる。その結果、一方において人間の意志の自由が保証され、もう一方において普遍的救済を退け得たのである。このようななかで、彼らの神学的問いかけは、『選び』がないのなら、人はいかにして救われるのか」ということに発展していく。その結果、信仰生活における「内省」に関心が集まり、「回心」の体験が強調されるようになった。しかも、「回心」の体験をある種の「業」とみなすようになっていった。こうして、「伝道説教」、「悔い改め」、「聖書を読むこと」、「祈り」等が、重要視されていく。さらにまた、この時期、「神学的心理学」と呼ばれるものが重んじられた。人間の「快・不快の原理」を利用する「神学的心理学」を用いた説教は、「律法」への言及からはじめて聴衆の心に恐怖心を呼び起こし、そして、「悔い改め」の報いとしての救いの約束を提示する、というパターン化された「伝道説教」が語られるようになった[26]。

以上のように、初期のカンバーランド長老教会の神学は、二契約図式の神学的枠組みを保持しつつ、第二の「恵みの契約」を第一の「業の契約」同様に条件付としたのである。この点が『ウェストミンスター信仰告白』との相違点であり、イギリス・ピューリタニズムの影響下にあった長老派教会の流れを汲むカンバーランド長老教会が、『ウェストミンスター信仰告白』の神学に求めた修正点でもあった。こうした神学の特徴は、第一に、贖罪の主観的側面の強調にあり、回心や新生の経験といった「体験」を重要視するものである。第二に、神と人間の関係を法的関係と捉える『ウェストミンスター信仰告白』の神学的枠組みを踏襲する一方、特に神の主権に制限を加え、神の主権と人間の意志の自由とを調和させようとする。これは伝道的なアメリカ長老主義の新たな動きと軸を同じくするものであった。

このようにしてカンバーランド長老教会は、神の主権を重要視する『ウェストミンスター信仰告白』の神学から離れ、その告白の一部修正の帰結として、『一八一四年版信仰告白』を独自に生み出すのである。カンバーランド長老教会は、神の主権に制限を加え、意志の自由に注目する人間の自律性を強調する神学へと、大きな一歩を踏み出していくこととなったのである。

Ⅲ 『一八一四年版信仰告白』の贖罪論

A ファイニス・ユーイングの神学

カンバーランド長老教会は、信仰覚醒運動によって誕生した教会と表現しても過言ではない。『一八一四年版信仰告白』執筆者の一人であったファイニス・ユーイングは、カンバーランド長老教会の神学的ルーツをアメリカ長老主義の祖としてのピューリタンに求める。ピューリタンの神学であるピューリタニズムとは、人間の自由の側面を強調する修正カルヴィニズムと言えよう。

『一八一四年版信仰告白』は、初期のカンバーランド長老教会の指導者たちが『ウェストミンスター信仰告白』との神学的対話をなした結果として作成されたもので、基本的には、『ウェストミンスター信仰告白』の神学的枠組みを継承していると言える。ただし、贖罪論において、一部修正を加えている。その修正とは、現実の信仰覚醒運動との密接な関わりの経験から、『ウェストミンスター信仰告白』の保持する「限定的贖罪論」を退けたという点にある。以下、H・W・マロウの説明にそって、この時代を代表するカンバーランド長老教会の神学的指導者F・ユーイングの主張の要点を整理してみたい。[27]

F・ユーイングは、カンバーランド長老教会の創立者の一人であり、カンバーランド長老教会の最初期およそ二十年にわたる神学的、実際的指導者であった。『一八一四年版信仰告白』は、彼の神学を色濃く反映しているものと言えよう。また、その著書、*A Series of Lectures on the Most Important Subjects in Divinity*（『神学の最重要主題に関する講義』）のなかでも、その神学的強調点が展開されている。

F・ユーイングは教職者を志す学生達に対して法律を学ぶことの必要性を強く勧める。[28] これは、F・ユーイング自身の神学が、『ウェストミンスター信仰告白』の「審判者」としての神観、神と人間の関係が「律法」を仲立ちとする法律的関係であるとの理解に同意していたことを物語っていると言えよう。しかし、彼の贖罪論には、従来の『ウェストミンスター信仰告白』の明らかな修正がみられる。彼はその贖罪論において、「業の契約」と「恵みの契約」という二契約図式を採用しつつも、人間の意志の自由を「恵みの契約」を受け取る自由であると定義づけた。すなわち、「恵みの契約」を条件的に機能させたのである。そして、「選び」の範囲を限定せずに、キリストの十字架の死による「律法」の要求の充足が、人類全体のためであったことを強調するのである。

B　『一八一四年版信仰告白』の忠実な継承者としてのリチャード・ベアードの神学

リチャード・ベアードは、一八三二年にケンタッキー州プリンストンにあるカンバーランド大学を卒業すると同時に母校の言語学教授に就任し、六年間にわたって教鞭をとった。その後、ミシシッピー州のシャーロン大学に移り、さらに、一八五四年から一八八〇年まで、テネシー州レバノンに創設されたカンバーランド大学神学部で神学を講じた。彼は、『一八一四年版信仰告白』に表現されたF・ユーイングの神学の忠実な継承者であると言える。彼は、一八六四年、*Lectures of Theology*（『神学講義』）を著した。そのなかで展開される神学の特徴は、人間の経験に基礎を置く点であろう。以下、H・W・マロウの説明にしたがってR・ベアードの神学を概観する。[29]

H・W・マロウによれば、R・ベアードは、人間の「自己」が、「心（マインド：理性的／科学的）」と「意志（意志決定機関：法と関わる部分／実際的）」と「感性（感情的）」とから成立しており、特に神学に関係する分野は「意志」の分野が中心となる、と考えていたとする。R・ベアードは、「良き神学」の条件として、それが、科学的、経験的、そして実際的である必要があると考えた。そして、「意志」の分析の結果、「自己」には二つの特徴が兼ね備えられており、その一つは「意志の自由」であり、もう一つは「他者・神への依存」であると理解していた。

さらにまた、R・ベアードは、神と人間との関係が法律的であり、神は律法の賦与者であると考えていた。その結果、人間には「律法」への服従の報いとしての天国が約束されている、と理解したのである。「恵みの契約」は無条件的であるが、その「恵み」を選ぶ自由が人間の側にあるとする。これを別の観点から説明し、「人間は法的に罪人であるが、しかし人格的に罪人でない」と語っている。

H・W・マロウは、R・ベアードの神学を称して「発展的神学」と表現した。そして、この「発展性」こそ、後に『一八八三年版信仰告白』を生み出す契機となる。つまり、演繹的に閉じられた世界で神学を営むのではなく、その時代に適用する神学を営もうとする「発展的神学」の傾向が、カンバーランド長老教会の神学史を特徴づけることになるからである。

以上のように、『一八一四年版信仰告白』にみられる『ウェストミンスター信仰告白』の一部修正は、結果として「修正」を超えて、「改訂」へとつながっていくことになる。一般的に長老派教会では、『信仰告白』が聖書から生み出されたがゆえに、その全面「改訂」を試みることは、きわめて稀であると言われるが、カンバーランド長老教会は、その宣教の業をもって関わりをもつ「その時代」からの問いかけにより、新たに聖書に向かい、その結果として『信仰告白』を改訂する神学的柔軟性をもっていたのである[30]。これは今日の宣教学でいう「文脈化（contextualization）」の先駆けと言えよう。

『一八一四年版信仰告白』は、表面的には『ウェストミンスター信仰告白』と比較して大差ないように見える。しかし、その後のカンバーランド長老教会神学史を概観するとき、『一八一四年版信仰告白』の作成という出来事自体が、単なる内容上の「一部修正」ではなく、『ウェストミンスター信仰告白』からの「別離」を意味する大きな一歩であったと言えるのである。

Ⅳ　『一八八三年版信仰告白』の贖罪論

A　歴史的背景

一九世紀は、神学的に大きな変化が生じた時代であった。啓蒙主義の嵐が吹き荒れるなか、科学の分野においては進化論が一世を風靡し、特に神学界では聖書学の分野で歴史的批評的方法が聖書に適用された。シュライエルマッハーは、神学を科学から守ろうとする試みの帰結として自由主義神学を打ち立てていく。また、哲学の分野においてもパラダイム・シフトが生じていた。それは、実念論にかわり「個別が普遍」という唯名論の台頭である。これは、即、神学の領域にも影響をもたらしたと言えよう。

『ウェストミンスター信仰告白』に代表される改革派・長老派教会の神学は、一般に「契約神学」と呼ばれる。カンバーランド長老教会もその流れを汲む。この時代、契約神学の前提であるアダムの歴史性が、聖書批評学によって攻撃にさらされた。そして、契約神学のもう一つの前提である「契約の代表者としてのアダム」という理解、すなわち、「普遍的人間としてのアダム」が、唯名論によって批判の対象とされた。その結果、『ウェストミンスター信仰告白』と『一八一四年版信仰告白』は、時代の嵐によって大きな挑戦を受けることとなった。

B 『一八八三年版信仰告白』改訂の中心的神学者スタンフォード・バーニー

『一八八三年版信仰告白』改訂委員会の委員長をつとめたカンバーランド大学の神学教授スタンフォード・バーニーは、R・ベアードのもとで神学を修めた人物である。R・ベアード自身は『一八一四年版信仰告白』改訂を終始拒んだ学者として知られているが、[31]その師のもとに学んだS・バーニーは、時代の空気を満喫しながら、自らの信仰的良心に忠実にその神学を展開していくのである。以下、H・W・マロウの説明にしたがってS・バーニーの神学を概観する。[32]

S・バーニーは『一八一四年版信仰告白』に刺さった「とげ」を抜き去ることに努めた。その「とげ」とは、二契約図式における「審判者」としての神観であり、神と人間との関係を規定する「律法」理解、そしてアダムが人類を代表して神との間に、「業の契約」を結んだ、という考え方であった。『一八一四年版信仰告白』によれば、神と人間との関係において、神はあくまでも自ら制定した「律法」に拘束される存在として人間の前に「審判者」であり続ける。当然、神は人間に「律法」を完全に守るように要求し、「律法」の要求を充たせば報いとして永遠の命を授けるが、充たさなければ永遠の刑罰下に置く。そして、アダムは歴史的存在であり、しかも神と「業の契約」を交わす際に全人類の代表として契約を交わした、というのである。

これに対し、S・バーニーは、第一に、契約の代表者としてのアダムの存在を受け入れることを拒否する。S・バーニーにとって「普遍は名ばかり」であり、むしろ「個別が普遍」であった。その結果、彼は、『一八一四年版信仰告白』が『ウェストミンスター信仰告白』から継承した「原罪の遺伝」という考え方に修正を求めたのである。

第二に、S・バーニーは、神を「審判者」として理解する契約神学が、「正義が神」という根本的な誤りを犯しているとして、「神が愛である」という真理を「義」に従属させていると批判したのである。H・W・マロウによればバーニーの神学の力点は「愛の神の回復」にあった。

S・バーニーの師であるR・ベアードが、神を「審判者」として捉え、神と人間との関係を従来の「法律的関係」と理解したのに対して、上述のようにバーニーは、神を「天の父」と受けとめ、神と人間との基本的関係を「愛の関係」と理解したのである。彼は神が父であり人間が子であることを次のように説明する。すなわち、神は既存の物質を用いて肉体を創造したが、魂は単なる被造物ではなく神から発生したものである。肉体は性交によって形成されるが、魂は無から創造される。したがって、神は父であり、人間は神の子なのである、と理解するのである。

この結果、「律法」理解にも変化が起きた。すなわち、「律法」を破ることによる「刑罰」に代わって、神である「親」がわが子に自らの意志である「律法」を教えるという「訓練」という概念が用いられた。R・ベアードによれば「罪」とは、その本質が「律法」に違反するという法律概念であるのに対して、S・バーニーにとっての「罪」とは、「神への反逆」という人格・関係概念として理解される。つまり、「罪」とは人間の自己中心性、自己中心的愛に原因があるとするのである。当然、従来の伝統的な「原罪」理解も修正される。S・バーニーによれば、「罪」とは肉体の問題ではなく、魂の問題である。魂が神によって造られたということは、神と人間との関係が「親-子関係」であることを意味する。それゆえに、神の主権は「審判者」としての主権ではなく、「親」としての主権であり、このような文脈に「律法」が位置づけられていくのである。すなわち、「道徳律法」は、愛に富む親の意志と同じような意味において神の意志なのである。したがって「律法」は、法律として伝達されるのではなく、「戒め・命令」として伝えられるべきものである、とS・バーニーは主張する。

こうしたS・バーニーにとって、その贖罪論は、「律法」の要求を満たすという意味で「充足」という法律的な十字架理解を退け、「贖い／償い」という聖書的祭儀的な意味で十字架を捉えなおすことへと大きく変化を遂げたのである。これまでのカンバーランド長老教会の神学における救済論は、概して十字架のみを強調する傾向にあったと言えるが、S・バーニーの神学以降、十字架に加えて、キリストの生涯と復活を救済論の中心に位置づけたと言えよう。彼によれば、キリストは人類を愛し、その人類の罪によって死んだのである。なぜなら、罪の結果は死だからである。神はキリストにおいて人間の罪の結果として十字架で受苦し、人間と復活の命を分かち合うために、死から復活したのである。

以上のように、S・バーニーの神学は、契約神学の用語を使いつつも、従来の用語に新しい概念を込めていく。[33]カンバーランド長老教会はここに至って大きな変化を遂げたのである。『一八八三年版信仰告白』は、このような神学を背景として生み出されていった。

C　『一八八三年版信仰告白』の贖罪論

H・W・マロウによれば、『一八八三年版信仰告白』は、上述のバーニーの影響を大きく受け、特に以下三つの点でそれが顕著であったと分析する。[34]

第一に、「業の契約」と「恵みの契約」という二契約図式における神と人間との関係に大きな変化が生じた点である。神と人間との関係を表す「契約」という用語が創造との関係において一回だけ用いられているが、「律法」を親と子の関係の中で理解するため、「律法」との関連箇所に「業の契約」への言及はなくなる。そして、この「律法」の中心としてキリストの愛の律法、すなわち「神と隣人を愛せよ」を「唯一の法」として位置づける。

第二に、キリスト論においてもその特徴がみられる。『一八一四年版信仰告白』はキリストの死を神の義の充足と理解するが、これに対して『一八八三年版信仰告白』はそれを贖い、償いの死として捉え、より聖書的用語表現に変更されている。しかもこの「贖い」、「償い」とは法律的概念ではなく、関係概念である。この意味するところは「壊れた関係の回復に必要な行為」ということである。したがって、十字架とは神の苦しむ愛の表現と言える。

第三に、義認論にもS・バーニーの影響があらわれていると言える。『一八一四年版信仰告白』では「義認」が神からの絶対的な賜物であり、「信仰」と「悔い改め」は「義認」を述べる項目の後に位置するものであった。これに対して、『一八八三年版信仰告白』では、「信仰」と「悔い改め」が「義認」の前に置かれている。これは人間の意志の自由を強調した結果と理解しうる。

V 『一九八四年版信仰告白』の贖罪論

A P・F・ジョンソンとR・K・リーガン

『一八八三年版信仰告白』が生み出された以降のカンバーランド長老教会の神学的指導者として、P・F・ジョンソンとR・K・リーガンの名をあげることができる

P・F・ジョンソンは、一八五二年生まれで一九二五年に召天している。十九世紀から二十世紀初頭の架け橋となった人物であり、S・バーニーの神学の継承者であった。神学的に特に注目すべきこと

は、彼が「義認」を「神との正しい関係」と捉えた点にあると言えよう。彼も、神と人間との関係を「律法」の要求を満足させるという意味での法的関係とは捉えていない。

R・K・リーガンは、一九〇〇年生まれで、二十世紀のカンバーランド長老教会における中心的指導者の一人であった。彼はカンバーランド長老教会の神学を「中庸の神学」として位置づけようと努めた。従来の「中庸」は、「カルヴァン主義とアルミニウス主義の中間にある神学」という意味合いが強かったが、R・K・リーガンは「中庸の神学」を「普通の人に理解される神学」と定義づけている。原罪理解、神と人間との関係の理解に関しては、S・バーニーを継承すると言えよう[35]。

B　新たな展開――『一九八四年版信仰告白』の贖罪論をめぐって

一九七七年に開催された総会の議場に、ミズーリ大会は教会が置かれている時代の人々に応えうる『信仰告白』への改訂を求める議案を提出した。その結果、カンバーランド長老教会から十五名、米国カンバーランド長老教会から五名の委員によって委員会が結成され、『一九八四年版信仰告白』を生み出していったのである。これは、『一八八三年版信仰告白』の枠組みを保ちつつ、その神学を徹底したものであると言えよう[36]。

上述のように、カンバーランド長老教会の神学は、聖書的で[37]、なおかつ実践的であろうとするところに特徴があると言えよう。換言すれば、「生活の座」において聖書に聴く姿勢によって営まれ、生み出される神学である。その神学は、聖書に基づき、なおかつ絶えず「文脈的」であろうとする。

一九七七年に組織された改訂委員会の最初の仕事は、カンバーランド長老教会の歴史を振り返ることであった。そのなかで教会の「生活の座」を見極めようとした。第二になされたことは、聖書全体を読み返すことにあった。その結果、「契約」が聖書の神学的枠組みであることを確認したのである。[38]

一般に「契約」という用語は、聖書において二種類の意味で使われていると言われる。第一に、「契約」とは神と被造物との間に交わされるもの、第二に、「契約」とは人間同士の合意によって結ばれるものである。『信仰告白』の神学的枠組みとしての「契約」とは、前者の場合を意味し、神と被造物、特に人間との間に結ばれるもので、しかも、この場合すべてが神の一方的な賜物として交わされるものである。つまり、聖書にある「契約」は、そのすべてが「恵みの契約」である。これは、『一八八三年版信仰告白』以来、その『信仰告白』にあらわされてきたカンバーランド長老教会の「契約」理解を継承している。すなわち、「神と人間との関係」を「愛に基づく親と子の関係」として捉えている点である。

ところで、『一九八四年版信仰告白』の冒頭にヨハネ福音書三章一六節が「福音の凝縮」として記されている。『一九八四年版信仰告白』の聖書論のなかにもあるが、聖書を「キリスト証言の書」と受け入れ、キリストの出来事を聖書解釈の原理とする。キリストの誕生、生涯、十字架、復活を歴史の中心、聖書の使信の中心として捉えているのである。

では、『一九八四年版信仰告白』の贖罪理解はどうだろうか。以下、四点にその特徴を整理することとする。第一の特徴は、贖罪論を和解論のなかに位置づけることにより、神の救済の業の広がりを見ることができるという点にある。つまり、個人の救済を超えた人類共同体、被造物全体の救済を視野に入れている。

第二に、神を「親」として捉えることにより、神と人間との関係は愛に基づく「恵みの契約」関係と理解される。「律法」が仲立ちする法律的関係ではない。

第三に、キリストの十字架の意味である。当然「充足」ではなく「贖い」の立場を取り、旧約聖書の祭儀律法に基づき、キリストの十字架上の死を、「罪の贖い」として「命を与える死」として理解する。しかもそれ以上に、神の苦しむ愛の証しとして、十字架を積極的に位置づけていく。こうして、キリストの誕生、生涯、十字架、復活、昇天にいたるキリストの出来事全体が、和解をもたらす出来事であることを力強く告白するのである。

そして最後に、「義認」における「義」の問題である。『一九八四年版信仰告白』では「義」を「正義」と区別し、法律的概念ではなく、人格と人格の関係をあらわす概念として理解する。また、「正義」は神の意志であり、「律法」は人類が「正義」を行うために与えられた「戒め」とする。

Ⅵ　発展的神学としてのカンバーランド長老教会の神学

カンバーランド長老教会は、自らの『信仰告白』を三度にわたって改訂する神学的営みを続けてきたユニークな歴史をもつ長老派教会である。一八八五年の総会においてW・J・ダービー総会議長は、カンバーランド長老教会を称し「リベラルかつ発展的教会である」[39]と発言した。マロウも『一九八四年版信仰告白』を「硬直化し柔軟性のないものではなく、発展的信条である」と評価する。[40]

すべての神学は、神と被造物の関係をどのように結びつけるかによって決定すると言われるが、筆者は、『ウェストミンスター信仰告白』の中の「審判者」、「律法」、「選び」という概念を手がかりとして、特に『信仰告白』の神学的枠組みとしての「業の契約」と「恵みの契約」という二つの契約の関係に焦点をあてつつ、およそ二百年にわたるカンバーランド長老教会の神学的思索の営みを、カンバーランド長老教会が独自に生み出した三つの『信仰告白』をたどりながら考察してきた。そこから、用いる言語が時代の制約を受けていることが明らかにされ、またその時代の教会がその「生活の座」においていかなる「問い」をもちつつ聖書と取り組むかによって生み出される神学も異なってくることを知らされる。そのような意味で、カンバーランド長老教会はその贖罪理解においても「発展的神学」の歩みを確実にしてきたものと言えるであろう。

〔注〕

（1）一八一〇年、カンバーランド長老教会は、『ウェストミンスター信仰告白』の新しい解釈に立ちながら教会形成を始めた。その後、自らの立場を明確にするために、一八一四年に、『ウェストミンスター信仰告白』を一部修正した『一八一四年版カンバーランド長老教会信仰告白』を著した。そして、一八八三年に、それを全面改訂した『一八八三年版カンバーランド長老教会信仰告白』を告白する。さらに、およそ百年後の一九八四年には、『一八八三年版カンバーランド長老教会信仰告白』の神学的遺産を継承しつつ、時代に即した神学の表現として、『一九八四年版カンバーランド長老教会信仰告白』を生み出していく。カンバーランド長老教会創設期から一九七〇年代にいたる歴史については、Ben M. Barrus, Milton L. Baughn, Thomas H. Campbell, *A People called Cumberland Presbyterians: A History of the Cumberland Presbyterian Church*（Memphis, Tennessee: Frontier Press, 1972）に詳しい。日本語の文献としては、荒瀬牧彦『講演　カンバーランド長老教会の精神に何を学ぶか』（カンバーランド長老キリスト教会日本中会情報委員会編『四十周年記念誌　あゆみ』所収、一九九三年）がある。Presbyterian（USA）からみたカンバーランド長老教会の創設に関する興味深い研究としては、Bradley J. Longfield, *The Presbyterian Controversy: Fundamentalists, Modernists, & Moderates*（Oxford: Oxford University Press, 1991）, pp.60-22。『一九八四年版カンバーランド長老教会信仰告白』の成立背景に関しては、H. W. Morrow, *The Covenant of Grace: A Thread Through Scripture*（Memphis, Tennessee: Board of Christian Education, Cumberland Presbyterian Church, 1996）, pp.5-8。日本語では、拙訳、H・W・マロウ『恵みの契約――カンバーランド長老教会一九八四年版信仰告白講解』（新教出版社、二〇〇〇年）五七―六二頁参照。

（2）Donald K. McKim ed. *Encyclopedia of The Reformed Faith*（Louisville, Kentucky: Westminster/John Knox Press, 1992）, p.13の「Atonement」の項目において、G・ファクレは、「イエス・キリストにあって神が和解の業を成し遂げたことにより贖罪論は改革派教会の神学的伝統の中心となった」と述べる。

（3）H. D. McDonald, *"Models of the Atonement in Reformed Theology,"* Donald K. McKim, ed., *Major Themes in the Reformed Tradition*（Grand Rapids, Michigan: Wm. B. Eerdmans 1992）, pp.117-121.

（4）カルヴァン『キリスト教綱要』Ⅱ・一六・一。以下、『キリスト教綱要』からの引用は、カルヴァン『キリスト教綱要Ⅱ』、渡辺信夫訳（新教出版社、一九六二年）による。

（5）カルヴァン、前掲書Ⅱ・一五・二、六参照。
（6）カルヴァン、前掲書Ⅱ・一六・一。
（7）カルヴァン、前掲書Ⅱ・一六・二。
（8）カルヴァン、前掲書Ⅱ・一六・三。
（9）ローマ五・一〇、ガラテヤ三・一〇、一三参照。
（10）法代償的贖罪論については、H. W. Morrow, *op.cit.,* p.40。この場合、法代償的贖罪論は、少なくとも二つの神学的前提をもつ。一つは、原罪の遺伝、もう一つは契約の代表者としてのアダムという立場である。
（11）カルヴァン、前掲書Ⅱ・一六参照。
（12）カルヴァン、前掲書Ⅱ・一六・六。
（13）カルヴァン、前掲書Ⅱ・一六・六。
（14）H. D. McDonald, *op.cit.,* p.112.
（15）「業の契約」と「恵みの契約」の関係についての詳細は、H. W. Morrow *op.cit.,* p.44、H・W・マロウ、前掲書一二二―一二三頁以下参照。
（16）『ウェストミンスター信仰告白』がアメリカの長老派教会に与えた影響については、曽根暁彦『アメリカ教会史』（日本基督教団出版局、一九七四年）八一―八三頁参照。また、カンバーランド長老教会との関係に関して、マロウは次のように述べる。「一六四七年にイギリスで出版されたウェストミンスター信仰告白と教理問答とは、アメリカ合衆国の長老派教会にもっとも強い影響を与えてきた。一七二九年のフィラデルフィア大会（synod）会議において、植民地内の長老派教会はウェストミンスター信仰告白を教会の公式信条として採用した。スコットランド系アイルランド人の一派は、この信仰告白を無条件で受容するかどうかで、正当な信仰保持者かどうかを判定しようとした。これに対してジョナサン・ディキンソン牧師に導かれたニューイングランドの一派は、そうした厳格な見解に反対し、人間が作りだしたいかなる文書も聖書に属する固有の地位を奪うべきではないと主張したのである。カンバーランド長老教会は、ウェストミンスター信仰告白をこのようにあまり厳格に受けとめない長老教会の一派から生まれた。」（マロウ、前掲書、五八頁）。

(17)『ウェストミンスター信仰告白』四・二、七・一。

(18)『ウェストミンスター信仰告白』四・二。『ウェストミンスター信仰告白』からの引用は、『ウェストミンスター信仰告白』日本基督改革派教会信条翻訳委員会訳（新教出版社、一九六四年）による。

(19)『ウェストミンスター信仰告白』九・一。

(20)岡田稔は、『ウェストミンスター信仰告白』が特徴として備えもつ「論理性」について、「ウェストミンスター信仰告白の信条史的意義は、聖書に教えられている教理の体系を、最も論理的に全般にわたって告白しているところに見出される」と解説している（前掲『ウェストミンスター信仰告白』日本基督改革派教会信条翻訳委員会訳、岡田稔「解説と付記」、一一五頁）。同様にJ・H・リースも、「ウェストミンスター信仰告白の作成者たちは、人間の理性をとても高く評価し、神学を理性的なものにしたいとはっきりと考えていた……。ウェストミンスター信仰告白は、論理的に一貫した、精確で抽象的な命題でキリスト教信仰を表現しようと試みた一つの神学である。ウェストミンスター信仰告白の作成者たちは、論理的であることの価値を知っていた。」と述べる（J・H・リース『改革派神学の光と影――ウェストミンスター信仰基準の成立』今井献訳（新教出版社、一九九七年）八二―八三頁。

(21)『ウェストミンスター信仰告白』とキリスト教スコラ主義との関連については、J・H・リース、前掲書、七七頁以下参照。

(22) 『ウェストミンスター信仰告白』六・六。

(23) 『ウェストミンスター信仰告白』七・三。

(24) 『ウェストミンスター信仰告白』十・一。

(25) この点に関して、マロウは次のように述べている。「一般的にいって契約神学者たちは普遍救済論を提唱しなかった。この問題に関して彼らは一方にエイムスとウィツィウス、他方にアルミニウスという二つのグループに分裂したのである。エイムスは、恵みの契約は神が救いへと意図し選んだ人々に向けられているという立場をとった。ウィツィウスもやはり二人のアダムの類比をもつ論理の力をよくわきまえていたので、キリストの業は限りない力を持っているので、もし神がそれをすべての人に向けたならば、万人が救われたであろうという論法をとった。アルミニウスも二人のアダムの類比によって普遍的救済論が導かれることはよしとしなかったが、選びの教理には向かわず、恵みの契約も律法の契約と同様に条件的であるという道をとった。第二のアダムの行為は第一のアダムの死がもたらした範囲にすべての永遠の生命をもたらすことができるが、それは条件的である。つまり、すべての人間は救いの可能性をもっているが、しかし実際的には、悔い改めと信仰の条件を満たした人だけが救われるのである。」(H. W. Morrow, *Covenant Theology and the Cumberland Presbyterian Church*, Makihiko Arase, trans. [Russellville, Arkansas, 1994], p.7)。

(26) H. W. Morrow, *The Background and Development of Cumberland Presbyterian Theology* (Nashville, Tennessee, 1965), pp.10-20.

(27) H. W. Morrow, *op.cit.*, pp.136-153.

(28) 一九九七年春学期にメンフィス神学校で開講された『カンバーランド長老教会神学の背景と発展』でのH・マロウによる発言。

（29）H. W. Morrow, *op.cit.*, pp.159-225.

（30）たとえば、その神学的柔軟性は、聖書の歴史的側面を視野に入れた「聖書解釈」を可能とする。その結果、大議論の末、一八八九年には、カンバーランド長老教会は他の長老派教会に先駆けて女性に按手を授け、女性教職者を誕生させた。カンバーランド長老教会最初の女性教職者は、L. M. Woosley（1862-1952）であった。L. M. Woosley に関しては、Mary Lin Hudson, *Shall Woman Preach? Or the Question Answered: The Ministry of Louisa M Woosley in the Cumberland Presbyterian Church, 1887-1942*（Nashville; Vanderbirt University, 1992）がある。またL. M. Woosley 自身のものとして Louisa M. Woosley, *Shall Woman Preach? Or the Question Answered*（Caneyville, Ky., 1981）がある。

（31）H. W. Morrow, *Covenant Theology*, p.25.

（32）H. W. Morrow, *The Background and Development*, pp.226, 273. なおS・バーニーの神学に関する最近の研究としては、Joe Ben Irby, *The Life and Thought of Stanford Guthrie Burney, DD, LLD; A Maker of Cumberland Presbyterian Theology*（Memphis, Tennessee, 2000）がある。

（33）S・バーニーの贖罪論については、Stanford G. Burney, *Atonement; Soteriology, The Sacrificial, in Contrast with the Penal Substitutionary and Merely Moral or Exemplary Theories of Propitiation*（Nashville; Cumberland Presbyterian Publishing House, 1888）; Stanford G. Burney, *Anthropology*（Nashville; Cumberland Presbyterian Publishing House, 1894）がある。またH・マロウによるものとしてはH. W. Morrow, *The Covenant of Grace*, p.46. またH. W. Morrow, *Covenant Theology*, pp.22-24参照。

（34）H. W. Morrow, in Ben M. Barrus, Milton L. Baughn, Thomas H. Campbell, *A People Called Cumberland Presbyterians: A History of the Cumberland Presbyterian Church*, pp.287ff, 297-301参照。

（35）R・K・リーガンの救済論については、Ewell K. Reagin, *What Cumberland Presbyterians Believe Revised*

(Memphis, Tennessee, 1979), pp.54-67のChapter 6: Regeneration, Justification, Sanctificationを参照。

(36)『一九八四年版信仰告白』改訂作業に関する資料としては『カンバーランド長老教会・第二カンバーランド長老教会信仰告白と政治　一九八四』(カンバーランド長老キリスト教会日本中会翻訳特別委員会訳)一〇—一二頁にある「一九八四年信仰告白前文」を参照。

(37)『一九八四年版信仰告白』の「前文」に「われわれのこの信仰告白の形成原理は、聖書が語ることがらを聖書が語るように語るということである」とある。

(38) H. W. Morrow, *The Covenant of Grace*, p.43.

(39) W. J. Darby, *Our Position, or Cumberland Presbyterians in Relation to the Presbyterian Family* (Nashville: Cumberland Presbyterian Publishing House, n. d.), p.2.

(40) Ben M. Barrus, Milton L. Baughn, Thomas H. Campbell, *op.cit.*, p.301.

(東京基督神学校『基督神学』第一三号、二〇〇一年三月)

■『福音と世界』二〇〇二年一〇月号

三　なぜ信仰告白を改訂してきたのか
――カンバーランド長老教会の歴史に学ぶ

1　解散を命じられた中会

カンバーランド長老教会が産声を上げた一九世紀初頭、カンバーランド長老教会が位置するアメリカのフロンティア地域は、大リバイバル運動の嵐の中にあった。当時アメリカ長老派教会は、この運動に参加することに対して消極的、懐疑的であり、一定の距離を置いていたようである。それは、いわゆる「二重予定の教理」を含むウェストミンスター信仰告白を公式信条として採用していたからである。これに対し、カンバーランド中会に属する長老派教会は、この運動に積極的に参与していく。この時、カンバーランド中会の上位会議であったケンタッキー大会（カンバーランド中会のほかに、トランシルヴァニア中会とケンタッキー中会が所属）はおもに以下の三つの理由によってカンバーランド中会の解散を決議したのである。

第一の理由は、キリストの贖罪の範囲をめぐる神学的見解の相違である。ウェストミンスター信仰告白の二重予定論によれば、救いへと予定されている人々は限られており、当然、キリストの贖罪の死のおよぶ範囲も「限定的」である。いわゆる「限定的贖罪論」の立場をとっていた。

こうした神学的理解という「種」は、その「実」としてひとつの信仰生活を刈り取ることとなった。すなわち、教会と関わりのない生活をしていた人々を無条件に伝道対象とし、彼らを回心へと導くことを至上命令とするリバイバル運動から心理的な距離感を抱き、実際的に距離を置くことになる。

このような中で二つ目の理由が生じる。それは、カンバーランド中会に属する長老教会がこの運動に対して非常に積極的に関わりをもった点にあった。リバイバル運動への距離感は、当然、カンバーランド中会の諸教会に対しての距離感、そして違和感へと転移していったと思われる。しかし一方で、この運動に参与したカンバーランド中会に属する諸教会は多くの回心者を得て活気づいた。それは情緒的、感情的と批判される反面、否定することのできない信仰のリアリティーを体験として回復する力を有する運動でもあった。このような中で、間もなく、カンバーランド中会は教職者不足という事態に直面していった。

この時代、長老教会では、人が教職者となる場合、ニューイングランド、もしくはイギリスにわたって、そこにある大学で神学教育を受ける必要があった。しかし、この時すでにカンバーランド中会は深刻な教職者不足に悩まされており、教職志願者をニューイングランド、ましてや海を越えてイギリスに送るような時間的、経済的、そして人的余裕を持ち合わせてはいなかったのである。こうした状況において、カンバーランド中会は、実際的な対応策をとる。それは、当時の長老教会が認定している教育機関での教育を受けるという手続きを経ずして、中会が教職者として的確であると認定した者に按手を授ける、ということに踏み切ったのであった。この決断は、当時としてはかなり思い切った、大胆な対応策であったと想像する。これが、解散を命じられた第三の理由となった。

このように、これら三つの点を議論する中で、ケンタッキー大会はカンバーランド中会を解散し、他の中会に併合するという措置を取るにいたったのである。しかし、これを不服とした中会は、一八一〇年、S・マカドウ、F・ユーイング、そしてS・キングの三教職者が、新たな中会を再編成した上で、ケンタッキー大会に対して再加入申請を行った。しかし、この申請は否決される。このようにして、一八一〇年二月四日、新しい長老教会として、カンバーランド長老教会が誕生するにいたったのである。

2　「リベラル、かつ発展的（progressive）教会」

ところで、一八一〇年にカンバーランド長老教会の成立をもたらしたアメリカ長老教会の分裂は、ある意味において一つの神学的動向であったと言える。一八世紀以来、長老教会のなかでオールド・サイドとニュー・サイドの神学的争い――リバイバル運動という熱狂的伝道方法の是非をめぐっての理解の相違、教職者の教育基準をめぐっての相違、ウェストミンスター信仰告白を全面的に受け入れるか留保をつけるかの相違、教職者に対する審査権は大会にも有るか否かをめぐっての理解の相違等々――があり、その対立がそのままカンバーランド中会のあるケンタッキー州やテネシー州地域に位置する長老教会に持ち込まれた。一八一〇年以降、カンバーランド長老教会は、このような宣教の現場、生活の座からの問いかけに対して、「規定する規範（norma normans）」である聖書に答えを求め、長老教会の伝統に基づき、教会の改革的形成のために「規定される規範（norma normata）」としての信仰告白を告白していった。その結果、カンバーランド長老教会はウェストミンスター信仰告白を留保的に告白する立場から始まり、一八一四年にはウェストミンスター信仰告白の一部修正として一八一四年版信仰告白を告白し、そして一八八三年には、ウェストミンスター信仰告白が備え持つ、信仰告白を組み立てていく枠組みとしての「業の契約」と「恵みの契約」という「二契約図式」という形式を踏襲するものの、その内容はウェストミンスター信仰告白から決別していった。換言すれば、一八八三年版信仰告白は、ウェストミンスター信仰告白の単なる「修正」ではない「改訂」として生み出されていったのである。そして、百年後の一九八四年、一八八三年版信仰告白を形式的にも内容的にも徹底していく一九八四年版信仰告白を告白していく。これは、信仰告白の枠組みを「業の契約」と「恵みの契約」という「二契約図式」から、「恵みの契約」のみによる「一契約図式」により書き改めた。さらに「信仰告白の形成原理は、聖書が語ることがらを聖書が語るように語るということ」（一九八四年版信仰告白序文）から、告白の順序も、ウェストミンスター信仰告白等にみられる従来の一般的順序から「聖書が語るように」創造から終末へという順序に従って書き改められ、しかも各章のタイトルも、「神は人類に語りかけられる」「人類は神との関係を破る」「神は世と和解するためにイエス・キリストを通して働かれる」等のダイナミックな動詞表現をもって告白されているのが一九八四年版信仰告白である。

このように信仰告白を改訂してきたカンバーランド長老教会の立場は、信仰告白によって教会形成を営む長老派の伝統からすると大変ユニークであり、とくにウェストミンスター信仰告白を留保なく厳格に受け入れる立場の長老派教会からは、カンバーランド長老教会の営みは、神学的未熟、内容的に不完全、形式的に不徹底等と、しばしば批判された。

しかし、果たしてそうだろうか。これに対してカンバーランド長老教会の信仰告白観について荒瀬牧彦は次のように弁明する。カンバーランド長老教会は、「長老主義の伝統を受け継ぎながらも、しかし、それをある面、相対化することによって、伝道的であり得た。特定の信仰告白を、その歴史的コンテキストから抜き出し、無時間的金科玉条としてしまう信仰告白観ではなく、福音を自分たちの時代と文化に翻訳して語る『証しの言葉』ととらえた」のである（荒瀬牧彦『講演　カンバーランド長老教会の精神に何を学ぶか』カンバーランド長老キリスト教会日本中会情報委員会編『四十周年記念誌　あゆみ』所収、一九九三年）。確かにウェストミンスター信仰告白が備えもつ論理性を高く評価する人々は多い。岡田稔もその論理性について、「ウェストミンスター信仰告白の信条史的意義は、聖書に教えられている教理の体系を、最も論理的に全般にわたって告白しているところに見出される」と解説している（『ウェストミンスター信仰告白』日本基督改革派教会信条翻訳委員会訳、岡田稔「解説と付記」、新教出版社、一九六四年、参照）。しかしこの場合の論理性とは何か。すべての神学は文脈的であると言われるが、この信仰告白も一七世紀的世界観の反映としての「論理的整合性」であり、「総合性」の産物であったと言えよう（荒瀬牧彦、前掲『講演』記録参照）。

このようにしてカンバーランド長老教会は、わずか二百年弱の教会形成と宣教の歴史において四つの信仰告白を採用し、その内の三つを生み出していった。こうした神学的営みの背景には、やはり上述の信仰告白という文書が本来的に備えもつ相対性とともに、明確な信仰告白観が存在しているからと言える。この点について「一九八四年版信仰告白序文」に次のように説明されている。少し長いが引用してみよう。

「信仰告白には二つの目的がある。すなわち信仰告白は、(一)神により、イエス・キリストを通して、聖霊の力によって、救いと贖いと和解を受け入れた者たちが、自分たちの信じている信仰が何であるかを理解し確認するための手段を供するためのものであり、また、(二)まだ救いと贖いと和解を受けていない者たちがイエス・キリストを主としてまた救い主として信じ、救いを経験できるように、神の救いの働きかけを証しするためのものである。この目的を果たすために、信仰告白は、古い真理を現代の言葉で言い表すのである。それゆえ、信仰告白は、古いものを出発点として、神の力強い審判と救済のみ業をこの時代に証ししようとする者たちが自分たちに自然なことばで語るところへと進むのである。」

一八八五年に開催された総会(General Assembly)において議長をつとめたW・ダービーは、カンバーランド長老教会を「リベラル、かつ発展的(progressive)教会」と言い表した。また、一九八四年版信仰告白の中心的執筆者であるH・W・マロウは、「発展的教会」であるカンバーランド長老教会が生み出した信仰告白を「発展的(progressive)信条」と呼ぶのである。どのような神学も歴史的文脈から自由ではありえない。むしろカンバーランド長老教会はその場、〈生活の座〉に遣わされている宣教の教会として、さまざまな課題をもって聖書に向かい、神学を営み、あくまでも文脈的、言い換えれば歴史的であろうとした結果、一度の信仰告白の修正、二度にわたる信仰告白の改訂という長老派教会の中でもきわめてユニークな歴史を有しているのだと理解する。そしてこのことは、長老派教会の中における単なるユニークな特徴というだけではなく、実は、あくまでも聖書の福音に忠実に生き、その福音を伝達していくことに忠実であろうとする教会の誠実さの表現であり、「常に改革される教会」としての必然でもあるように思われる（カンバーランド長老教会の三つの信仰告白が生み出された歴史的、神学的背景については、拙訳、H・W・マロウ『恵みの契約――カンバーランド長老教会一九八四年版信仰告白講解』新教出版社、二〇〇〇年、または拙論『カンバーランド長老教会神学史における贖罪論の変遷に関する一考察』、東京基督神学校『基督神学』第一三号、二〇〇一年三月〔本書二三三頁に掲載〕を参照）。

3　現代の課題に対して

さて、こうした歩みをしてきたカンバーランド長老教会は、一九八四年に現行の一九八四年版信仰告白を生み出した。その解説書、H・W・マロウ著『恵みの契約――カンバーランド長老教会一九八四年版信仰告白講解』（前出）によると、たとえば、現代アメリカの教会が抱える家族、家庭の問題で苦しむ人々に対して、「子とすること（adoption）」という神学用語に新たな光をあてながら福音を説く。さらにまた、フェミニスト神学の成果を踏まえ、「父なる神」の「父」という表現があくまでもメタファーであり、そのことの誤解から生じる家父長制的神観とそこから生じる教会への悪影響に対して警告をしている。この点について、一八八九年、長老派教会史上はじめて、女性〈ルワイザ・ウーズリー〉に牧師按手を授けた教会であることを明記しておきたい。

ときどき、カンバーランド長老教会の信仰告白はアメリカの教会によって生み出されたものであり、この信仰告白は日本の教会にとってどのような意義があるのか、という問題提起がなされてきた。もちろん私ども日本中会から、一九八四年版信仰告白の草稿に目を通し意見具申する「読み手」としての代表者はいた。しかし残念ながら「書き手」である特別委員会には、日本中会からの代表者、もしくはアメリカ以外の中会からの代表者は含まれていなかった。したがって、この信仰告白が二一世紀を目前に控えたアメリカのキリスト教会が抱えもつ課題との取り組みから生み出されたものであり、当然アメリカ的色彩が強いことは否定できないであろう。しかし、カール・ロジャーズが語った「もっとも個人的なことは、もっとも普遍的なことでもある」という言葉が示すとおり、まさにその「個別性」との真摯な取り組みの産物としての一九八四年版信仰告白は、日本中会が宣教において直面している「私たちの個別性」と取り組むうえで、やはり「私たちの信仰告白」なのである。

一九九七年六月二九日、カンバーランド長老教会日本中会〈以下、日本中会〉は、「前文」「宣教理念」「宣教基本方針」そして「二一世紀に向かっての課題」を内容とする〈中会宣教基本理念〉を採択した。その「前文」に日本中会による自己理解と宣教の歴史が次のようにつづられている。

「カンバーランド長老キリスト教会は一九世紀の米国で開拓者たちの教会として産まれた教会であり、その設立以来、フロンティア――アメリカ西部開拓時代の開拓地と未開拓地との境で、最も福音を必要としている最前線と言われた地域――への宣教に生きることを、自らの使命としてきた教会です（信仰告白五・二九）。一八七三年、切支丹禁制の高札（キリスト教禁止の公告）が撤去されると、直ちに関西地方において宣教活動を開始したヘール宣教師たちの働きも、その『フロンティアへの宣教』を体現したものでした。

日本中会は、直接的には一九五〇年に高座教会がカンバーランド長老キリスト教会に加わったことから始まり、日本における宣教の責任を担うとともに、カンバーランド長老キリスト教会に属する香港、アメリカ、コロンビア、リベリアの諸教会と協力し、互いにキリストの体なる教会の一部として世界における宣教の責任の一端を担っています。

（中略）

世紀の変わり目を迎えようとするこの時、私たちは再びカンバーランド長老キリスト教会の原点に立ち返り、フロンティアへと福音を携えていく教会となることを願っています。

それゆえ、私たちは敏感に時代の状況を察知する洞察力と、それに対応していく行動力を持つために、以下のような宣教理念、宣教方針、及び、二一世紀に向かっての課題を掲げます。」

ここで私たち日本中会は、自らのカンバーランド長老教会を「フロンティアへと福音を携えていく教会」として、「敏感に時代の状況を察知する洞察力と、それに対応していく行動力を持つ」ことの重要性を、その独自な教会の歴史から再認識し、告白した。現在、カンバーランド長老教会は、アメリカはもとより、香港、コロンビア、リベリア、日本、そして、この九月からブラジル、サルバドール市近郊のジョタカに、マッタ・デ・サンジョアン伝道所を設立し、日本から宣教師を派遣した。また、今年（二〇〇二年）六月、ケンタッキー州パドゥーカにおいて行われた定例総会において、香港、アメリカ、コロンビア、リベリアの諸中会からの代議員によって行われた定例総会において、日本中会から提出された議案「二〇〇八年、第一七八回総会を日本において開催する件」が承認された。

《九・一一事件》以来、ふたたびアメリカ教会の弱さが露呈されている。日本中会は、こうした状況の中で、アメリカの姉妹教会に向けて「信仰告白」を発信しつづけてきた。それは、国や文化を超えて同じ肢につながる教会の一つの特色であると思う。外から見たときに、見えてくるものがある。カンバーランド長老教会は、エフェソの信徒への手紙にある肢体間の「ちがい」が、むしろ平和の主なるキリストの体の豊かさにつながるような、自立と共生の歩みをさらに続けていきたい。

最後に、最近の歩みを一つ紹介して終わりにしたい。

今年の総会において日本中会は、昨今の日米両政府の動向に警鐘を鳴らすとともに、「沈黙」する米国姉妹教会へのチャレンジともなれば、と願い、次頁の「中会決議」を提出した。これを受け、カンバーランド長老教会の機関誌、*The Cumberland Presbyterians* は、最新号（八月号）にその全訳を掲載した。多くの人がこの「決議」を読み、考えることを期待し、祈っている。

〈中会決議〉

平和を実現するために
――テロにも、武力報復にも、「参戦法」にも反対する――

二〇〇二年二月二四日

カンバーランド長老キリスト教会日本中会

「平和を実現する人々は幸いである、その人たちは神の子と呼ばれる」（マタイ五・九）

私どもカンバーランド長老キリスト教会日本中会は、昨年九月一一日に起きた「同時多発テロ」に大きな衝撃を受け、深い悲しみのうちにこの事件で亡くなられた多くの方々に深い哀悼の意を表し、今も心身ともに傷ついている人たちの一日も早い回復をお祈りいたします。また同時に、テロへの軍事的報復攻撃によって、傷ついたアフガニスタンの多くの民衆の困窮を私どもの祈りとし、必要な援助と祈りを捧げます。

私どもは、いかなる政治的目的があろうと、どんな宗教的信条によろうとも、暴力をもってある思想や信条を実現しようとするテロ活動を認めません。今回の「同時多発テロ」を引き起こしたとされるグループないし個人に対しては、綿密な捜査の上、その結果を公表しつつ、個人の人権を重んじ、法によって厳正な対応をすべきであると考えます。しかしまた、テロ活動にはなんの関わりもない民衆を結果的に苦しめることになった米国・英国等によるアフガニスタンへの戦争行為および、それを支持する日本政府のいかなる法案や行動にも賛同することは決してできません。私どもは、武力報復がテロ根絶の方法であってはならないと考えます。今まで世界で起きてきた戦争の惨事を見つめるとき、どのようなかたちであっても問題解決に武力を用いることは、民衆を巻き添えにして、難民を生み出し、女性や子どもも、お年寄りに至るまで大変な苦しみを与えたことは明らかだからです。

むしろ、テロ問題の背景には「貧しい者や虐げられた者、病める者、困窮している者」「暴力の犠牲にさらされている……人々」「法律や社会によって人間以下の扱いにされている……人々」（信仰告白六・三一）の絶望的状況があることも理解することが必要です。また、「基本的な人間の尊厳を否定する政治的、経済的、文化的、人種的抑圧状況に反対し、抵抗し、変革を求めて」（信仰告白六・三〇）いくことこそが、本質的にテロ根絶につながり、平和を真に実現することだと信じるからです。

私どもはそれゆえに、戦争加害者となりうる、昨年一〇月に国会で成立した「参戦法」と呼ばれる法律（「テロ対策措置法」、改定「自衛隊法」）に反対します。これらは、聖書の教えはもちろんのこと、日本国憲法の前文および九条に明記された平和主義に反するものであり、結果的には民衆の困窮と抑圧を生み出すことになるからです。私どもは、このような状況において、過去に日本の教会が犯してきた過ちを繰り返すことなく、平和を実現するために善をもって悪に打ち勝つキリストの道を具現する態度や行動を積極的に支援していきます（信仰告白六・三一）。私どもは、抗議のしるしとして、祈りとともに必要な発言と具体的援助と非暴力を掲げて「平和を実現するために」限りなき努力を続けます。平和の神が私たちの決意を祝福してくださいますように祈ります。

（『福音と世界』二〇〇二年一〇月号、新教出版社）

■『舟の右側』二〇二二年二月号

四　神の愛の光の中での「日向ぼっこ」

安息日の目的

ある安息日、歩きながら麦の穂を摘んで食べる弟子たちを批判したパリサイ人たちと主イエスの間に論争が起こりました。主は、「安息日は人間のために設けられたのです。人間が安息日のために造られたのではありません。ですから、人の子は安息日にも主です。」(マルコ二・二七―二八)と語り論争に区切りをつけ、会堂にお入りになったのです。するとそこに片手の萎えた人がいました。福音書記者マルコは、会堂にはパリサイ人たちもいて、安息日に主イエスがその人を癒すかどうかうかがっていたと伝えています。

主イエスの時代、ユダヤ教では、「なぜ休むのか?」と安息日の意義を問う代わりに、「『休まなければならない』という命令ゆえに休む」、さらに「どこまでの行為が仕事になるのか?」と発展させ、目的と手段が入れ替わる現実がありました。

ところで、この「安息日規定」は十戒の中にあり、「安息日を覚えて、これを聖なるものとせよ」という命令で始まります（出エジプト二〇・八）。仕事は六日間ですませ、「七日目は、あなたの神、主の安息である。あなたはいかなる仕事もしてはならない。」と書かれています（同一〇a）。しかも家族、奴隷、寄留者、家畜までも含めてのことでした（同一〇b）。続く一一節には、「それは主が六日間で天と地と海、またそれらの中のすべてのものを造り、七日目に休んだからである。それゆえ、主は安息日を祝福し、これを聖なるものとした。」とありますから、安息日を守るのは、神が六日のうちに創造の働きを終えて七日目に休まれたからで、単に仕事を休むのみならず、神の創造の御業を覚えるという、積極的な意味合いをもって定められています。

そして再び十戒が語られる申命記五章一五節には、「あなたは自分がエジプトの地で奴隷であったこと、そして、あなたの神、主が力強い御手と伸ばされた御腕をもって、あなたをそこから導き出したことを覚えていなければならない。それゆえ、あなたの神、主は安息日を守るよう、あなたに命じたのである。」とあり、神の救いの御業を覚えるために安息日を守るようにと命じられています。

このように、安息日を守る目的は、第一に、天地創造の御業を覚えて神をほめたたえ、実際的には、私たち人間も含めた被造世界の休息と回復のためです。第二に、神による救いの御業を思い起こし、感謝して喜ぶためなのです。神の救済の御業は人間の救いと幸いで完結せず、被造物全体に対する「優しさ」へと広がる。ちょうどパウロが「被造物は切実な思いで、神の子どもたちが現れるのを待ち望んでいます。」（ローマ八・一九）と語る通りです。

さらに注目すべきは、十戒の中での「安息日規定」が置かれている位置です。十戒は大きく二つの部分に分かれます。前半は神との関係に関する戒め、後半は人間関係における戒めです（注：第一戒から第十戒をどのように区分するかについては、二つの伝統的な考え方がある。プロテスタント教会の多くは出エジプト記二〇章三節のみを第一戒とし、続く四節から六節を第二戒と理解するのに対し、カトリック教会とルター派教会は、第一戒を三節から六節までと考え、それ以降の戒めが一つずつずれ、最後の一七節を二つの戒めに分けて考える）。Ｅ・Ｈ・ピーターソンは、「安息日の遵守は他者への基本的な優しさの問題なのだ」と語っていますが、確かにこの安息日の戒めは神との関係に関する戒めに留まらず、続く人間関係に関わる戒めとをつなぐ「橋渡しの役割」を果たしていると言われます。

神の恵みと祝福のリズムの中で

さて、このようなことを踏まえて、特に私たち牧会者は具体的にどのように安息日を生きていくのでしょうか。今回、この原稿を依頼され、Ｅ・Ｈ・ピーターソンの『牧会者の神学』（日本基督教団出版局、一九九七年）の八四頁以下を読み返してみました。改めてさまざまな発見がありました。

ピーターソンは、「安息日を守る上で欠かせないのは、安息日というものを正確に理解すること」だとし、しかも「文化的視点からではなく、聖書的視点から理解されなければならない」と説きます。その上で、七日働くよりも一日休んだ方がより多くの成果を上げることができるといった功利主義的な動機でとる「休日」は、決して聖書が教える安息日ではないと語るのです。

休むことについて、ピーターソンは眠りの大切さを説きます。「月は季節を刻み、ライオンは獲物をねらって吠え、ミミズは大地を耕し、星々はそれぞれの軌道上を進み、蛋白質の働きによって私たちの筋肉の力は回復され、目覚めていた時にはつまらないゴシップや策謀のかげに隠されていた、深い健全な思考が私たちの脳の中に回復させられる。」そして、「眠っている間に、私たちの生産量や処理能力をはるかに超えた壮大な驚くべき営みが進行」すると強調します。

それゆえ、安息日遵守の命令は、「世界の運営にあたって人間の日々の働きが欠かせない、と思いこんでいる私たちの姿勢に挑戦するもの」であり、「人間の努力はそれ自体において賞賛に値する尊いものだというわけではなく、それが神の恵みと祝福のリズムに包まれることによって賞賛され、尊ばれるものとなる」と述べます。夕があり朝がある、六日働き一日休む、という神のリズムのうちに生きるのです。

牧会者の安息日

さて、安息日について思い巡らしていた年の初め、私の霊的同伴をしてくださっている神父に、「安息日をどのように守っておられますか?」と尋ねてみました。すると、こう答えてくださいました。「基本的に安息日は労働をしない日なので、外に出かけ、公園を散歩したり、映画を観たりします。特にその中でも大切なのは、神さまと交わることにその日を使います。」また、「自分はからだが弱いので、週に一日休まないと、働きを続けることができません。」とおっしゃっていました。

私の場合はどうだろうか、と考えてみました。私は、主日礼拝の翌日の月曜日を「安息日」としていて、なるべくこの日は教会から離れることで、仕事をしないことを心掛けるようにしています。しかし実際には、葬儀が入ったり、互いのスケジュールの兼ね合いで月曜日に会議や集会を予定することで、「安息日遵守」を後回しにしている現実があります。

しかし今回、原稿依頼を受けて改めて安息日について考えてみると、これが単なる「お勧め」ではなく、遵守を求める「命令」であること、またそう神がお命じになる理由を改めて受け取り直し、では二〇二二年、「具体的にどのように安息日を遵守するのか?」を思い巡らす機会をいただいたように思いました。

実は二〇二一年のアドベントの時期、我が家の愛犬が死んでしまいました。心にぽっかり穴が開いてしまったような経験でした。そして二名の教会員が召されました。さらに、身近な者の健康診断の結果を知り、心配と不安の中での年末年始を過ごすことになったのです。

そうしたなか、私のことをよくご存じの「お方」は、大晦日の朝に、今いちばん必要な祈りの言葉として、「残りの日々を数えるすべを教え、知恵ある心を私たちに与えてください。」(聖書協会共同訳、詩編九〇・一二)を与え、元旦の朝に読むべき箇所を開くと、「すべての人は食べ、飲み、あらゆる労苦の内に幸せを見いだす。これこそが神の賜物である。」(コヘレト三・一三)を「マナ」として備えてくださっていました。

「食べ」「飲み」「労苦する」、ごく普通の日々の営みの中に「神の賜物」としての「幸せ」をちりばめておられる。私がすべきことは、それを「見いだす」ために、主の御前に静まり、その一日の出来事を丁寧に振り返り、見ていくこと。そして安息日が来たなら、一週間分のジャーナル（日誌）を読み返し、その週、生活の中におられる神が用意してくださった「幸い」を見落とさないように、時間をかけ主の御前に静まり、丁寧に見ていくこと。そのようにして、「残りの日々を数えるすべを教え、知恵ある心を私たちに与えてください。」と祈り心を持ちながら過ごしていく。井上洋治神父が、ご自身にとって祈りとは、燦燦と降り注ぐ神の愛の光の中での「日向ぼっこ」であると語っていましたが、私もこの一年、月曜日の「安息日」、「日向ぼっこ」をして過ごす中で、神をより深く知り、神に知られている自分を知らせていただきたいと願っています。

（『舟の右側』二〇二二年二月号、地引網出版）

■『百万人の福音』二〇二四年一月号

五　ぶどうの木であるキリストにとどまろう

数年前、牧会伝道の働きに携わりながら、「なぜこんなにも忙しく走り回っているのだろうか」と思わされることが幾度となくありました。実際、何人かの牧師が突然、牧会を退かなければならない姿を目の当たりにしました。このままだと何かの拍子につまずきかねないとの予感、漠然とした不安を感じていたものです。

『リーダーシップのダークサイド』（G・L・マッキントッシュ、S・D・ライマ共著、いのちのことば社、二〇一五年）に「どのリーダーもある程度の人格的機能不全を患っている」と書かれていますが、読み飛ばすことのできないことばとして私の心に響いたことがありました。

こんなにも必死になって牧会伝道の働きを進めているのは、自分の内なる虚しさを埋めるための「隠れた動機」に操られているだけなのではないのだろうか、と自らの内面を振り返る経験をしたのです。

そのような時期、『エクササイズ』シリーズ（ジェイムズ・ブライアン・スミス著）と出会いました。

私たちは誰もが心の奥深くに神への深い憧れとともに、喜ぶ者と共に喜び、泣く者と共に泣ける人になりたい、神を愛し、隣人を愛する生活を送りたいという願いをもちながら生活していることでしょう。しかし現実は、いちばん身近にいる家族すらも愛することに困難を覚える自らを発見します。「受けるよりも与えるほうが幸いである」（使徒二〇・三五）という主イエスの言葉を知りつつも、それとは逆の「物語」が牧会伝道の現場で、また自らの人生の大事な局面で、心の中で動き出す経験をしてきました。

牧師ですから「正解」は分かっているつもりです。しかし素の私は「与えるよりも受ける方が幸いである」という「物語」に縛られ、御言葉とは正反対の状況を欲し求めているのです。他人と比較しながら、その結果、日々の小さな勝利感を糧に生きている自分を発見しては残念な気持ちにさせられるのです。

『エクササイズ』シリーズを読みますと、私たちに変革が起こるプロセスのなかで、まず大切なステップとして「自分の物語の意識化」があると教えられます。「自分はどういう物語で生きているのか？」「何が価値あることなのか？」「人生における成功とは何を意味するのか？」。著者は、こうした大切な問いに対する答えを、育った家庭や自分を取り巻いてきた環境の影響を受けながら獲得し、そうして一度身についた物語はその人の中に根づいてしまうと語っています。私自身は、『エクササイズ』をテキストにした学びと交わりの中で、私の内面に深く根づいている物語が「成果主義」、古いことばで言えば「律法主義」であることに、改めて気づかされたことでした。

著者のジェイムズ・ブライアン・スミス氏はフレンズ大学で教鞭をとるかたわら長年にわたり、フラー神学校でダラス・ウィラードの助手を務めました。ウィラードから霊的形成のカリキュラムを書くようにと勧められ、執筆されたのが『エクササイズ』シリーズです。

本書と出会い、いつか牧会している高座教会でも本書を用いて学びたいと願うようになり、私と妻とで訳したプリントを用い、教会員と共に霊的形成に取り組んできました（後に、いのちのことば社から『エクササイズ』シリーズとして出版）。

参加者から、「最初に取り組むエクササイズ（霊的修練）が『睡眠』であることに度肝を抜かれ、眠ることとイコール怠けることと思っていたが、睡眠がいかに大事で信仰生活とも深く関係するのかがわかり解放された」との感想も寄せられました。たしかに人間が創造され最初に導かれたことは「睡眠」で、「夕があり、朝があった」という創造のリズムが被造物である私たちのうちにも刻まれていることに気づかされるのです。

このようなエピソードも紹介されています。ジョン・オートバーク氏が新しい赴任先に向かう直前、霊的メンターのダラス・ウィラード氏に霊的指導を求めるのです。すると「あなたの生活から情け容赦なく急ぐことを抹殺しなさい」という助言しかもらえなかった、いやそれだけで十分だ、と。「急ぐ」ことが信仰生活にとっていかに悪影響をもたらすかが語られていました。

それに対するエクササイズとして、スミス氏は「生活の中に余白を作る」を紹介していました。

「……私たちの時代、第一番に挙げられるべき霊的な病は、『急ぐ病』です。私たちはひっきりなしに急いでいます。なぜなら手帳を開けばそこにはぎっしり予定が書き込まれているからです。生活の中に余白が失われてくると、疲れを覚え、孤独感を覚え、喜びを感じられなくなってきます。その結果、私たちは誘惑を受けやすくなります。ですから余白が必要なのです。」（『エクササイズ――生活の中で神を知る』、二一六頁）。

さらに、「生活の中の余白は、バランスを取り戻し、魂を回復させてくれます。こうして喜ぶ力が増してくるのです。そしてこの喜びこそが誘惑から私たちを守る防波堤となります。このように余白と聖性は深いところで相互に関係し合っているものなのです。」（同上、二一六頁）と「余白」のエクササイズがもたらす恵みについて記していました。

聖霊の助けによって、心の奥深くに根づく「物語」に気づき、それがいかに「イエスの物語」と異なっているかも知らされ、しだいに「物語の書き換え」へと導かれ、歩みが変えられていく。そうした恵みを兄弟姉妹と分かち合いながら、キリストに似た者へと成長する信仰の旅路を共に歩む喜びの輪がさらに拡がっていくとしたら、なんと素晴らしいことかと思います。

昨年の秋、裾野の山を歩いていましたら、綺麗に咲いているアザミの花に目が留まりました。とても美しい。しっかりと咲いている。喜んで咲いている。創り主なる神を賛美している姿として私の目に映りました。

以前、同じ道を歩いていて小さな花を見つけた時は、そう見えませんでした。逆に気の毒に思ったことを思い出します。「誰の目にも留まることもなく、枯れていくのだろう……」、そう思ったからです。そしてふと、「誰の目にも留まらないこと」、裏を返せば〈誰かの目に留まることが、私にとってとても大切だったのだなぁ〉と、心の中にあった「物語」に気づかされる経験をしたことでした。

「多くの声が私たちの注意を促します。『おまえがよい人間だということを証明しろ』と言う声があります。別の声は『恥ずかしいと思え』とささやきます。また『誰もおまえのことなんか本当には気にかけちゃいない』という声もあれば、『成功して、有名になって権力を手に入れろ』という声もあります。

けれども、これらの非常にやかましい声の陰で、静かな、小さな声がこうささやいています。『あなたは私の愛する者、私の心にかなう者』と。それは、私たちが最も聞くことを必要としている声です。しかしその声を聞くには、特別な努力を要します。孤独、沈黙、そして聞こうとする強い決意を必要とします。

それが、祈りです。それは、私たちを『私を愛する者』と呼んでいる声に耳を傾けることです。」

（ヘンリ・ナウエン『今日のパン、明日の糧』聖公会出版、二〇一四年、三八頁）

アザミの花は、気の毒がられようが、美しさを賞賛されようが、そうしたことにおかまいなく、天に向かって背筋を伸ばすように真っすぐ咲いている。神を賛美し咲いていています。それは、周囲から、場合によっては自分の内側から、やかましく、大きく聞こえて来るさまざまな声の中で、「私たちが最も聞くことを必要としている声」とナウエンが語る、静かで、小さく、囁くような声、「あなたは私の愛する者、私の心にかなう者」という神の声を、強い意志をもって聞き続けている姿なのではないだろうか。何か吹っ切れた、清々しさを感じさせられましたし、神に造られた同じ被造物として、私もそのように生きていきたい。私にとってそのアザミの花との出会いは、モーセが燃える柴を見て履物を脱がされたような経験となりました。

二〇二四年を迎えました、今年も、私たちを取り巻く世界からさまざまな声が聞こえてくるでしょう。自分の中の「古い自分」からも「つぶやく声」が聞こえるでしょう。いや、だからこそ、私にとっていちばん必要な神の御声を聴くために、まず神の御前に出て、神を礼拝する時が本当に大切です。

祈りとはさんさんとふりそそぐ神の愛の光の中での「日向ぼっこ」である、と井上洋治神父は語っていましたが、心の芯まで神の愛で温められていたのが、あのアザミの花だったのではないかと思います。

「わたしはぶどうの木、あなたがたは枝です。人がわたしにとどまり、わたしがその人にとどまっているなら、その人は多くの実を結びます。わたしを離れては、あなたがたは何もすることができないのです。」（ヨハネ一五・五）と主イエスは語られました。

「ウィズ・コロナ」の四年余りの期間、いつの間にか身についた「習慣」の一つひとつを振りかえり、何がぶどうの木であるキリストにとどまらせるのかを再吟味させていただきたいと思います。そして「ポスト・コロナ」の今、まずは信仰生活の基本である、主の日の礼拝、聖書を読み、祈ることを大切にしていきましょう。また自分にあったエクササイズを見つけたら、忍耐強く取り組んでみてください。ただしエクササイズそのものが霊的なのではありません。それはあくまでもキリストにとどまるための手段であることも忘れずに。

（『百万人の福音』二〇二四年一月号、いのちのことば社）

六　これからの牧会と宣教

二〇二四年一〇月二日

マルコによる福音書五章一節―二〇節

はじめに

ただいま、「ゲラサの悪魔つき」の箇所を読んでいただきました。主イエスが彼をご覧になったとき、主イエスの瞳に彼の姿はどのように映ったのでしょう?

彼の住まいは墓場で薄気味悪い場所。村人たちにより鎖や足かせで繋ぎ止められていた墓場が居場所でした。しかし村人たちからあてがわれた居場所に、実際は彼を繋ぎ止めておくことができませんでした。村人たちの努力は彼の怪力の前に、いつも無残な結果に終わっていました。そして、この地方には豚がいたことをマルコは伝えています。つまりゲラサの人とは異邦人であったということでしょう。

このように見て来ますと、この人物を取り巻く「見込みのなさ、無力さ」を知らされるのではないでしょうか。一つは、「ゲラサの村の人々、ゲラサの社会の彼に対する無力さ」です。村人たちが知恵と力を結集しても、彼を「繋ぎ止めておく」ことができなかった。いや、そもそも彼に対する接し方、関わり方も、大きな問題をはらんでいたように思います。これについては後ほど触れてみたいと思います。

第二に、「本人の無力さ」です。彼自身も自分を持て余していました。自分でもどうしてよいのか分からないのです。五節にある彼の行動を思い巡らすとき、自分自身に対する、どうしようもできない怒り、憤り、苛立ちが伝わってくるように思います。

そして第三に、「当時のユダヤ人が信じていた〈神〉の無力さ」です。当時のユダヤ人の理解によれば、旧約聖書の神は異邦人に対して全く無関心だったからです。こうした一つひとつのことが、彼を取り巻く状況、彼が置かれていた状況だったと思います。

昨年の一一月二三日、私どもカンバーランド長老教会の中会会議が行われました。その冒頭に、お客さまとしてお迎えした山口陽一先生が壇上に上がられ、ＴＣＵ（東京基督教大学）を代表してご挨拶してくださいました。その時、「日本のキリスト教界は現在、停滞期から衰退期に突入しています」とたいへんショッキングな発言をなさいました。ご挨拶を聞いていた私は、最初「エッ」と、自分の耳を疑いました。ただ冷静になってみますと、山口先生が言われることは、宣教の現場にいる者たちが感じはじめていた現実のように思われたのです。

こうした今、私たち牧会者はどのように教会にお仕えしていくのか。それでなくても骨の折れる牧会の務めをどのように進めていくのか、今回、二回目の講義（注：一回目の講義のテーマは「牧会者とセルフケア」）に、「これからの牧会と宣教」というテーマをいただき、私自身深く考えさせられました。そして、このテーマについて祈り、思い巡らし、与えられた聖書の箇所が、今日、お読みいただいたマルコ福音書五章の「ゲラサの悪魔つき」の箇所でした。今日は、この箇所から、これからの牧会について、また宣教について、ご一緒に考えていけたらと思います。

「おまえの名は何か」

冒頭で、ゲラサの悪魔つきを取り巻く絶望的な状況について見てみました。ただそうした状況の只中に主イエスが立っておられたということ。そしてそのお方がそうした状況に置かれていた彼に目を留め、心にかけておられた。私はそこにこそ突破口と私たちの希望があるのではないかと思うのです。ある意味で、これが今日の結論でもあります。主イエスだけは、社会からも、また彼自身からも、さらにユダヤの「神」からも見放された存在だった、この男に目を留めてくださった。そして絶望的な状況に置かれていた彼を知られ、その彼に声を掛けてくださった。それが九節に出てくる、「おまえの名は何か」という問いかけでした。

ポール・トゥルニエが、『なまえといのち』（日本ＹＭＣＡ同盟出版部、一九七七年）という書物の中で、聖書において名前はその人の本質と深く関わりがあると述べていました。これを手掛かりに、彼に対するイエスの問いの意味を考えるならば、「おまえの名は何か」との問いは、「あなたは誰なのか」という意味にも取れるのではないかと思うのです。

これに対して彼は、「私の名はレギオンです。私たちは大勢ですから／多くの名がある」と答えました。「名が多い」、つまりどれが本当の名なのか、どれが本当の自分なのか分からなくなって混乱している状態、混乱が彼の心を支配している。彼の答えはそのように私の心に響きました。

私は、この箇所を読むたびに思い出す書物があります。春日耕夫さんがお書きになった『「よい子」という病』、副題が、「登校拒否とその周辺」という題名の本です。娘のことで悩んでいた時に、書店で見つけた本です。そこには、「よい子」という名の病について次のように説明されていました。

「子どもの将来が幸せであることを願うとき、親や教師など大人世代は、子どもに対して、『これこれのような子どもであってほしい』という願いをかける。そして、子どもがその願いどおりになれば喜び、満足し、子どもに『愛』と承認と賞賛とを与える。逆に、子どもがその願いどおりになることに失敗すれば失望し、そうすることによって、彼らは、自ら望むとおりの子どもに〈なる〉ことを子どもに要求してしまうのだ。そして、子どもがありのままの子ども自身のままで〈ある〉ことを許し、受け入れ、喜ぶことができなくなってしまうのだ。そのことがどれほど深刻な苦悩と悲しみを子どもたちにもたらすか、あらためて説明する必要があるだろうか。」（春日耕夫『「よい子」という病――登校拒否とその周辺』岩波書店、一九九七年）

子どもは親や教師が願うような「よい子」を演じ、人の顔色を伺い、「よい子」であり続けようとする。「自分をさらけ出したら嫌われ拒絶されるのではないか」といった恐れが心を支配します。その結果、本当の自分を出すことができない。自分で居ることができない。結局、周囲の期待にそえるように押し付けられた名前を真剣に生き、演じようとする。実に不自由な生活を強いるのが「よい子」という病です。ある意味、ゲラサの悪魔つきの、この男も、そうした病に冒された者の一人だったのではないか、と勝手に想像してしまいました。

彼はもの凄い力持ち、見方によれば、賜物に恵まれていました。足枷や鎖を簡単に引きちぎってしまうほどですから……。なので、若い頃から村の将来を担う若手のホープと期待され、賜物を活かしてほしいと求められたかもしれない。最初は一生懸命に応えようとしました。でも、だんだんと重たくなって来たのです。そして遂に壊れてしまった。すると賜物である力をもって、出血するまで自らを打ち叩く。一種の自傷行為です。それを繰り返しては自分自身を確認しようとするのが精一杯なのです。彼の物語をそんなふうに想像してしまうのです。

何が牧師を苦しめるのか

実は、牧会者もこの危険にさらされている、と警鐘を鳴らす神学者がいます。アメリカのウィリアム・ウィリモンです。彼は著書、『牧師――神学と実践』（新教出版社、二〇〇七年）の中で、牧師が牧師をやめていく理由を一三挙げて説明するのですが、その四番目が、まさに「レギオン／多くの名／多くの役割に圧倒される牧師」を取り上げています。

W・ウィリモンは、「牧師とは、心理療法家のカール・ユングが言うところの『ペルソナ』（persona）のもとで多くの時間を過ごさなければならない」存在であると語り、なぜそれが牧師を苦しめ、辞職まで追い込むことになるのかについて、次のように解説していました。少し長いのですが引用してみたいと思います。

「ジョン・サンフォードが指摘するように、牧師の職務に携わる人々は、心理療法家のカール・ユングが言うところの『ペルソナ』(persona) のもとで多くの時間を過ごさなければならない。ペルソナとは、古代ギリシャ悲劇で用いられたマスクのことである。ユングによれば、ペルソナは、人が他者と関わらなければならないときに、内面の真の感情を隠すために身につける精神的マスクのことである。教会において、牧師は、たとえ本当はそれほど心配していないとしても、人々の問題を深く案じているふりをしなければならない。重苦しい一日を過ごした後、家に帰りついてやっと一息ついている牧師のもとに、夜一一時頃、電話のベルが鳴り響く。ジェームズ・スミス氏の母親が亡くなったのだ。牧師は気が進まなくとも、コートを着て、ネクタイを締め、牧師の仕事をこなすために出かけて行かなければならない。

ペルソナは必ずしも演技でもなければ、欺瞞的なジェスチャーということでもない。それは、私たちの中のある部分を隠すことによって、自分自身を守る手段である。それは、私たちが自分の責任を果たすために世の中に出て行くときの職業上の顔なのだ。牧師がジェームズ・スミス氏のところに行ってお悔やみを言い、そのケアをするとき、それは決して彼を欺いているわけではない。そうしたとき、牧師は悲嘆にくれている人間に対して牧師としての心遣いを示すという、より大きな善を行うために、自分の個人的感情を脇に置いているだけなのである。

けれどもペルソナがうまく機能しないときもある。牧師の役割から離れる機会を拒む牧師はひじょうに多い。そうした人々はつねに牧師であろうとする。彼らは、マスクをはずし、足を投げ出して休むような時を、片時も持たない。こうした牧師たちは、不可能な理想を必死で達成しようと努め、台の上で危ういバランスを取りながら、その全生涯を過ごすことになる。こうした生活は真の感情を押し隠した不自然な姿、また本当の自分自身と触れあうことのない生き方に繋がっていく。一般的に言って、ユングは、ペルソナが明るければ明るいほど、その下に隠された影は暗いと考えた。影というのは、そのペルソナが盾となって守っている、暗く、隠された、内なる自己のことである。このことは、なぜわざとらしく偽りめいた感じに見える牧師が多いのかを説明してくれることになるかもしれない。ペルソナに磨きをかけ、完全なものとしておくためには、相当なエネルギーが必要である。このマスクをつけっぱなしにして、あまり多くのエネルギーを使いすぎると、すなわち、牧師という役割を降りてマスクをはずし、自分自身の姿（イメージ）に戻る機会が失われてしまうと、本来の自己と私たちが演じている役割との間に根本的な分離が生じることになる。」

W・ウィリモンの本の目次を見ただけでも、牧師にはさまざまなペルソナがあることが分かります。「祭司としての牧師」「聖書解釈者」「説教者としての牧師」「カウンセラー」「教師としての牧師」「伝道者」「預言者としての牧師」「リーダー」「人格者としての牧師」「訓練されたキリスト者としての牧師」などなど、本当にさまざまな名前／役割が求められ、期待されている。それらの役割を必死にこなそうとした私たちに向かって、「おまえの名は何か」と問われたら、私たちも「私の名はレギオン、大勢ですから」と答えざるを得ないのではないかと思うのです。

今回の主題聖句でパウロは、「自分自身にも、教える事にも、よく気をつけなさい」と語り、また

「あなた自身と群れ全体とに気を配りなさい」とも教えました。説教者として、牧会者としての役割を果たすときに、あなた自身を見失っているままの状態で、大切な牧会の務めを果たすことはできないことを語っているように思うのです。

W・ウィリモンが、「マスクをつけっぱなしにして、あまり多くのエネルギーを使いすぎると、すなわち、牧師という役割を降りてマスクをはずし、自分自身の姿（イメージ）に戻る機会が失われてしまうと、本来の自己と私たちが演じている役割との間に根本的な分離が生じることになる」と警告するように、そうありたい、そうあるべき自分と、そう願いつつもそうなれない本来の自分を混同しないように、主イエスは、牧会者として召されている私たち一人ひとりに対しても、「おまえの名は何か／おまえは誰か／おまえは私の瞳にどのように映っていると思うか」と問うておられるように思うのです。

牧会学と牧会カウンセリングの専門家であるゲアリー・ハーバウは、「牧会の働きの中で経験する問題のほとんどは、彼（彼女）が、自分が牧師（パスター）であることを忘れていることに因るものではない。最大の問題は、彼（彼女）が、自分が一人の人間（パーソン）であることを忘れる時に起こる。」と語っているそうですが、まさに私たちの誘惑はそうしたところにあるのかもしれません。

これからの牧会と宣教について――主との親しい交わりを通して

マルコ福音書五章にもう一度戻りますが、全く見込みのない状況の中に主が立っておられる。それが唯一で最も重要な希望であることを冒頭で確認したわけですが、このゲラサの悪魔つきの男も、イエスさまと出会い、そのイエスさまによる解放を経験していきました。私は、マルチン・ブーバーの次の言葉を思い出しました。「人間が最高の出会いの瞬間から出て行くときは、これに入っていく以前とはまったく違った人間になる。」

彼にとっての主イエスとの出会いは、正にこうした恵みの出来事となったのではないでしょうか。この結果、彼は主イエスにお供を申し出ます。本当に感謝に溢れ、純粋な気持ちだったと思います。ただもしかしたら、これまでのことを知られている地元ゲラサを離れ、ここは心機一転、主イエスにお供を申し入れ、自分のことを誰も知らない場所で、思いっきり宣教したいと考えたのかもしれません。その彼に対して主は語られました。「あなたの家、あなたの家族のところに帰りなさい。そして、主があなたに、どんなに大きなことをしてくださったか、どんなにあわれんでくださったかを知らせなさい。」（一九節）これが恵みにあずかった彼のために備えられたユニークな使命だった。私は、ここに「これからの牧会と宣教」のヒントが隠されているのではないかと思うのです。

ここに「あなたの」「あなたの」と「あなたに」と言葉が繰り返されています。私たちが牧会者としての召命に生き、牧会者という務めを担うとき、「あなたは誰か」と問われるような意味において、私自身を抜きにして、その私を脇に置いて、その使命を果たすことは不可能だ、ということでしょう。と同時に、主イエスとの出会いを経験した私たち一人ひとりのために、主は特別な宣教の持ち場、それは匿名ではなくて、具体的な日付と場所が明記されている持ち場での働きを引き受けるようにとチャレンジしておられるのではないでしょうか。

そして、この使命に生きようとするときに、「あなたの名は何か」とか、「あなたの家、あなたの家族のところに帰りなさい。そして、主があなたに、どんなに大きなことをしてくださったか、どんなにあわれんでくださったかを知らせなさい」という御声を聞き続けていく。私が私であるためにすべてをご存じの上で愛しておられる、そのお方の瞳に映る本当の私の姿をいつも確認しておく。そうした主との親しい交わりが前提にあると思うのです。

創世記によれば、神は、人を人格そのものとはお造りになりませんでした。二章七節には「神である主は、その大地のちりで人を形造り、その鼻にいのちの息を吹き込まれた。それで人は生きるものとなった。」と記されています。大学一年生の春、ＫＧＫ（キリスト者学生会）の春期学校に参加しました。その時の講師が唄野隆先生で、この創世記二章七節をこう説明されたのを鮮明に覚えています。

「神は、『命の息を人の鼻に吹き入れられた』。皆さん、想像してみてください。神さまが、人の鼻に息を吹き入れる姿を。これは鼻と鼻とを突き合わせて息を通わせる、それは夫婦のような親しい交わりを示している。そのように人は、神さまと鼻を通わせるような、一体化するほどの親しい交わりをとおして、命の息を受ける。その交わりは神に対する信頼、信仰によって与えられる。神さまは、人格の根源なるお方です。そして私たち人間は、その『神さまのかたち』に似せて、人格ある者として造られた。人格相互の交わりは信頼によって生み出されるのです。」

唄野先生が、「皆さん、想像してみてください。神が人の鼻に息を吹き入れる姿を。鼻と鼻とを突き合わせて息を通わせるとは、夫婦のような交わりなんだ」とおっしゃったとき、私はその姿を想像しました。すると心臓がドキドキしたことを、今でも忘れることができません。神さまは、そのようにして、命の息を吹き入れ、私たちを生かしてくださる。確かに人が亡くなる時、「息を引き取る」と言います。聖書にも、神さまが息を取り去ると、その人間に死が訪れる、塵に帰ることが書かれています。

いずれにしても、人間は被造物であるにもかかわらず、「神のかたち」に造られ、それによって他の被造物と明確に区別されています。鼻と鼻とを突き合わせ、息を通わせるような、造り主なるお方と、そうした親しい生きた交わりの中で、初めて生きる者、人格を与えられた存在として、人間らしく生きることができる、そのような者として存在しているということでしょう。

私どもの教会の「信仰告白」の中に「礼拝指針」という文書がありますが、そこに私の大好きな、次のような告白文があります。

「私たちは人間として、欠乏感に迫られて礼拝することを知っている。私たちは自分自身では満ち足りることができないのであり、造り主と出会い、礼拝することによって、完成と充足を経験するのである。礼拝するとは、人間が人間になることである。」（『カンバーランド長老教会信仰告白』いのちのことば社）

「礼拝するとは、人間が人間になることである」。礼拝することで、神との出会いを通して、特別な人間になるのではありません。人間らしい人間になる。神がもともと意図された本来の私、キリストに似た私を取り戻していく。私は、この「告白」を読むとき、エデンの園での神と人との親しい交わりの日々を思い浮かべます。

あの時、アダムとエバの二人には、エデンの園という最高の生活環境が与えられています。恵まれた環境の中でただ寝て暮らすのではありません。生きる使命、歴史形成に参与する働き、つまりエデンの園を耕し、育成し、管理する責任を与えられていました。

さらに、そうした務めを共に担い、共に汗を流すことのできる、お互いにとって「助け手」も与えられました。そしてその働きに専念できるように日ごとの糧も十分に保証されていた。「園のどの木からでも思いのまま食べてよい」という神の言葉からも明らかです。しかも「足音」が聞こえるほど身近で親しく神を経験できる環境でもありました。そうした恵みの日々のなか、一日の労働を終え、園の中央にやって来た彼らは、心地よい体の疲れとともに、一日の業を終えた充実感、主の働きに参与できたという喜びから、主なる神さまへの感謝の思いで心が一杯だったのではないでしょうか。

「神さま、今日の一日をありがとうございます。あなたは、こんなに豊かな恵みで私たちの生活を祝してくださり、愛してくださっている。心から感謝いたします。私たちもあなたの、この恵みに応えたいと思います。」

そして目を上げるとそこに植わっている善悪の知識の木がありました。その木を見ながら彼らは、二章一七節にある御言葉を思い起こしたにちがいない。「ああ、神よ、あなたを本当に愛しています。ですから、あなたの御言葉に生きます。あなたが私にとって大切なお方ですから」とそう言って、その実を食べずに立ち去る。もちろん、食べる必要もないわけですが、そうした生き方を神の恵みに対する応答として主体的に選び取る。そのようにして神への感謝と愛、そして献身を表明し、そのことで、神と人との交わりがいよいよ深いものへと導かれていきます。

ですから、この木が植えられているエデンの園の中央という場所は、彼らにとっての「礼拝の場」であり、神との交わりの場、御言葉に呼応するようにと招かれている場、神を神とし、私は私である、真実な私の名を常に確認できる大切な場だったのではないでしょうか。こうした関係の中でエペソ人への手紙二章八節からの御言葉を読むときに、ここでパウロが言う「神が前もって準備してくださった良い行い」、私たちにとっては牧会宣教の業でしょうが、そうした使命に生きていく条件が初めて整うのだと思うのです。

信仰の創始者であり完成者であるイエスを見つめながら

さて、そろそろまとめに入っていきたいと思います。この二回目の講演では、マルコによる福音書五章にあるゲラサの悪魔つきの解放の記事をご一緒に見てまいりました。冒頭で、彼を取り巻く、三つの側面における「見込みのなさ」を確認しました。

第一は、ゲラサの村の人々、ゲラサの社会の彼に対する無力さです。第二は、本人の無力さです。自分自身に対するどうしようもできない怒り、憤り、苛立ちが伝わってくるような状況に置かれていました。そして最後、第三に当時のユダヤ人が信じていた「神」の無力さです。当時のユダヤ人の理解によれば、旧約聖書の神は異邦人に対して全く無関心だったからです。つまり神学の課題と言い換えてもよいでしょう。

さて二つ目の「本人の無力さ」については、主イエスとの出会いを通してそこから解放されたことを先ほど見てきましたし、昨日の「牧会とセルフケア」でもこの点についてお話ししたつもりです。したがって残された時間、一つ目のゲラサ社会の問題、私たちにとっては信仰共同体である教会と言い換えてもいいかもしれません。ゲラサの悪魔つきの彼が生きていくはずの共同体の課題と、そして三つ目の、そうした共同体を生みだしている神学の問題と言ってもよいかと思いますが、最後にこの二つの点について少しだけ触れて終わりにしたいと思います。

もう一度、この箇所に戻りますが、ゲラサの人々、ゲラサの共同体において私が注目したいのが、共同体がこの人に与えていた居場所が墓場だったという点です。そしてそれを容認する考え方、その背景にある神学です。当たり前のことですが、墓場は「神のかたち」に造られている人間の住むところではありません。そこに彼を繋ぎ止めようとした社会／共同体、またそのような考え方を容認していた神学の限界を感じるのです。

たとえば、聖書で分かりやすい例を挙げるとすれば、聖書によく盲人が登場します。聖書を読んでいますと、当時のユダヤ社会では、バルテマイはじめ盲人や目の見えない人々が居ることを許された場所が「道端」だったことが分かります。

ところが、ナザレのイエスがお通りだと耳にし、「ダビデの子、私を憐れんでください」と叫びながら、本来、道端に居るはずの盲人が、道の真ん中を歩き始める。するとユダヤ社会の人々は一丸となって彼にあてがわれた居場所である道端に引きずり戻そうとするのです。また、あの有名な五〇〇〇人の給食の記事でも、「男だけで五〇〇〇人であった」と女性や子どもたちが数えられていません。もちろん、それが当時の人数の数え方であると言ってしまえばそれでおしまいかもしれませんが、しかしそれを容認するユダヤの神学があったはずです。

しかし福音は、パウロのガラテヤ人への手紙三章二六節から二九節にあるように、「あなたがたはみな、信仰により、キリスト・イエスにあって神の子どもです。キリストにつくバプテスマを受けたあなたがたはみな、キリストを着たのです。ユダヤ人もギリシャ人もなく、奴隷も自由人もなく、男と女もありません。あなたがたはみな、キリスト・イエスにあって一つだからです。あなたがたがキリストのものであれば、アブラハムの子孫であり、約束による相続人なのです。」と宣言します。

私たちは、これからも難しい課題を突き付けられることでしょうが、そうした時に、歴史の教会が、課題や問いをもって聖書に聴き続ける中で教会形成を進め、宣教を展開してきたように、これからもさまざまな限界や出来事と遭遇し、その場から聖書に問いかける作業を地道にしていくことが求められているのではないかと思うのです。

そうでなければ、ゲラサの悪魔つきに提供する居場所は墓場で十分、まして彼は異邦人だし、とか、盲人に対しては、社会が提供する居場所は道端で十分、そう言った、固定観念から抜け出すことができなくなってしまうのではないかと思います。

私は神学校を卒業して、しばらくすると行き詰まりを感じ始めました。これまでの信仰理解では対応できない事柄と出会い始めたからです。そんなとき、たまたま本屋で見つけたのが、宮田光雄先生が子ども向けに記した、岩波ジュニア新書の『生きるということ』(岩波書店、一九八七年)という書物でした。どういうわけか、とても心に響きました。それから先生の本を片っ端から読みあさり、仙台まで先生を訪ねたほどです。

私が宮田先生の著作を通して知ったのは、現代神学の営みの背景に必ず問いがある。なぜ、どうして、という問いをもって神に向かい、御言葉に聴く。そして響いたことを言葉化していく。ですから神学の背景にある問いや問題意識を知ることで、なぜこうした神学が生み出されていったのかが、少しずつ分かり始めていく。なぜならすべての神学にはそれが生み出される文脈があるからです。

神学校時代に聖書と信仰告白の関係を学んだことを思い出します。聖書は「規定する規範（norma normans）」であるのに対し、信仰告白は「規定される規範（norma normata）」であると。この「信仰告白」を「神学」と言い換えてもいいでしょう。教会史の専門家、J・ペリカンは、「教会の歴史は聖書解釈の歴史である」と語っていますが、その時代々々で直面した課題をもって聖書に向かい合うなかで営まれる作業が神学だとするならば、私たちは新たな課題に直面した際に、やはり今までの神学をもう一度構築し直す必要性があるということだと思うのです。そのような意味で、自らの神学を一度、相対化してみる。そこに「これからの牧会と宣教」の道があるように思います。

そしてそのためには、今回、「あなた方自身と教えとに」（Ⅰテモテ四・一六）とか「あなた自身と群れとに」（使徒二〇・二八）と私を抜きにして信仰生活は送れないという点です。今、この時期に、ある特定の信仰共同体の牧者として召されたという背景には、このさまざまな条件をもつこの私を神さまは用いようとされているという大前提があると思います。

だとしたら、私の課題、私の魂の渇き、私の問題意識を主は良しとされたうえで、それを含めて牧会宣教を進めようとする神の御意志の表れと思うのです。

不登校で苦しんでいた娘がある時、学校の修養会に参加しました。修養会から帰ってきた彼女の顔は輝いていました。話を聞きますと、講師の先生が「きみたちは工事中だ」と言ってくださったそうです。「きみたちは工事中だけど、イエスさまが始めてくださった工事は、イエスさまが必ず完成してくださる。工事現場はけっこう雑然としているだろう。工事中のきみたちも同じ。でもいつか必ず完成するから」と言われて励まされたというのです。その話で私もインスパイアされました。主は私のうちに、また信仰共同体のうちに工事を始めてくださっている。ヘブル人への手紙の著者はイエスさまを「信仰の創始者または完成者である」（ヘブル一二・二）と語ります。つまり私のなかで、共同体のなかで工事に着手されたお方は完成者なるお方でもあると教えている。ですから、その工事はいつか必ず完成される。そうした希望が与えられているのではないでしょうか。

ユージン・ピーターソンが、『不要な牧師——召命の再発見』（原題は *The Unnecessary Pastor: Recovering the Call*, Eerdmans, 1999. 未邦訳）という書物で、創世記一章二節、三節の聖句に言及し、教会は混沌としている。しかしそこは、主の霊に覆われ、そこに御言葉が語られる。それが教会なのではないかと。E・ピーターソンは、私たち牧師が仕える教会と御言葉をもって奉仕する牧師の働きとの関係をそう説明していました。私たち牧会者の働きに先立ち、神の霊が、まさに「混沌」とした私たちが仕える教会を覆い、それに対して私たちが「光あれ」と神の御言葉を取り次ぐ務めを果たしていく時に、そこに神の御業が起こるのだ、と。

十字架にかかる直前、主イエスはおっしゃいました。「あなたがたには世で苦難がある。しかし、勇気を出しなさい。わたしは既に世に勝っている。」（ヨハネ一六・三三）この聖句を読むときに、私はいつもオセロゲームを思い出すのです。それもボードの四隅に復活のキリストの石が置かれているような状態を想像するのです。

私たちの戦いは、キリストの十字架と復活において勝利したキリストが、私の人生、教会、そしてこの世というオセロのボードの四隅に、すでに立っていてくださる。そうした上で、信仰の競走や戦いをしているのです。確かに序盤、中盤、そして終盤にいたっても、負けが続くような状況があるかもしれません。でも最終盤、すなわち再臨の日に、キリストが再び来られ、最後の石を置かれる時に、一瞬の内にすべての石の色がキリストの恵みの色にひっくり返って行く。そのような戦い、そのような歩みこそ、信仰の創始者であり完成者であるイエスを見つめて歩む私たちの歩みです。ですから、究極的にはキリストが勝利してくださっている。しかし未だに戦いは続く。そうした私たちの営みについてK・バルトは、「究極のひとつ手前の真剣さで」物事にあたればよいと語りました。究極的には、すでにキリストの勝利宣言があるように、すでに勝利している。ですから極限の力をふりしぼるようにして事柄に取り組むのではなく、どこか余裕をもって、ユーモアをもって、今この時、主イエスと共に、与えられている「善き業」を担って歩んでいけばよいのではないでしょうか。皆さまの上に、主の祝福がありますようにと祈ります。

■「日々のみことば」最終回

二〇二四年三月二九日

七　神の恵みによって

「神の恵みによって、今の私があるのです。」（コリントの信徒への手紙Ⅰ一五・一〇）

「主よ、今日、あなたに私をお委ねします。あなたの御心が、私の喜びとなりますように。あなたのやり方が、私のやり方となりますように。あなたの愛が、私の生き方の形となりますように。あなたに明け渡します。私の希望を、私の夢を、私の野心を。あなたのお好きなようになさってください。あなたが良いと思うときに、あなたがなさりたいままに。あなたの愛に満ちたケアの中にお預けいたします。私の家族を、私の友を、私の将来を。私には決してできないような方法で、あなたがこれらをケアしてください。あなたの御手にお渡しします。物事を支配したいという私の必要を、ステータスを得たいという私の願望を、目立たない存在になってしまうことへの私の恐れを。悪を引き抜き、善をさらに清めてください。そしてこの地にあなたの御国を建ててください。イエスの御名によって祈ります。アーメン」

（リチャード・フォスター、中村佐知訳）

高座教会の離任が決まった後、友人に紹介された祈りです。紙に書き写し、ポケットにしのばせ、思い出しては、繰り返し味わってきました。

三七年間、高座教会のみなさんと一緒に、信仰の旅路を歩むことができて、本当に感謝しています。教会員の皆さんに祈り、支えていただき、明後日、退任する日を迎えることになりました。四月からは、あさひ教会の協力牧師として月一度の説教と家庭集会でのお話を担当します。また中会神学教師として指定神学校の一つである聖契神学校でも働きを続けます。

一三年あまり続いた「日々のみことば」の配信も、多くの方々に支えられ続けてくることができました。何よりも読者の皆さんからの温かな励ましの言葉をいただくことで、続けて来られたかと思います。

来週からは和田一郎先生が引き継いでくださるので、楽しみにしてください。

いってらっしゃい。

（「日々のみことば」は、二〇一一年一月から毎週月曜日から金曜日まで教会員に向けて発信されたメッセージです。末尾の「いってらっしゃい」は締めの言葉で、「神が共におられます。安心して行きなさい」との神の祝福と派遣を想起する言葉として用いられました。）

あとがき

発起人代表　鈴木健次

二〇二二年三月二三日、松本雅弘牧師と私は国分寺市の加藤常昭さんのお宅にうかがった。説教について加藤さんの信念を聞くためであった。加藤さんは最初に、まだ旧制中学の学生だったとき、通っていた日本基督教団代々木教会の青年会が矢内原忠雄を説教者として招いたときの話をされた。太平洋戦争が始まって間もない頃で、日本軍の連勝で日本中が勝利感で沸き立っていた時代、植民政策を統治者の立場から考えるのではなく、植民を科学的・実証的に分析する研究姿勢の故に、矢内原は東京帝国大学教授の座を追われていた。自分が行くと迷惑をかけることになりかねない、私でいいのかと確認した上で、それが青年たちの強い希望であることを知ると、矢内原はビラなどつくって宣伝しないように、問題が起こったら私が責任を取るから、と言って承諾したという。常時は四〇名に満たない礼拝出席者が、このときは来会者三五〇名、小さな礼拝堂に入りきれず、加藤さんたちは会堂の外に立ち続けて聴いたということであった。

代々木教会は太平洋戦争が始まってからも、毎年数名の受洗者が与えられた活気に満ちた教会であった。担任の熊谷政喜牧師は英語に堪能で、カール・バルトやエミール・ブルンナーなどを読み、教会員にも神学を学ばせるような牧師であった。夫人はアメリカ人宣教師の娘アイナさんで、ほとんどすべての宣教師が帰国したり収容所に入れられたりした当時、日本国籍をもつアイナさんは夫のもとに留まった。これは教会にとっては大きな試練であった。礼拝にはいつも特高刑事が同席し、説教を克明に筆記していたという。

昭和一九年、熊谷牧師はイザヤ書の講解説教をする決断をし、教会週報に、イザヤが当時の政治状況のなかで語った言葉は今日のわれわれへの言葉であると理解し、イザヤの言葉を聞き続けてもらいたい。時局と激しく関わるだけに、牧師はよほど深い祈りの支えを必要としていると訴え、神の御心に適う説教を続けられるように、教会員諸氏の烈々たる祈祷を乞う、とアッピールした。説教は忠実に預言者の言葉を説き明かすものであったが、イザヤが当時の政治状況のなかで語った言葉が何を意味しているかは、礼拝参加者によく分かったという。

教会に集う者のなかには学生が多く、青年たちはやがて兵士として召集されるようになった。若者たちは熊谷牧師に問うた。自分たちは戦地に赴き、この手に小銃を取り、アイナ先生の国の人々を殺すことになる。それはできない。戦争は聖書の言葉によっても正当化できないのではないですか。先生、どうしたらよいのでしょうか。熊谷牧師は何も答えられず、部屋の隅で体まで痛むようにうずくまってしまった。その姿を加藤さんは忘れられないと語られた。

ところがその熊谷牧師は戦後、アイナさんとの共著『日米会話手帳』がベストセラーになって英会話教師として多忙になると、鋭い予言者的説教は聞かれなくなり、物足りなくなった加藤さんは一九五〇年に代々木教会を退会し、アメリカ留学で新約聖書学を研究して帰国したばかりの竹森満佐一牧師が牧会する吉祥寺教会に転会したというのである。加藤さんの話は、いずれも説教がいかに時代と厳しく切り結ぶ緊張感のなかでなされるべきかに終始していた。戦争、災害、世の風潮などのなかで、牧師はいかにしてぶれることなく神の言葉を伝えることができるか、その苦闘のありように深く感銘するインタビューとなった。

その日の出来事で、もう一つ忘れがたいことがある。説教論が終わったとき、松本牧師は突然、加藤先生は雪ノ下教会で二七年牧会されましたが、私は高座教会で三五年働いてまいりました。牧師の交代について先生のご体験とお考えを聞かせてください、と質問されたのである。加藤さんは、「牧師が一つの教会で長いあいだ牧会すると、やめるときに問題が起きやすい。たとえば名誉牧師になれとか、そういった話が出ることが多いけれども、お受けにならない方がよいと思います。私の場合は鎌倉に自宅がありましたが、退任する時にその家を処分して国立に越してきました」と言われた。

私はこのとき初めて、松本牧師が退任についてずっと思い巡らしていらしたことを知り、この応答を重く受けとめた。松本牧師が二〇二三年度末で退任されると発表されたのは、翌年（二〇二三年）の四月一六日であった。隣町にあるさがみ野教会がコロナの影響などもあって会員数が減り危機的状況にあるので、担任の宮井岳彦牧師を高座教会に迎え、可及的速やかに二教会の合同を諮る。そして財政的負担を軽減するため松本牧師は退任する、という案であった。教会員は突然の発表に驚き、数回にわたって教会員総会が開かれて侃々諤々の議論が続いたが、私は加藤さんと松本牧師の対話を聴いていたこともあって、退任決意は変わらないと思った。その時点で、松本牧師が三七年間心血を注いできた説教集を刊行し、退職記念として贈りたいと考えたのであった。幸い一二名の長老全員が発起人として計画に参加し、多数の教会員の賛同によってこのメッセージ集を実現できたことは大きな喜びであり、何よりも本好きな松本牧師への、多年の牧会を記念するよき贈り物になればと願っている。

編集にあたっては、松本牧師とのインタビューのなかでも述べたように、聖書学者・大貫隆さんの説教集『隙間だらけの聖書』から貴重な示唆を得た。説教には「信仰を前提としてそこから語る語り方」と、「その前提そのものに至る人間の認識のプロセスを語る語り方」の二つがあるという大貫さんの記述を、私は二重の意味でこのメッセージ集に生かしてみたいと考えたのである。

一つは、第一部に信仰への説教として洗礼・入会準備会のメッセージを収載し、第二部に信仰からの説教として主日共同の礼拝のメッセージを中心に、葬礼拝と牧師就任の按手礼拝の説教も収載した。もちろん説教は二つの語り方によって常に歴然と二分できるわけではなく、ファミリーチャペルの説教などは、双方の融合を象徴しているとも言えるであろう。そしてさらに、松本牧師がさまざまな機会に発表された説教以外のエッセイや論文なども、補完する資料として第三部にまとめてみた。

もう一つのもくろみは、単純にメッセージをその対象者によって分けるだけではなく、説教の本質は神からのメッセージであっても、それを語る牧師自身の信仰との格闘、言ってみれば人間的な疑問や悩みを乗り越えて説教壇に立つまでの格闘があるのではないかと推察し、いわば説教の舞台裏を垣間見せてもらうことができればと考えて、あえて牧師とのインタビューを加えた。本書はこれらの試みによって、私の知る限りあまり類のない立体的な説教集になったのではないかと思う。松本牧師がさまざまな信仰上の、あるいはまた社会的、世俗的な問題を抱えながら、どれほど緊張感をもって真摯に説教を続けてこられたかを理解していただければと願っている。

収載した説教は講壇で語られた説教をできるだけ正確に記録するように努めたが、礼拝に参加した教会員以外に分かりにくいと思われる箇所は省略したり、簡単な説明的語句を加えたりしている。また高座教会ではこれまで口語訳聖書、新共同訳聖書、聖書協会共同訳聖書を次々に礼拝で用いてきたので、聖書の引用は原則としてそれぞれの説教が語られた時点での聖書訳によっている。ただし、なかには前後の関係に最もふさわしい訳を原語とともに紹介したり、松本牧師の私訳も含まれている。なお、第Ⅲ部の四、五、六については『聖書　新改訳　2017』をベースにした。

原稿の作成に当たっては、松本牧師の最初の説教原稿など、散在していた資料を収集してパソコンに打ち直してくださった柴田裕教会主事にまず感謝したい。編集の実務はキリスト教出版のコイノニア社主として説教集などを世に送りだした市川邦雄さんが、たまたま高座教会に転会してこられたことが大いに幸いした。活字の組み方から小見出しなど、細部に至るまでご指示いただくことができた。インタビューの活字化には、西村真長老の協力を得た。また終始編集作業の進行を見守り、確認や督促を繰り返された東谷由文長老と町田零二長老のおかげで、かろうじて松本牧師の退任後一年以内に刊行が可能になった。

本書は二〇二〇年に『イエスを見つめながら――カンバーランド長老キリスト教会高座教会七〇年

史』を刊行してただいた新教出版社の小林望社長によって、今回も教会員以外の読者にも読んでいただけることになった。小林社長に感謝するとともに、高座教会の七〇年史と併読されることによって本書がより総体的に理解されると信じ、ぜひ両書を併読していただきたいと願っている。

（高座教会員）

《著者紹介》

松本雅弘（まつもと・まさひろ）

1959年東京生まれ。1982年中央大学法学部法律学科卒業。1987年東京基督神学校を卒業し、カンバーランド長老教会高座教会伝道師に就任。1988年に按手を受け同教会牧師、2002年以降、担任牧師を務め、2024年退任。現在、カンバーランド長老教会あさひ教会協力牧師、クリスチャン・ライフ成長研究会（CLSK）主事。聖契神学校（2004年～）、お茶の水聖書学院（2024年～）、東京基督教大学（2025年～）で牧会学の講師を務める。著書に『いってらっしゃい』（いのちのことば社、2012年）、共著に『聖書66巻が分かる』（いのちのことば社、2002年）、『イエスを見つめながら』（新教出版社、2020年）。訳書にH. W. マロウ『恵みの契約』（新教出版社、2000年）、G. L. マッキントッシュ『サイズ別に分析する教会形成の方策』（いのちのことば社、2009年）、J. B. スミス『エクササイズ』（いのちのことば社、2016年）など。

《インタビュー＋あとがき》

鈴木健次（すずき・けんじ）

1934年生まれ。東京大学教養学部教養学科卒業。NHKディレクターとして“宗教の時間”“日本史探訪”などの制作にあたり、教養番組部副部長、NHKスペシャル番組部主管、家庭番組担当部長などを歴任後、1990年大正大学教授に就任、文学部国際文化学科長、大学院比較文化専攻長などを務め、2005年退職。この間国学院大学、早稲田大学、放送大学の非常勤講師も務めた。現在NHK会友、大正大学名誉教授。著書に『史料で読むアメリカ文化史』（全5巻の監修と執筆、東京大学出版会）、編著『比較文化の新領域』（大正大学出版部）、共著『人物アメリカ史1・自由の新天地』（集英社）、共著『地域の世界史3・アメリカン・ウェイ・オブ・ライフ』（山川出版社）、共訳書『アリステア・クックのアメリカ史』（上下2巻、NHK出版）、シーラ・ジョンソン『アメリカ人の日本観』（サイマル出版会）など。

自分自身と群れ全体とに気を配りながら
――メッセージ集

2025年4月12日　第1版第1刷発行

著　者　松本雅弘

発行者　小林　望
発行所　株式会社新教出版社
〒112-0014 東京都文京区関口1-44-4
電話（代表）03（3260）6148
振替 00180-1-9991
印刷・製本　モリモト印刷株式会社

ISBN 978-4-400-51770-2 C1016
© 2025 Masahiro Matsumoto